예수와 권세

예수와 권세

초판 1쇄 발행 2025년 1월 15일
초판 2쇄 발행 2025년 2월 27일
지은이 톰 라이트 & 마이클 F. 버드
옮긴이 홍종락
발행인 이성만
발행처 (주)칼라커뮤니케이션
등록번호 제2007-000306호
주소 서울특별시 강남구 강남대로 320, 1108호(역삼동)
이메일 colorcomuni@gmail.com
편집 이의현 최성욱
마케팅 이재혁 김명진
편집디자인 최건호
ISBN 979-11-990799-0-8 (03230)
값 20,000원

야다북스는 (주)칼라커뮤니케이션의 임프린트 브랜드입니다.

전체주의의 공포와 기능장애에 빠진 민주국가들에서
기독교의 정치적 증언

예수와 권세

톰 라이트 & 마이클 F. 버드

홍종락 옮김

야다북스

추천의 글

톰 라이트와 마이클 버드의 『예수와 권세』는 성경의 가르침과 교회의 역사, 그리고 탈종교화되고 있는 현대적 삶의 상황에 대한 이해를 토대로, 기독교 공동체가 세상 권세의 문제를 어떻게 생각하고, 그에 대해 어떻게 행동해야 하는지를 실제적이면서도 도전적으로 안내해준다. 저자들의 주장은 학문적으로 탄탄할 뿐 아니라, 현실을 파악하고 이해하는 데서도 믿을 만하며, 교회와 기독교인들에게 나아가기를 제안하는 방향도 매우 건강하다.

이 책은 예수의 십자가 죽음과 하나님 나라를 통합적으로 보는 신학이 기독교인의 제자도에 얼마나 중요한지를 매우 설득력 있게 보여준다. 세상에 보냄 받은 기독교인으로서 책임 있게 살아가고자 하는 모든 분들에게 이만큼 좋은 정치신학 입문서는 당분간 찾아보기 힘들 것이다. 오늘의 문화와 사회 속에 깊숙이 영향을 주고 있는 세상의 권력과 세력에 관심 있는 성도들, 목사님들, 청년들 모두에게 필독서가 되길 바란다.

_ 강영안(한동대 석좌교수)

오늘날 세계는 우리가 기대했던 모습과는 전혀 다른 방향으로 가고 있다. 많은 민주국가들이 이미 여러 기능장애로 힘들어할 뿐 아니라, 전체주의적 민족주의를 내세우며 '우리'와 다른 이들을 향해 공포정치를 선택하기까지 한다. 우리나라도 이념의 양극화가 극대화되어 몸살을 앓고 있는데, 이것이 교회 안에까지 깊숙이 들어와 기독교인으로서 사회적 역할은커녕 교회 안에서조차 극단적 대립으로 힘겨워하는 실정이다.

만일 정치가 '시민으로서의 삶'을 의미한다면, 기독교인으로서 시민이 된다는 것은 무엇을 의미할까? 전체주의의 공포와 기능장애에 빠진 민주국가 시대를 살아가는 기독교인들에게, 두 바울 신학자 톰 라이트와 마이클 버드가 성경과 교회사를 통해 시민으로서 기독교인들이 어떻게 살아야 하는지를 명쾌하게 제시함으로써, 이 시대 기독교인들의 타는 목마름을 해결해 주고 있다.

1932년에 라인홀드 니버가 쓴 책, 『도덕적 인간과 비도덕적 사회』가 앞으로 현대 도시사회를 살아가야 할 인간들에게, 특히 기독교인들에게, 개인을 넘어 사회를 보게 하는 커다란 질문을 던져주었다면, 이 책은 여전히 비도덕적 사회에서, 곧 미움과 증오, 그리고 거짓이 오히려 더욱 선(善)이 되어가는 뒤틀린 사회에서, 고민하는 기독교인들에게 '어떻게 하나님 나라에 기여할 수 있는지' 그 답을 명확하게 제시해 준다. 이 책이 그러한 기독교인들의 근본적 고민과 씨름에 바른 답을 준다고 여기기에 모든 기독교인들, 특히 강단에서 교인들에게 말씀을 해석해 주는 목회자들에게 꼭 일독을 권한다.

_ **오대식**(높은뜻덕소교회 담임목사)

예수는 하나님 나라를 선포했다. 많은 이들의 생각대로 이 나라가 지금 이 땅에 구현되는 중이라면, 이 '구현'은 어떤 모양으로 이루어질까? 또한 (라이트가 좋아하는 표현대로) 하나님이 예수와 성령을 통해 '새 창조'를 이루고 계신다면, 그리고 우리 기독교인이 이 새 창조의 과업에 소환된 존재들이라면, 이는 우리의 현실적 삶에 어떤 의미를 갖는 것일까? 특별히 이 하나님 나라와 새 창조라는 복음적 '비전'은 오늘 우리가 사는 세계의 '정치적' 차원에 대해 무엇이라 말하는가?

현실에서 본업이 신약성서 연구자인 이 책의 두 저자는 그들의 성경 읽기를 토대로 이 질문에 답을 제공하고자 한다. 성경에서 출발하지만, 실제 교회가 살아왔던 역사 과정에도 깊은 관심을 기울인다. 무엇보다 추상적 이론에 머물지 않고 우리 세계의 현실적인 정치 상황을 염두에 두며 이야기를 풀어간다. 그러면서 보다 예민한 정치적 감수성 및 더욱 적극적인 정치적 참여를 주창한다. 그런 점에서 이 책은 하워드 요더의 『예수의 정치학』과 교차하면서 또한 어긋난다. 나름의 해석과 뚜렷한 주장을 담은 만큼, 질문도 많을 것이다. 저자들의 성경 읽기가 편향적이거나 선택적인 것은 아닐까? (가령, 유세비우스 같은) 역사 자료 읽기는 충분히 엄밀한가? 그들의 분명한 신념이 논증의 약한 고리들을 감추는 대목은 없을까? 특히 '제국적' 읽기에 대한 비판 또한 만만치 않다는 사실을 고려하면, 이런 물음들은 중요하다.

하지만 이런 물음들을 두고 각자 무슨 입장을 갖든, 이 책은 진지하게 숙고할 만한 가치가 있다. 성경의 가르침과 교회가 이어온 사유의 역사를 추스르며 오늘 우리의 정치적 현실을 바라보려는 노력, 무엇보다 하나님 나라와 새 창조라는 복음적 비전의 구체적 의미를 찾아내려는 진지한 몸부림의 좋은 모범이기 때문이다. 이 물음에 대한 우리의 사유를 자극하고, 더 단단한 생각과 더 책임 있는 태도를 갖도록 도전한다는 점에서, 이 책은 신실한 제자로 살고자 하는 모든 이들에게 좋은 선생이자 유익한 대화 상대자가 될 것이다. 특히 탄핵 정국을 맞이하는 시점에서 이 책은 우리 한국의 독자들에게 더욱 성숙한, 그리고 더 현실적인 고민의 촉매가 될 것이다.

_**권연경**(숭실대 기독교학과 교수, 기독연구원 느헤미야 연구위원)

이 책은 세계적 민주주의의 실패와 패권의 격변으로 우리의 삶이 흔들리고 있는 이 시기에, 기독교인이 마땅히 지녀야 할 정치적 태도를 제공하는 지침서라 할 수 있다. 또한 로마 제국을 극복한 역사적 예수의 시대로부터 기능장애에 빠진 민주 시대라는 현재에 이르기까지 목격되는 갖가지 현상들, 예컨대, 신정주의와 전체주의, 기독교 민족주의, 시민 전체주의, 새로운 제국들의 등장, 종교적 소비자 현상, 공적 제자도 등에 대해 해박한 설명과 대안을 제공하고 있다. 자유민주주의가 딛고 있는 기독교적 기반에 관한 설명과 함께 현대의 기독교 공동체들이 유의해야 할 정치적 태도에 관한 설명은 오늘날 자유민주주의 시대를 사는 교회와 기독교인들에게 큰 도움이 되리라 확신한다. 특히 이 책의 결론 중 하나인 "당당한 다원주의"(confident pluralism)는 서구 세계의 극보수화와 동성애 문제를 둘러싼 갈등으로 신앙적·정치적 혼란을 겪고 있는 한국교회의 복음주의자들이 꼭 숙지해야 할 사항이다.

_ **백종국**(기윤실 이사장, 경상대학교 명예교수)

기독교인의 사회적 책임에 관해서는 많이 얘기하지만, 기독교인의 정치적 책임에 관해서는 잘 얘기하지 않는다. 불편하고 불안하기 때문이다. 불편한 이유는 신자들 간의 정치적 반목을 공동체가 감당하지 못하기 때문이고, 불안한 이유는 예수를 믿는 신앙과 세상 권세에 대한 생각을 자신하지 못하기 때문이다. 불편하니까 말을 안 하고, 불안하니까 회피한다. 그러는 사이에 점잖고 온화한 교회 어르신들은 정치적 살기(殺氣)가 넘치는 문자들을 열심히 실어 나른다.

"진리를 알지니 진리가 너희를 자유롭게 하리라"(요8:32). 예수와 권세에 관한 진리를 알면, 그 진리가 정치적 현실 속에서 우리를 자유롭게 할 것이다. 권위 있는 신학자 톰 라이트와 마이클 버드가 이 문제를 회피하지 않고 기독교와 정치의 관계에 관한 질문들을 성경과 역사와 세계 속에서 풍부하게 풀어나간 것은 진심으로 고마운 일이다. 기독교 신앙과 민주주의를 모두 사랑하며, 진지하게 고민하는 기독교 민주시민들은 모두 이 책을 구입해서 함께 읽어보기를 권한다. 저자들의 질문과 묵상은 다시 한국의 기독교인들에게 구체적인 과제를 던져준다. 유례없이 격렬하고 치열한 대한민국의 정치적 현실 속에서 우리 한국의 기독교인들은 어떻게 기독교의 정치적 의미를 인식하고, 기독교인들이 만들어내고 있는 정치적 악에 대항할 것인가?

_ 이병주(기독교민주시민모임 대표, 『박근혜 사태와 기독교의 문제』 저자)

목차

일러두기

1. 신약성경의 인용은 『모든 사람을 위한 하나님 나라 신약성경』(IVP, 2019)을, 구약성경의 인용은 개역개정성경을 기본으로 했고 역본이 바뀌는 경우에는 따로 표시했다.

2. 교회사의 인명은 『교회사 용어 사전』(IVP 알맹e, 2022)을 기본으로 했다.

3. 옮긴이가 첨부한 내용은 별표(*, **, ...)로 표기하고, 저자가 덧붙인 주석은 숫자(1, 2, ...)로 표기하여 각주로 처리했다.

서문

우리, 그러니까 톰과 마이크는 SPCK(기독교지식진흥회) 및 존더반출판사와 협업하여 『신약성경과 그 세계(The New Testament in Its World)』*를 함께 저술했고, 존더반에서 제작한 그 스핀오프 비디오 시리즈 <당신이 몰랐던 신약성경> 및 마스터클래스 강의를 즐겁게 진행했다. 우리는 이 책의 부제에 있는 것처럼 전체주의적 공포정치와 기능장애에 빠진 민주국가들의 시대에 '하나님 나라 건설에 기여하는' 방법을 모색하면서 우리 두 사람의 공통 관심사를 다시금 발견했다. 우리 둘 다 이 분야에 발을 담근 적이 있는데, 톰은 저서 『광장에 선 하나님(God in Public)』**, 마이크는 『세속 시대의 종교적 자유

---

* 원제는 The New Testament in Its World: An introduction to the history, literature, and theology of the first Christians로, 2024년에 박규태가 번역하여 비아토르에서 출간되었다.
** 원제는 God in Public: How the Bible speaks truth to power today로 2018년에 안시열이 번역하여 IVP에서 출간되었다.

(Religious Freedom in a Secular Age)』*를 출간한 일이 그것이었다. 우리는 정치이론가나 사회 운동가가 되려는 것은 아니지만, 복음의 정치적, 사회적 함의에는 관심이 많다. 전 세계는 테러, 폭정과 트라우마, 분열과 절망으로 넘쳐난다. 서구뿐만 아니라 아시아, 아프리카, 남미와 북미도 마찬가지이다. 세계는 언제라도 불붙을 것 같은 위험천만한 상황이다. 금융 위기, 팬데믹, 불공정과 불평등의 심화, 민주주의의 혼란, 지정학적 격변, 전쟁, 그리고 앞으로 더 많은 전쟁이 일어날 것이라는 소문 때문이다.

이 책은 기독교와 정치를 다룬 대부분의 출판물들과 목적이 다르다. 낙태, 총기 규제, 브렉시트, 트럼프, 기후 변화, 인종 정의 및 기타 뜨거운 쟁점이 되는 사안들에 대해 기독교인들이 어떻게 생각해야 하는지를 다루지 않는다. 그렇다고 현실에 적용되지 않는 추상적인 국가 운영 이론이나 신앙적 적용 이론을 제시하는 것도 아니다.

『예수와 권세』의 목표는 하나이다. 독재 정권들이 득세하는 시대에, 공포와 분열의 시대에, 대학살과 위기 가운데서도 예수께서 왕이시고, 예수의 나라는 여전히 교회가 증언하는 내용이자 사역의 목적이어야 함을 말하는 것이다. 이것은 오늘도, 내일도, 그다음 날도 사실이고, 죽음과 독재자가 더 이상 존재하지 않을 때까지, "그분이 모든 원수를 자기 발 아래에 두실 때"(고전15:25)까지 변치 않을

---

* 원제는 *Religious Freedom in a Secular Age A Christian case for liberty, equality, and secular government*이다.

사실이다. 이러한 신념에 충실하려면 교회가, 성경에 등장하는 제국들 및 현재 확장되고 있는 제국들과 어떤 관계에 있는지, 우리의 도시와 교외에서 하나님 나라 건설에 어떻게 기여해야 하는지, 언제 국가에 복종해야 하고 언제 불복종해야 하는지를 이해해야 한다. 그리고 대통령[이 대표하는 정치권력]과 사회적 세력들 사이에서 교회가 어떤 위치에 있는지도 파악해야 한다. 예수의 제자인 우리는 선동가들의 속임수에 현혹되지 않고 당파적 편견 없이 깊이 생각하여 "우리를 메시아께로 이끌기 위해 내면에서 작동하고 있는 온갖 선한 일"(몬6)을 이루는 데 힘써야 한다. 우리는 1930년대 이후 볼 수 없었던 이 정치적 혼란의 시기에 어떻게 인류의 번영을 추구할 수 있는지, 공동선을 위해 어떻게 일할 수 있는지, 평화에 기여하는 일들을 어떻게 추구할 수 있는지 사람들이 생각해 보기를 원한다.

우크라이나, 나이지리아, 가자지구, 미얀마, 대만 같은 곳의 상황에 지혜롭게 대응하는 법을 기독교인들이 분별하는 데 이 책이 도움이 되기를 바란다. 입헌군주제와 민주공화국에 관해 제대로 생각하는 데도 도움이 되었으면 한다. 또한 기독교인들이 정치권력의 유혹을 두려워하도록 이 책이 가르쳐주기를, 나아가 그들이 새 창조세계로 이어지는 무언가를 세우려고 노력하고, 만왕의 왕이시며 만주의 주이신 분의 선하심과 신실하심 안에서 안식하도록 촉구할 수 있기를 바란다.

이런 목적을 위해, 이 책은 먼저 우리 시대의 정치적 격변과 신흥 제국들에 주목한다. 그다음 예수와 그 제자들이 로마 제국의 전성기에 어떤 식으로 역사의 무대에 등장했고, 제국이 만들어낸 여러 위험한 상황을 어떻게 넘어서야 했는지 설명한다(1장). 그 후 제국의 위협 아래 있던 교회가 제국이 제공하는 많은 혜택을 누리는 쪽으로 방향을 전환해야 했던 상황을 지적한다. 교회가 황제들과 맺은 관계, 중세의 왕과 군주들과 맺은 관계는 교회와 국가의 관계에 여러 복잡한 문제를 만들어냈고, 이 문제에 관해서는 오늘날의 우리도 자유롭지 않다. 기독교는 유럽 문명에 혁명을 가져왔고, 이제는 서구의 정치적, 도덕적 DNA의 일부가 되었다. 그러나 한편으로 교회는 서구의 통치자들과 부정한 동맹도 맺었으며, 특히 유럽 제국들이 전 세계에 식민지를 만드는 폭력을 행사하는 일에 공모했다. 하지만 역사적으로 교회가 그 어떤 선한 일과 나쁜 일 또는 추한 일을 했건, 정치에서 뒤로 물러날 수는 없다. 우리가 권력을 향해 진리를 말하고 권세에 맞서려면, 정치권력의 일을 사용하여 하나님 나라의 일을 해야 한다(2장).

'권세'라는 주제의 경우, 이는 성경 이야기에서 영적, 정치적 세력들이 역사의 태피스트리*를 가로질러 교차하면서 크게 다가온다. 바울의 골로새서와 특히 요한복음을 보면, 이 시대의 권세가 예수로 말미암아 제압되고 화해를 이룰 것임을 알 수 있다. 이것의 배경이 되는 이야기는 하나님이 항상 인간을 통치의 동반자로 삼

---

* 여러 색실로 그림이나 무늬를 짜 넣어 만든 장식용 직물로, 여기서는 역사의 다양한 사건과 세력들이 서로 얽히고 교차하며 만들어낸 복합적이고 다층적인 흐름을 뜻한다.

고자 하셨다는 것이다. 그러나 시대의 권세가 반란을 조장하고 파괴를 초래함으로 말미암아 지금 이 창조세계는 구원을 바라며 신음하고 있다. 하나님의 해결책은 한 인간, 아브라함의 자손, 이스라엘 사람, 다윗의 아들이신 메시아에게 권위를 압축하여 위임하는 것이다. 그의 죽음이 속죄를 이루고 승리를 가져온다. 그 결과 세상의 통치자가 쫓겨나고 어둠의 세력이 무장 해제된다. 지금 이곳에서는 정부가 권력을 가질지 몰라도, 그것은 부여받은 권력에 불과하다. 따라서 정부는 그 권력을 행사하는 방식에 대해 책임을 지게 될 것이다.

기독교인의 소명은 천국을 향해 경건한 갈망을 품는 것이 아니고, 원치 않는 백성에게 강압을 행사하여 예수를 왕으로 만들 책략을 꾸미는 것도 아니다. 기독교인은 권력을 향해 진리를 말할 준비가 되어 있어야 하고, 정의로운 통치가 이루어지는지 지켜보면서 통치가 정의의 방향으로 휘어지게 하고, 통치 당국이 하나님이 기대하시는 임무를 이행하게 만들어야 한다(3장).

그리고 자연스럽게 그 지점에서, 더 나아가 무섭고 위험천만한 곳이 되어가는 이 세상에서, 어떻게 하나님 나라 건설에 기여할 것이냐는 주제를 보다 구체적으로 다루어야 한다. 하나님 나라는 이 세상에서 나온 것은 아니지만, 이 세상을 위한 것이 너무나 분명하기에 그 나라의 사명을 받은 우리는 세상에서 물러날 수 없다. 그래서 우리는 하나님 나라 건설에 기여하는 실제적 방안들을 몇 가지 제안한다(4장, 이 장은 톰의 여러 강연문, 기고문, 그리고 그의 저서 『광장에 선 하나님』과 『하나님은 어떻게 왕이 되셨나』의 내용을 재구성한 것이다).

그다음으로 우리는 통치 당국에 대한 복종이라는 주제(5장)와 기독교적 증언을 위해 통치 당국에 적극적으로 불복종해야 할 때(6장)를 다룬다. 이 둘은 어렵고 복잡한 주제이다. 하지만 우리는 정부의 선함을 긍정하는 일만큼이나 정부가 공공 서비스를 제공하는 데서 약탈적 폭정으로 퇴행할 경우, 우리가 할 수 있는 것이 무엇인지 설명하는 일에도 관심이 있다. 끝으로, 우리는 자유민주주의를 지지하는 논증을 제시한다. 우리는 '자유민주주의'가 말하는 그 '자유'에 힘입어 기독교인임에도 불구하고가 아니라 정확히 기독교인으로서 정치적, 문화적 성향이 다른 이들과 함께 살아갈 수 있다. 그 어떤 문제도 간단하지 않으며, 다양성은 갈등을 낳을 수밖에 없지만, 우리는 좌파 이웃도 우파 이웃도 모두 사랑하고, 신앙의 종류나 그 유무와 관련 없이 모든 사람을 위해 더 나은 세상을 건설하도록 부름을 받았다(7장).

이것이 바로 독자들 앞에 놓인 여정이다. 정치신학의 짧은 순례라 할 만한 이 책은 성경 개관을 시도하고, 교회사의 주요 사건들에 주목하고, 여러 권세들의 중심에 예수를 놓고, 교회와 국가의 관계를 성찰하며, '세속주의'와 '시민 불복종' 같은 까다로운 주제와 씨름한다. 이 일련의 과제의 핵심은 치열한 경쟁이 펼쳐지는 정치 무대에서 교회가 수행하는 선교적 소명과 하나님 나라를 증언하는 일에 대해 깊이 생각하고 기도하는 것이다. 교회가 맡은 복음은 세속적이고 정치적인 행동주의로 환원될 수 없고, 우리 시대의 시련과 공포를 외면하고 살게 할 만큼 천국에 대한 개념으로만 가득 차 있는 것도 아니다. 복음이 '예수께서 왕이시다'라고 선포한다면, 우리는, 천안문 광장에서, 미국 의회 의원석에서, 테스코나 월마트의 구내식당에서, 투표장에서 결정하는 우리의 선택에서, 예수의 왕권이 무엇을 의미하는지를 두고 씨름해야 한다. 정치가 더 이상 존재하지 않을 날, 만물이 "우리 하나님의 나라와 그분의 메시아의 권세"(계12:10)에 복종하는 날이 올 것이다. 그 이전까지 우리에겐 지혜가 필요하다. 그날을 준비하기 위해 교회가 해야 할 일이 많기 때문이다.

마지막으로 이 책이 완성될 때까지 이끌어주고 그 과정에서 조언과 의견을 제시해 준 SPCK의 필립 로(Philip Law)에게 다시 한번 감사를 전한다. 또한 카티야 코브렛(Katya Covrett)이 이끄는 존더반출판사 팀도 이 책의 출간에 큰 역할을 해주었다. 브라이언 왈쉬는 친절하게도 원고의 일부에 대해 의견을 제시해 주었다. 달리 명시하지 않는 경우에, 이 책의 모든 신약성경 번역은 톰의 『모든 사람을 위한 하나님 나라 신약성경』 3판(London: SPCK; Grand Rapids: Zondervan, 2023)에서, 구약성경 번역은 『신개역표준역(New Revised Standard Version, NRSV) 업데이트판』에서 인용했다.

톰 라이트
& 마이클 F. 버드

추신

　이 책이 출간을 위한 마지막 단계에 있던 2023년 10월, 이스라엘-가자 전쟁이 시작되었다. 우리는 무고한 이들이 목숨을 잃고 대학살과 잔학행위가 벌어진 상황을 애도한다. 현재의 무력 충돌을 낳은 깊고 어두운 뿌리는 정치적, 도덕적으로 복잡한 상황을 초래했고, 이 상황은 식민주의, 제국, 토지, 종교, 폭력, 인권 및 더 넓은 지정학적 요인들과 관련이 있다. 이 주제에 대해 무슨 말을 하든, 어딘가 있는 누군가를 자극하지 않을 수 없다. 이스라엘 시민을 향한 하마스의 잔인한 공격은 "무죄한 피를 흘리기에 신속"(사59:7)한 자들에 대한 이사야의 맹렬한 비판을 떠올리게 한다. 그러나 두 세대가 넘는 시간 동안 이스라엘이 팔레스타인 사람들을 대하는 태도는 아합 왕이 나봇의 포도원을 폭력적으로 강탈한 일(왕상21장)을 떠올리게 한다. 안타깝게도 권세가 또다시 최악의 모습을 드러내면서 이스라엘 사람들과 팔레스타인 사람들 사이에서 똑같이 공포와 유혈 사태를 불러일으키고 있다.

이스라엘 인질들이 여전히 가사 지구에 억류되어 있고 팔레스타인 어린이들이 거리에서 죽어가는 지금, 당파적 행태나 특정 집단을 겨냥한 거창한 성명에 시간을 허비할 여유가 없다. 모든 독자에게 촉구한다. 위험한 수사적 표현을 접하거든 이의를 제기하라. 유대인을 "강에서 바다까지"* 팔레스타인 땅에서 몰아내야 한다는 것이든, 반대로 가자지구의 팔레스타인 사람들을 오래전에 섬멸했어야 할 '아말렉 족속'으로 취급하는 것이든, 현재 진행 중인 폭력과 사악함의 악순환을 성경의 선례를 들먹여 옹호하거나 심지어 성경으로 정당화하려는 시도를 용인해서는 안 된다.

---

* 요르단 '강'에서 지중'해'까지.

약어표

Calvin, *Institutes*	Calvin, *Institutes of the Christian Religion*
Gregory of Nyssa, *Hom. Eccl.*	Gregory of Nyssa, *Homilies on Ecclesiastes*
Josephus, *Ant.*	Josephus, *Jewish Antiquities*
Josephus, *War*	Josephus, *Jewish War*
LXX	The Septuagint, a Greek translation of the Hebrew Bible
NT	New Testament

1장

제국의 그늘에서 태어난
예수의 나라

1. 역사의 역습

"내가 태어난 나라는 더 이상 존재하지 않습니다." 이 말을 하면 사람들은 내(마이크 버드)가 아틀란티스나 나니아에서 태어나기라도 한 거냐는 듯한 묘한 표정을 짓는다. 그러나 나는 내 출생지가 신화나 판타지 속의 장소가 아니라고 분명히 말해준다. 사람들이 그 외의 몇 가지 어설픈 추측을 하고 나면, 나는 이런 명확한 설명으로 그들의 혼란을 잠재운다. "나는 독일 연방 공화국에서 태어났습니다. 줄여서 서독이라고 부르지요." 독일 연방 공화국(FRG)은 프로이센 왕국(1701-1871), 독일 제국(1871-1917), 바이마르 공화국(1918-1933), 독일 제3제국(1933-1945) 등 그 이전에 일어났다가 사라진 일련의 제국들로 인해 생겨난 나라다. 제2차 세계대전 후 서독과 동독으로 분단되었다가(1945-1990) 베를린 장벽이 무너지고 나서 다시 새로운 국가로 통일되었다(1990).

내(마이크)가 독일에서 태어난 것은 아버지가 전후 독일 점령군의 일원인 영국군 기갑부대에서 복무하셨기 때문이다. 그러다 내가 4살 때 부모님이 이혼하셨고 어머니와 나는 호주로 이주했는데, 영국의 옛 식민지였던 그곳은 한때 거대했던 영국 제국의 직접적인 유산이었다. 어머니는 세르비아계 이민자의 아들과 재혼했다. 그의 부모는 발칸 반도를 괴롭힌 인종 폭력을 피해 2차 세계대전 이후 호주로 이주한 사람들이었다. 호주는 식민지(1788)와 연방(1901) 시절 이래로 영국 제국의 일부였지만, 1940년대 이후부터는 국가안보를 위해 또 다른 대제국인 미국을 점점 더 의지하게 되었다. 그래서 베트남, 페르시아만, 이라크, 아프가니스탄에서 미국의 군사 행동을 지원하기도 했다. 나는 한동안 호주군에 복무하면서 싱가포르, 영국, 미국에서 파병된 동료 군인들과 자주 함께 일했다. 실전에 참전한 적은 없지만 여왕과 호주 국민을 향한 충성을 맹세했다. 이제 호주는 경제적으로 유럽이나 북미보다 아시아와 더 가깝다. 중국은 호주의 최대 무역 파트너이고, 인도는 현재 호주의 최대 이민자 유입 국가이다.

왜 이런 이야기를 하냐고? 보시다시피, 내가 태어난 환경, 내가 자란 곳, 내가 가진 직업이 여러 제국의 흥망성쇠와 직접적인 관련이 있다는 말을 하고 싶어서이다. 독일 제3제국, 소련, 영국 제국이 없었다면 아마도 나는 태어나지 않았거나 적어도 독일에서 태어나지 않을 테고, 호주로 이주하지 않았을 테고, 호주군에 입대하지도 않았을 것이다. 내 인생 이야기는 아마도 많은 사람들의 인생 이야기와 비슷할 것이다. 실제로 톰 라이트의 아버지는 2차 세계대전 기간의 대부분을 전쟁 포로로 보냈고, 많은 동포들과 달리 다행히도 살아남았다. 세계 제국과 이전의 분쟁, 미래의 분쟁 가능성, 여러 다른 나라 정부의 결정이 어떤 식으로건 모종의 방식으로 우리의 삶을 형성했다. 세계의 역사는 문명의 충돌, 제국의 흥망성쇠의 이야기일 뿐 아니라, 정치 이념, 종교적 경쟁을 둘러싼 거대한 투쟁이자 동양 대 서양, 마르크스주의 대 자본주의가 만들어낸 거대한 대립의 이야기였다.

그런데 이념을 둘러싼 전쟁이 완전히 끝났으니 이제 문명의 대충돌도 그쳐야 하는 것이 아닐까. 베를린 장벽의 붕괴(1989), 소련의 해체(1991), 남아프리카공화국의 아파르트헤이트 종식(1994) 이후, 많은 사람들은 자유민주주의가 분명히 승리했다고 생각했다. 자유민주주의는 인류의 정치적 진화의 정점이자 절정에 해당하는 체제였고, 자유민주주의는 권리와 책임, 자유와 질서, 권력의 집중과 분산이 균형을 이룬 사회 체제이자 지속 가능한 경제 성장을 달성할 수 있는 체제였다. 미국의 법철학자 프랜시스 후쿠야마는 1992년에 저명한 저서 『역사의 종말』에서 이렇게 선언했다.

> 지금 우리가 목격하고 있는 것은 냉전의 종식이나 전후 역사의 특정 시기가 지나가는 것이 아니라 역사 그 자체의 종말일 수 있다. … 즉 인류의 이념적 진화의 마지막 지점이자 인류의 최종적 통치 형태로서 서구 자유민주주의의 보편화이다.[1]

오랫동안 후쿠야마의 생각이 옳은 것처럼 보였다. 사담 후세인의 이라크 정권이 쿠웨이트를 침공하자 전 세계가 힘을 합쳐 물리쳤고, 르완다와 구 유고슬라비아에서 인종 간 유혈 사태가 발생했지만 국제사회의 개입으로 추가적 폭력을 막을 수 있었다. 1990년대에는 대부분의 국가가 군대를 축소했고, 유럽 연합이 점점 더 강

---

1. Francis Fukuyama, *The End of History and the Last Man* (New York: Free Press, 1989), 4 - 한국어판: 『역사의 종말』, 이상훈 옮김 (한마음사, 1997).

해졌고, 인터넷이 사람들을 완전히 새로운 방식으로 연결했고, 대부분의 경제가 번영했다. 서구의 자유민주주의는 이제 러시아, 중국, 중동으로 확산될 게 분명해 보였다. 이념의 투쟁이자 제국의 충돌로 여겨지던 '역사'는 끝났다. … 적어도 우리는 그렇게 생각했다.

그 이후의 시기인 20세기 말과 21세기 일사분기에 등장한 것은 우리가 영원히 정복했다고 생각했던 혼란과 잔혹함의 세력들이었다. 라틴 아메리카를 공포에 떨게 한 마약 카르텔이 있었고, 급진적 이슬람이 부상했으며, 2001년 9월 11일의 테러, 그리고 전 세계적인 테러와의 전쟁이 있었다. 그 후 이라크 전쟁, 이슬람국가(IS)의 부상, 시리아 내전, 아프가니스탄 점령이 이어졌고, 아프가니스탄 점령은 20년간 지속된 끝에 처참한 철수로 종결되었다. 2008년의 글로벌 금융 위기는 전체 경제 시스템이 더러운 부자들을 더 부유하게 만들기 위한 사기였음을 강력하게 시사했다. 북한은 핵무기를 보유했고, 이란도 핵무기 개발에서 상당한 진전을 이루었다. 중국은 경제적으로 부상했지만 민주적 자유화로 나아가지 않았고, 오히려 부유하고 약탈적인 초강대국으로 변하여 기술을 활용한 감시 국가를 운영하고 있다. 러시아가 서구화될 것이라는 희망이 있었지만, 17세기 이래로 늘 그랬던 것처럼 여전히 군사 독재 국가로 남아 있는 것 같다. 아랍의 봄은 찾아온 지 1년 만에 사라졌다. 그 여파로 튀니지 정도를 제외하고는 모든 아랍 국가가 이전보다 자유롭지 못한 상태가 되었다. 게다가 현재 전 세계는 기후 변화의 영향이 커지고 있고, 분쟁과 빈곤을 피해 사람들이 대규모로 이주하고 있으며, 모든 국가가 코로나19의 영향으로 피폐해진 상태이다. 이 글을 쓰는 지금 이 순간에도 푸틴의 러시아는 우크라이나를 합병하거나 파괴하려는 의도로 그 지역을 폐허로 만들고 있다. 중국은 대만을 위협적으로 바라보고 있고, 위구르족과 기독교 가정교회 등 소수 종교를 박해하며, 홍콩의 민주화를 지지하는 반대세력을 맹렬히 탄압하고 있다.

후쿠야마의 논지를 반박할만한 내용을 좀 더 얘기하자면, 현재 많은 서구 민주주의 국가들이 입법 교착 상태에 빠질 지경으로 분열에 휩싸이거나 내부에서 스스로를 집어삼키는 병적인 자멸의 길로 치닫는 실정이다. 호주와 이탈리아 같은 곳에서는 총리들의 '회전문' 인사가 있었다. 영국은 브렉시트 때문에 분열했다. 미국은 백인 기독교 민족주의자와 진보적 정체성주의자로 대표되는 정치적 양극단 사이에서 경련을 일으키고 있다. 한때 미국 정치계급의 특징이었던 공동선에 대한 합의와 믿음을 이제는 찾아볼 수 없다. 미국의 정치적 극단세력들은 다른 쪽은 존재해선 안 된다고 믿는다. 미국의 각 뉴스 채널과 소셜미디어 플랫폼은 불만의 불길에 기름을 끼얹고 무관심의 불씨를 지펴 시청자를 끌어 모으며 막대한 수익을 올린다. 그리고 골동품 숟가락을 모으듯 정치인을 매수하는 로비스트들이 있다. 서방에는 바나나 공화국*에서 볼 수 있는 것과 같은 노골적인 부패는 없을지 몰라도, 자신들의 이익을 보장받

---

* 농수산물이나 광물 등 1차 생산품의 수출에 경제가 절대적으로 의존하여 그러한 생산품을 독과점하는 대기업 등 국제 자본에 종속된 동시에 정치적으로 불안정한 중남미 국가를 가리키는 경멸적 표현.

기 위해 선거운동에 정치 자금을 대는 기업들의 연성 부패가 만연하다. 미국의 정치적 주체들과 부족화된 언론단체들은 대중의 정당한 불만을 부추기는 것을 수익 조달 모델로 삼았다. 도박 산업은 영국, 호주, 캐나다의 정치계급 사이에서 막대한 영향력을 행사하고 있다. 서글프지만, 독재가 잔인하고 견딜 수 없는 것처럼 민주적 의회와 정당도 쓸모없고 참을 수 없게 될 수 있다는 것이 사실이다.[2] 민주주의의 이러한 명백한 기능장애는 중국과 러시아가 민주주의는 무질서하고 혼란스러운 엉망진창의 체계라는 내부 선전을 펼치는 데 필요한 재료들을 모두 제공한다.

후쿠야마는 틀렸다. 그리고 이 말을 하는 것이 우리가 처음은 아니다. 역사는 끝나지 않았고, 제국은 여전히 활보 중이며, 자유민주주의는 우리가 상상하는 것처럼 자비의 보루가 아니다. 경제 성장은 중국에 자유주의를 안겨주지 않았고, 오히려 그 일당(one-party) 지배 권위주의 체제에 동력을 제공한다. 러시아는 군사 독재 국가의 상황으로 되돌아갔다. 유럽은 합스부르크 제국 2.0을 이루고 싶은 건지, 제임스 본드 영화에 나오는 기술 관료적 악당이 되려는 건지, 아니면 유럽 일반에는 헌신하지만 그중 어디에도 속하진 않는 국가 없는 허무주의자들의 사회로 나아가려는 건지, 아무것도 결정하지 못하고 있다. 테러와의 범지구적 전쟁은 자유민주주의가 경제 성장뿐 아니라 도덕적 정당성을 확보하는 데도 전쟁에 심각하

---

2. Jacques Ellul, *Anarchy and Christianity* (Grand Rapids, MI: Eerdmans, 1988), 21-22 - 한국어판: 『무정부주의와 기독교』 이창헌 옮김 (대장간, 2011).

게 의존한다는 사실을 확연히 드러내 보여주었다.[3]

2020년대는 1930년대 이후로 인류 역사상 가장 위태롭고 위험천만한 시기로 보인다. 1930년대보다 더 안 좋은 점은 이제 핵전쟁이라는 악몽 같은 가능성까지 더해졌다는 것이다. 핵전쟁을 막지 못하면 재앙적 참화를 피할 도리가 없다. 세계 여러 지역은 암살, 기업의 도산, 정치 연합의 해체 등 아주 작은 불씨에도 타오를 만큼 불안정한 상태에 있다. 우리는 악화되는 기후 상황과 다가올 경제적 혼란에 맞서 싸워야 한다. 뿐만 아니라 많은 자유민주주의 국가들이 환경주의, 인종적 정의, 보건의료, 이민, 총기 규제, 낙태, 종교의 자유, 성소수자(LGBTQ+) 권리에 대해 실행 가능하고 공정한 그 어떤 합의에도 이르지 못하고 있기에, 사람들은 자유민주주의 체제 자체에 대해 새로운 혐오감을 갖게 되었다. 1990년대 초의 낙관주의는 코소보의 킬링필드, 세계무역센터의 폐허, 아프가니스탄의 계곡에서 죽어갔다. 많은 평론가들이 역사의 종말을 축하했다. 하지만 역사는 다시 유행하는 바이러스처럼 맹렬하게 역습을 감행했다.

---

3. 이 논점에 대해서는 다음을 보라. Stanley Hauerwas and William H. Willimon, *Resident Aliens: Life in the Christian colony* (Nashville, TN: Abingdon, 1989), 35 – 한국어판: 『하나님의 나그네 된 백성』, 김기철 옮김 (복있는사람, 2008).

2. 험한 세상 속 하나님 나라

1) 섭리, 목적, 기도의 백성

제국들의 발흥, 끝없는 재난, 팬데믹, 테러리즘, 민주주의의 혼란, 문화 전쟁이 일어나는 세상에서 기독교인은 이 모든 것에 대해 어떻게 생각해야 하고, 무엇을 해야 할까?

당장 떠오르는 것은 하나님의 **섭리**를 숙고해야 한다는 것이다. 역사가 무엇이든, 그것이 사건들의 인과관계이든 문명의 충돌이든 간에, 궁극적인 역사의 주권자는 하나님이심을 우리는 안다. 하나님은 "왕들을 폐하시고 왕들을 세우시며"[4], "주권은 주님께 있으며 주님은 만국을 다스리시는 분"[5]이기 때문이다. 나라들의 격변 한가운데서도 하나님은 역사 속에서, 역사를 통해 모든 사람에게 일반 은총을 베푸신다. 세계 여러 지역을 황폐하게 하는 공포와 트라우마 속에서도 하나님의 선하심은 우리의 삶과 가정에 찾아간다.

또 우리는 하나님의 **목적**을 숙고해야 한다. 하나님은 컴퓨터 프로그래머가 알고리즘을 실행하듯 역사를 프로그래밍하지 않으시지만, 그렇다고 역사에 놀라지도 않으신다는 사실을 기억하는 것이 중요하다. 역사는 하나님의 영광을 보여주는 극장이며, 하나님이 예수를 통해 세상을 바로잡으시는 극적인 순간에 그 절정에 이

---

4. 다니엘 2:21.
5. 시편 22:28(새번역).

를 것이다.[6] 역사는 종료일이 있다. 그날은 인간이 인공지능에 의식을 업로드하거나, 화성에 식민지를 세우거나, 태양이 마침내 다 타버리는 날이 아니다. 역사는 하나님이 예수 안에서 인간 존재의 가장 시급한 측면에 대해 응답하시고 해결책을 제시하시는 캔버스이다. 역사는 훌쩍임과 함께 끝나지 않고, 어느 날 쾅 하고 끝나지도 않는다.* 역사의 종말은 창조세계가 새 창조세계로 변모하는 것을 뜻한다.[7]

그리고 우리 시대의 혼란은 우리가 끊임없이 **기도**의 백성으로 살아가야 한다는 것을 의미한다. 우리는 기도하도록 허락받았다. 아니, 기도하라는 명령을 받았다! "하나님, 일어나셔서, 이 세상을 재판하여 주십시오. 온 나라가 하나님의 것입니다."[8] 우리는 왕과 총리, 대통령을 위해 기도해야 한다. "이는 우리가 지극히 경건하고 거룩하게, 고요하고 평화로운 삶을 영위하기 위해서"이다.[9] 우리는 모든 도시와 국가, 대륙의 사람들이 평화, 번영, 정의, 자유를 누릴 수 있게 해달라고 기도할 수 있다.

---

6. N. T. Wright, *Surprised by Hope: Rethinking heaven, the resurrection and the mission of the Church* (London: SPCK, 2007), 152 - 한국어판: 『마침내 드러난 하나님 나라』, 양혜원 옮김 (IVP, 2014).

7. 다음을 보라. N. T. Wright, *History and Eschatology: Jesus and the promise of natural theology* (Waco, TX: Baylor University Press, 2019) - 한국어판: 『역사와 종말론』, 송일 옮김 (IVP, 2022).

8. 시편 82:8(새번역).

9. 디모데전서 2:2. 다음도 보라. *1 Clement* 60.4-61.3; Polycarp, *Epistle to the Philippians* 12.3; Athenagoras, *Plea for the Christians* 37; Tertullian, *Apology* 30.4, 31.2; Origen, *Against Celsus* 8.73.

* 이 문장은 세상의 종말을 말하는 T. S. 엘리엇의 시 「텅 빈 사람들」의 마지막 문구를 인용한 것이다.

2) 하나님 나라 건설에 기여함

이상의 요점들도 다 좋지만, 우리에게는 위안이 되는 것들과 생각해 볼만한 성경 묵상들 이상의 것이 필요하다. 독재국가와 기능 장애에 빠진 민주국가들이 증가하는 시대에 우리가 던져야 할 분명한 질문은 '교회는 무엇을 해야 하는가?'이다. 격변의 시대에 우리는 수수방관 대신 뭔가 해야 할 필요성을 느낀다. 행동해야 한다는 충동, 근질거림을 느낀다. 별도의 정당을 창당해야 할까, 신학교에 가서 목회를 준비해야 할까, 해병대에 입대하거나 평화봉사단에 합류해야 할까, 동네 정원을 조성해야 할까, 우크라이나에 더 많은 대포를 보내야 할까, 무료 보건의료 서비스를 요구해야 할까, '흑인의 목숨도 소중하다'라는 해시태그를 달아야 할까, 종교의 자유를 위해 행진해야 할까, 월드비전에 기부해야 할까? 두려움이 일어나는 지점에서 믿음을 발휘하며 사랑으로 역사하는 믿음을 실천해야 한다고 믿는 사람들에게 이것들은 좋은 질문들이다.[10]

우리는 이 시대의 전 세계적 위기 상황에 대한 교회의 해답이 한마디로 '하나님 나라'라고 믿는다. 교회의 메시지와 사명은 하나님이 왕이시고, 하나님이 예수를 만왕의 왕과 만주의 주로 임명하셨으며, 교회의 소명은 하나님 나라 건설에 **기여하는**(for) 것이라고 정리할 수 있다.[11] 우리의 작업가설은 하나님 나라가 이 세상에 **속한**(from) 것은 아니지만, 단연코 이 세상을 **위한**(for) 나라라는 것이

---

10. 요한계시록 2:10, 갈라디아서 5:6.
11. Wright, *Surprised by Hope*, 218-244.

다. 교회가 받은 하나님 나라의 소명은 교회가 세상을 향해 **말하는** 내용만이 아니라 세상 **안에서** 세상을 **위해 행하는** 내용이기도 하다.[12]

'하나님 나라'를 여러 가지 방식으로 정의할 수 있고, 밤이 새도록 설명하고 분류할 수도 있겠지만,[13] 지금은 다음과 같이 말해두는 것으로 만족하자. 하나님 나라의 핵심은 이스라엘의 언약 역사를 통해 이루어진 창조세계 전체에 대한 하나님의 구원과 회복이고, 예수의 인격과 사역에서 나타난 하나님의 일하심이다. 다시 말해, 하나님 나라는 시대를 초월한 추상적 이상이나 시공간의 해체가 아니다. 오히려 하나님 나라는 "언약의 하나님이 이스라엘의 역사 안에서 일하셔서 이스라엘의 운명을 회복하시고, 쓰라린 유배의 시기를 끝내시고, 온 세상을 지배했던 악을 이스라엘을 통해 물리치시는 것"을 가리킨다.[14]

예수의 메시지는 그의 사역과 설교, 치유, 심지어 십자가에서의 죽음까지, 그 모든 것 안에서 그리고 그 모든 것을 통해서 하나님이 왕이 되신다는 것이었다. 부활과 성령의 선물로 새 창조를 시작하신 예수의 첫 번째 제자들은 스승의 가르침을 따라 반역의 권세가

---

12. Wright, *History and Eschatology*, 253.

13. 다음의 논의를 보라. Michael F. Bird, *Evangelical Theology: A biblical and systematic introduction*, 2nd edn (Grand Rapids, MI: Zondervan, 2020), 297-317; and Nicholas Perrin, *The Kingdom of God: A biblical theology* (Grand Rapids, MI: Zondervan, 2019).

14. N. T. Wright, *Jesus and the Victory of God, Christian Origins and the Question of God 2* (London: SPCK, 1996), 307 - 한국어판: 『예수와 하나님의 승리』, 박문재 옮김 (CH북스, 2004).

패배했고, 지금도 패배하고 있다고 선언했다. 그 이후 창조세계는 치유의 과정에 돌입했고, 유대인과 이방인을 아우르는 새로운 백성은 하나님이 그분의 영을 주심으로 선취될 수 있었던 새 창조세계에서 구속받고 하나 되는 경험을 하게 되었다. 초대 교회가 볼 때 하나님 나라의 핵심은 결코 천국에 가는 것이 아니었다. 하나님 나라는 하나님이 예수 안에서 배아의 형태로 이루신 일과, 하나님의 영이 그분의 백성 가운데서 주도적으로 행하시는 역사와, 때가 차면 하나님이 이루실 일을 한마디로 요약한 말이었다. 이처럼 이미 선취되었고 지금 진전되고 있지만 여전히 소망의 대상이라는 의미로 하나님 나라를 이해하면, 초대 교회는 '하나님 나라' 운동이라고 말할 수 있다.[15] 하나님 나라는 지상의 제국이나 일시적인 영적 상태를 의미하는 것이 아니라, 인간 삶의 모든 측면에 하나님의 왕권이 임하게 하려는 신실한 행동을 위한 비전과 소명이다.

우리가 이 땅에서 하나님 나라에 참여하고 힘을 보태려면, 이 (하나님) 나라의 사업을 실행에 옮기려는 노력에 다시 집중하고 더욱 힘써야 한다. 하나님 나라는 교회의 복음적 설교와 그 덕목을 이끄는 중요한 요소이고, 십자가에 못 박히고 부활하고 승천한 왕이신 예수께서 상징하는 바와 그 이야기에 따라 우리의 삶을 재정렬하게 만든다. 그러나 우리 자신의 노력을 하나님 나라 자체와 직접적

---

15. N. T. Wright, *The New Testament and the People of God, Christian Origins and the Question of God 1* (London: SPCK, 1992), 442, 459-64 - 한국어판: 『신약성서와 하나님의 백성』 박문재 옮김 (CH북스, 2003).

으로 동일시하는 어설픈 실수를 범하지 않도록 주의해야 한다. 그래서 우리 필자들은 앞서 (바울이 골로새서 4장 11절에서 한 말을 인용하여) '하나님 나라 건설'이 아니라 '하나님 나라 건설에 기여함'에 대해 말했던 것이다.

현재의 우리는 믿음과 소망과 사랑으로 행동하여 우리의 삶을 높아지신 주님께 산 제물로 드린다. 그리고 죄로 저주받고 전쟁으로 피폐해진 이 땅이 하늘과 땅이 결합하는 날에 하나님의 통치를 받을 수 있도록 성령의 능력을 힘입어 준비시킨다. 우리는 하나님 나라가 "하늘에서처럼 땅에서도" "임하여" 이루어지기를 진정으로 원하고 그 일을 위해 최선을 다한다.[16] 우리는 하나님 나라를 위해 수고하면서 신부가 신랑을 맞이할 수 있게 준비시키고, 어린양의 혼인 잔치를 위한 상을 차리고, 하나님이 "만유의 주님"이 되실 날을 위해 창조세계를 가꾼다.[17]

그러나 오늘날 우리에게 주어진 질문이자 이 책에서 탐구하려는 질문은 바로 이것이다. 우리는 프랑스에 있는 아프가니스탄 난민과 우크라이나 난민들 사이에서 어떻게 하나님 나라의 건설에 기여할 수 있을까? 서구에서 유색인종과 원주민들을 괴롭히는 불의를 보면서 어떻게 하나님 나라의 건설에 기여할 수 있을까? 중국 침략의 위협 아래 있는 대만의 한 신학교에서 어떻게 하나님 나라의 건설에 기여할 수 있을까? 우리가 보유한 민주주의 제도의 과거

---

16. 마태복음 6:10 참조.
17. 고린도전서 15:28.

와 현재의 해악을 고려하면서 어떻게 하나님 나라의 건설에 기여할 수 있을까? 낙태와 기후 변화 문제를 두고 분열된 지금의 정치 상황 속에서 어떻게 하나님 나라의 건설에 기여할 수 있을까? 우리는 성경보다 소셜미디어의 영향을 더 많이 받고 있을까? 그리고 무엇보다 어려운 질문은 이것이다. 위협적인 제국들에 맞서는 동시에 우리 자신의 제국을 세우고자 하는 필연적 유혹에 저항하면서 어떻게 하나님 나라의 건설에 기여할 수 있을까? 이런 질문들에 답하려면 지혜와 분별력이 있어야 한다.

이런 질문들이 어렵기는 하지만, 하나님 나라의 소명을 회복하는 것은 그 어느 때보다 우리에게 절실히 필요한 일이다. 우리 시대는 연이은 비극에 휩싸여 있고, 진리는 (각 집단의 입장과 이익을 대변하는 것으로) 부족화되었고, 독재자들은 무적인 것 같고, 민주주의는 만성적 결함이 있는 것처럼 보이며, 수많은 사람들이 지성을 마비시키는 경박한 전자기기에 탐닉하느라 그들의 감각이 둔해져서 도덕적 무관심에 빠진 상태이기 때문이다. 하나님 나라의 건설에 기여하려면 제국이라는 어려운 주제를 정면으로 다루고, 서구 문명에서 기독교가 차지한 모호한 위치를 인식하고, 다른 사람들을 논리적으로 설득할 능력을 잃어버린 이 시대에 기독교적 증언을 제시할 최선의 방법을 고민해야 한다.

3. 뭇 나라는 왜 야훼와 그 기름 부음 받은 자를 향해 분노하는가?

홍콩 신학자 곽푸이란이 기독교 연구에서 제국의 중요성에 관해 말한 것에서 이야기를 시작해 보자.

제국을 떠나서는 기독교를 이해할 수 없다. 바빌로니아 제국, 아시리아 제국, 페르시아 제국, 그리스 제국, 로마 제국 치하에서 히브리 민족이 벌인 생존투쟁을 모르고서는 성경을 이해할 수 없다. 기독교는 예수와 초기 제자들이 식민지 백성으로 살았던 로마 제국에서 시작되었다. 예수는 십자가에서 죽었고, 십자가는 국가 공포정치의 상징이자 정치적 반역자를 대상으로 한 고문과 처벌의 한 형태였다.[18]

성경은 제국에 완전히 잠겨 있는 책이다. 성경의 이야기들은 대제국들인 이집트, 아시리아, 바빌로니아, 페르시아, 마케도니아, 프톨레마이오스 왕조와 셀레우코스 왕조, 마지막으로 로마 제국 한복판에서 펼쳐진다. 이스라엘 민족은 종종 이 거대한 제국들 사이에 끼거나 그들에게 정복당했다. 물론 짧은 독립의 시기, 심지어 확장의 시기도 있었다. 솔로몬 왕의 치하에서 그랬고, 훨씬 이후인 하스

---

18. Kwok Pui-Lan, *Postcolonial Politics and Theology: Unraveling empire for a global world* (Philadelphia, PA: Westminster John Knox, 2021), 77.

모니아 왕조에서 그랬다. 하지만 그 외의 대부분의 시기에 이스라엘 사람들은 제국의 그늘 아래 살았거나 제국의 공포를 경험했다. 그들은 압도적으로 강한 제국의 속국이 되거나 침략을 당했다. 하지만 그것이 이야기의 전부는 아니다. 성경은 여러 왕과 제국이 이스라엘의 하나님이 기뻐하시는 대로 세워지고 무너졌다고 증언한다.

하나님이 파라오를 일으켜 세우신 것은 히브리인들을 종 되었던 집 이집트에서 구출해 내심으로써 그분의 능력을 나타내시고, 온 땅에 그분의 이름이 울려 퍼지게 하시기 위해서였다.[19] 시편 2편은 다윗의 혈통에서 나온 이스라엘의 새 왕, 곧 야훼의 대표자로서 이 땅에서 뭇 민족을 다스리도록 임명되신 하나님 아들의 즉위를 축하한다. 세상 나라들은 야훼와 그분의 기름 부음 받은 자를 향한 분노와 원한을 품고 울부짖을지도 모른다. 그러나 야훼께서는 그들을 내려다보며 웃으신다. 그들의 반란은 어리석을 뿐 아니라 헛된 일이기 때문이다. 야훼와 그분의 기름 부음 받은 '아들'은 제국들의 오만함을 깨뜨리신다.[20]

그런데 문제는 상황이 항상 그런 식으로 풀리지는 않았다는 것이다. 야훼께서 이스라엘에게 주신 소명은 제사장 나라이자 뭇 민족의 빛이 되는 것이었다. 하지만 비극적이게도 이스라엘 백성은 자주 주변 국가의 우상숭배적 악을 모방함으로써 언약의 책무를 깨뜨렸고, 그로 말미암아 그들을 묶고 있던 언약의 저주를 받았다.

---

19. 출애굽기 9:16, 20:2.
20. 시편 2:1-11.

그러한 저주에는 외국의 지배, 유배, 황폐화 등이 포함되었다. 그러나 이것 역시 이야기의 끝은 아니었다. 하나님의 자비는 언제나 이스라엘의 고집스러운 불순종보다 더 컸다.

기원전 8세기, 이스라엘의 북쪽 10개 지파는 앗수르 왕 산헤립에 의해 유배되었고, 남쪽의 유다와 베냐민 두 지파만 가까스로 앗수르의 공격에서 벗어날 수 있었다. 그러나 슬프게도 대략 2세기 후에는 남왕국도 바빌로니아의 느부갓네살 왕에 의해 주민들이 강제로 유배를 당하는, 같은 운명에 처하게 된다. 당대 사람들에게 앞으로 일어날 일을 경고했던 예레미야 선지자는 예루살렘을 위해, 바빌로니아에 의해 파괴된 성전을 위해 울었다.[21] 어느 시편 기자는 이 국가적 재앙을 회상하며 굶주림에 볼이 쑥 꺼진 초라한 생존자들이 유프라테스 강변에 앉아 "시온의 노래 한 가락을 불러보라"고 바빌로니아 사람들에게 명령 받는 상황을 두고 탄식했다.[22] 그들이 어떻게 노래할 수 있었겠는가? 그들이 할 수 있는 것은 오직 우는 일뿐이었다!

바로 이 시기에 하박국은 "여호와여… 어느 때까지리이까?"라고 부르짖었다. 이때는 바빌로니아 군대가 유다를 멸망시키기 위해 공격을 개시한 때였다.[23] 하나님은 하박국에게 이렇게 대답하신다. "이 묵시는 정한 때가 있나니 그 종말이 속히 이르겠고 결코 거

---

21. 예레미야 9장.
22. 시편 137:3-4(새번역).
23. 하박국 1:2.

짓되지 아니하리라 비록 더딜지라도 기다리라 지체되지 않고 반드시 응하리라 보라 그의 마음은 교만하며 그 속에서 정직하지 못하나 의인은 그의 믿음으로 말미암아 살리라."[24] 다시 말해, 바빌로니아의 힘은 무적이 아니요, 그 승리는 최종적인 것이 아니었다. 심판의 날이 참으로 다가오고 있었다. 그때까지 이스라엘 백성은 자신들을 향한 하나님의 신실하심을 믿어야만 했다. 이런 답을 들은 하박국은 "나의 구원의 하나님"으로 말미암아 기뻐하며 떠나간다.[25] 그는 제국이 어떻게 역사를 만들어 가는지 이해했다. 그것은 스스로 자신이 섬기는 신의 걷고 말하는 화신이라고 믿었던 왕들로 말미암아 황폐함이 가득한 역사였다. 그러나 언약의 하나님은 그분의 목적을 위해 그들을 사용하실 뿐, 결코 그들 마음대로 다 하도록 내버려두지 않으셨다. 이것이 바로 웨일스 출신의 설교자 마틴 로이드 존스가 총 3장으로 이루어진 이 하박국서를 가리켜 '역사의 문제'에 대한 하나님의 대답이라고 말한 이유였다.[26]

이사야는 하나님의 왕권과 바빌로니아에 포로로 잡힌 이스라엘이 구출되고 회복될 거라는 약속에 대해 많은 것을 말해준다. 특히 이사야 52장에 아주 인상적인 장면이 나오는데, 곧 야훼께서 역사에 대한 그분의 왕권과 주권의 진정한 범위를 보여주실 거라는 기

---

24. 하박국 2:3-4.

25. 하박국 3:18.

26. Martyn Lloyd-Jones, *From Fear to Faith: Studies in the book of Habakkuk and the problem of history* (London: Inter-Varsity Press, 1953) - 한국어판: 『두려움에서 믿음으로』, 김은진 옮김 (지평서원, 2012).

쁜 소식이 위엄 있게 선포된다.

> 깨어라, 깨어라,
> 힘을 내어라, 너 시온아!
> 거룩한 성 예루살렘아,
> 아름다운 옷을 입어라.
> 이제 다시는 할례 받지 않은 자와 부정한 자가
> 너에게로 들어오지 못할 것이다.
> 포로 된 예루살렘아,
> 먼지를 털고 일어나서 보좌에 앉아라.
> 포로 된 딸 시온아,
> 너의 목에서 사슬을 풀어내어라!

야훼께서 이렇게 말씀하신다. "너희가 값없이 팔려갔으니, 돈을 내지 않고 속량될 것이다." 주 하나님께서 말씀하신다. "나의 백성이 일찍이 이집트로 내려가 나그네로 살았고, 나중에는 아시리아도 까닭 없이 그들을 억압하였다." 야훼께서 말씀하신다. "나의 백성이 까닭도 없이 여기로 사로잡혀 왔으니, 지금 내가 무슨 일을 하여야 하겠느냐?" 야훼께서 말씀하신다. "그들을 통치하는 자들은 날마다 쉬지 않고 조롱하고 나의 이름을 모독하는구나. 그러므로 나의 백성이 나의 이름을 알게 될 것이다. 그날이 오면, 나의 백성은 내가 그들에게 말한 그 하나님임을 반드시 알게 될 것이다!"

참으로 아름답구나! 산을 넘어 달려오는

사자의 발이여! 평화가 왔다고 외치며,

복된 희소식을 전하는구나. 구원이 이르렀다고 선포하면서,

시온을 보고 "너의 하나님께서 통치하신다" 하는구나.

성을 지키는 파수꾼들의 소리를 들어 보아라.

그들이 소리를 높여서, 기뻐하며 외친다.

야훼께서 시온으로 돌아오시는 그 모습을

그들이 또렷이 볼 수 있을 것이다.

너희 예루살렘의 황폐한 곳들아, 함성을 터뜨려라.

함께 기뻐 외쳐라.

야훼께서 당신의 백성을 위로하셨고,

예루살렘을 속량하셨다.

야훼께서 모든 이방 나라들이 보는 앞에서

당신의 거룩하신 팔을 드러내셨고

땅끝에 있는 사람들은 모두

우리 하나님의 구원을 볼 것이다.

_이사야 52:1-10(저자 사역)

이 사자는 바빌로니아의 멸망과 노예가 된 이스라엘의 해방을
선언하는데, 그 선언은 두 히브리 단어 '말라크 엘로하이크'("너의 하
나님이 통치하신다")로 요약된다.[27] 다시 말해, 하나님이 왕이 되셨는데,

---

27. 이사야 52:7.

이는 단순히 근동의 독재자를 타도하신 것만이 아니라, 그 뒤에 있는 어두운 영적 세력까지 무너뜨리신 것이었다. 이것은 하나님의 언약적 신실하심과 뭇 민족에 대한 그분의 주권을 알리는 증거였다.[28] 하나님은 다른 왕인 페르시아 제국의 고레스(키루스)를 일으켜 바빌로니아를 정복하고 그들의 권력을 빼앗게 하신 후, 예루살렘을 재건하고 포로된 이스라엘을 자유롭게 하는 일을 그에게 맡기셨다.[29] 이사야 53장의 고난 받는 '종'도 바로 이런 맥락에서 이해해야 한다. 종의 고난과 구원은 이교도 압제자들의 손에 고난을 당하지만 최후의 법정에서 상황을 바로잡으실 하나님을 신뢰하는 이스라엘 이야기의 축소판이다. 이사야 53장은 초대 교회에 매우 중요한 성경 구절이었다.

다니엘서로 넘어가면, 제국의 흥망성쇠에 대한 하나님의 섭리와 제국의 여러 제도 속에서도 그분의 백성을 지키시는 하나님의 보존을 보여주는 묵시록적 환상과 궁정 이야기가 혼합되어 있는 것을 볼 수 있다. 그중에서도 특별히 눈에 확 들어오는 것은 이스라엘의 하나님과 이교도 제국 간의 충돌이 엄청나게 첨예해진다는 점이다. 그 대결의 절정이 다니엘 7장에서 네 짐승의 환상과 함께 도래한다. 네 짐승은 바빌로니아, 메대-페르시아, 마케도니아, 그리고 셀레우코스 왕조를(또는 그와 유사한 다른 왕조들을) 상징한다.[30] 그다음

---

28. N. T. Wright, *How God Became King: Getting to the heart of the Gospels* (London: SPCK, 2012), 181.

29. 이사야 45:1-2, 12-13. 역대하 36:22-23도 보라.

30. 다니엘 7:1-8.

갑자기 하늘의 알현실로 장면이 바뀌고, "옛적부터 항상 계신 분"이
무수히 많은 수행 천사들과 함께 보좌에 좌정해 계신다. 바로 거기
서 우리는 "인자 같은 이"를 소개받는데, 그가 바로 이 땅을 지배하
며 하나님 백성의 살을 삼키는 지상의 괴물들에 대한 하나님의 대
답이다.

> 내가 또 밤 환상 중에 보니
> 인자 같은 이가
> 하늘 구름을 타고 와서
> 옛적부터 항상 계신 이에게 나아가
> 그 앞으로 인도되매
> 그에게 권세와 영광과 나라를 주고
> 모든 백성과 나라들과 다른 언어를 말하는 모든 자들이
> 그를 섬기게 하였으니
> 그의 권세는 소멸되지 아니하는
> 영원한 권세요
> 그의 나라는
> 멸망하지 아니할 것이니라
> _다니엘 7:13-14

"인자 같은 이"가 천사인지 메시아 같은 존재인지에 대해서는
해석이 분분하다. 이 사람은 하나님의 왕권, 하나님의 기름 부음 받
은 왕, 하나님의 왕 같은 백성을 나타내는 다의적 상징일 가능성이

높다. 그는 하나님의 지상 백성의 천상적 체현이며, 오만한 어조로 말하는 오만한 뿔에 대응하는 신성한 존재이다.[31] 그렇다면 이 환상은 다가올 시대에 언젠가 하나님이 임명하신 인간 대리자가 일어나 우상숭배적이고 비인간적인 권세를 다스리며, 하나님의 백성들을 높이고 신원할 거라는 내용이다. 이 환상은 유대인 저자들과 역사적 예수, 복음서 저자들, 밧모섬의 요한에게 엄청난 영향을 미치게 된다.

왕과 제국들은 하나님과 그분의 기름 부음 받은 왕에게 "분노하고" 헛된 일을 "꾸밀" 수 있지만, 결국 실패할 수밖에 없다.[32] 그들은 사자에 맞서 성벽을 쌓는 개미들과 같다. 이사야는, 바빌로니아 왕이 스스로 떠오르는 별이라 자처하며 자신이 하늘 위로 올라가 천체들을 다스릴 운명이라고 생각하지만, 하나님은 오히려 그를 죽음의 구덩이로 끌어내려 썩은 고기를 먹는 동물들의 먹잇감이 되게 하고자 하신다는 사실을 알지 못한다고 말한다.[33] 제국들이 잇따라 하나씩 일어나지만, 다니엘은 우리에게 다음과 같은 사실을 알려 준다. "하늘의 하나님이 한 나라를 세우시리니 이것은 영원히 망하지도 아니할 것이요 그 국권이 다른 백성에게로 돌아가지도 아니할 것이요 도리어 이 모든 나라를 쳐서 멸망시키고 영원히 설 것이

---

31. 다니엘 7:8. 우리는 이 오만한 뿔이 셀레우코스 왕조의 왕 안티오코스 4세 에피파네스라고 생각한다. 한 유대인 저자의 요약에 따르면, 그는 자신을 "하나님과 동격으로" 생각했다(마카베오기 하권 9:12).
32. 시편 2:1, 사도행전 4:25-26, 요한계시록 11:18.
33. 이사야 14:3-21.

라." 이 나라는 지상 통치자들의 진흙 발을 부수는 "돌"과 같을 것이고, 결국 그들은 이스라엘의 "하나님은 참으로 보는 신들의 신이시요 모든 왕의 주재"이시라고 선포하게 될 것이다.[34] 무소불위의 권력을 과시하고 살아 있는 신처럼 행세하는 왕들은 하나님의 백성을 공포에 떨게 하고, 자신이 최고라고 뽐내며 그들을 조롱할 수 있다. 그러나 그들은 지극히 높으신 분의 종일 뿐, 그들의 생각처럼 무적의 신성불가침한 반신(半神)적 존재들이 아니며, 빠르게 일으켜 세워진 것만큼이나 금세 무너질 수 있다.

제국들과 독재적인 왕들의 오만함은 퍼시 비시 셸리(Percy Bysshe Shelley)*의 유명한 시 <오지만디아스(Ozymandias)>를 떠올리게 한다. 이 시에서 한 남자는 오지만디아스 왕의 무너진 동상 이야기를 한 여행자에게서 듣는다. 한때 광대하고 강력했던 그 왕의 왕국은 이제 대부분이 사막의 모래 언덕 아래에 묻혀 폐허가 되었다. 오지만디아스 왕의 동상도 일부 깨어진 채 반쯤 모래 속에 가라앉아 있으며, 한때 위대했던 그의 왕국 역시 초토화되었다. 남은 거라곤 통치자의 "부서진 두상"뿐이다. 동상의 받침대에는 오지만디아스가 자신의 위대함을 기리며 새긴 글귀가 있다. "내 이름은 오지만디아스, 왕 중의 왕이다. 너희 강대한 자들아, 나의 업적을 보고 절망하라!" 오지만디아스 왕은 제국의 통치자들이 다 그랬듯이 자신의 위엄을 뽐내며, 속국들에게 공포를 안기는 무적의 힘을 터무니없이 과장해

---

34. 다니엘 2:44-47.
* 19세기 초 영국의 낭만주의 시인.

서 자랑했다. 하지만 이제 그의 자기 과시적인 기념비는 잔해에 불과하다. 오지만디아스가 기억되는 것은 그의 영광이나 위대함 때문이 아니라, 오로지 그의 심각한 오만함 때문이다.

하나님은 그분을 대적하는 모든 제국을 저울에 달아 측정해 보면, 그 무게의 부족함이 드러날 것이라고 궁전 벽과 역사의 태피스트리에 기록하셨다.[35] "세상 나라는 우리 주님의 것이 되고, 메시아의 것이 되었다. 주님께서 영원히 다스리실" 날이 피할 수 없이 더 가까워지고 있다.[36]

4. 예수, 초대 교회와 로마 제국

1세기에 이르러 로마는 지중해를 지배하는 군사 제국이 되었다. 경쟁세력이던 북아프리카의 카르타고인들을 물리치고 다른 영토들도 하나씩 점령해 나간 끝에 마침내 로마 제국은 스페인에서 시리아까지, 다뉴브강에서 나일강까지 확장되었다. 로마 제국은 다른 제국들이 그랬듯이 약탈과 노예화, 착취의 체제 위에 세워졌다. 대부분의 로마 역사는 엘리트 남성들이 자신과 동료들의 업적을 상세히 기록한 결과물이다. 그러나 때때로 그 역사에서 많은 피정복 부족에게 가해진 잔학행위에 대해 미약하나마 저항의 흔적들이

---

35. 다니엘 5:1-31.
36. 요한계시록 11:15.

발견된다. 역사가 타키투스는 로마인을 탐욕스럽고 약탈적인 민족으로 묘사한 픽트인들*의 왕 칼가쿠스(Calgacus)의 말을 인용한다.

> 그들은 세계를 뒤집어엎고, 땅의 모든 것을 파괴하는 일도 성에 차지 않아 바다까지 샅샅이 뒤진다. 적이 부유하면 탐욕을 채우려 들고, 적이 가난하면 지배욕을 채우려 든다. 동쪽도 서쪽도 그들의 허기를 채우지 못한다. … 그들은 이른바 제국의 이름으로 약탈하고 살인하고 강간한다. 폐허만 남겨놓고는 그것이 '평화'라고 말한다. [37]

로마의 위대한 평화는 무자비한 폭력으로 만들어지고 유지되었다.

더 나아가 로마 제국은 공화정에서 독재정으로 변모했다. 일련의 불안정한 내전 끝에 최종적으로 승리한 인물은 옥타비우스 카이사르였다. 그는 양아버지 율리우스 카이사르를 살해한 원로원 파벌을 물리친 후, 과거 동맹이었다가 최대 경쟁자가 된 마르쿠스 안토니우스를 무찔렀다. 그 후 옥타비우스는 타의 추종을 불허하는 최고의 자리에 올랐지만, 천생 정치가답게 로마가 여전히 공화정인 것처럼 보이도록 노력해야 한다는 것을 알았다. 그래서 그는 왕이나 독재자가 아닌 '제1 시민'이라는 뜻의 프린켑스(princeps)로 자

---

37. Tacitus, *Agricola* 30, 저자(M. Bird) 번역.
* 고대 브리튼섬의 민족으로, 로마 제국 시기부터 10세기까지 스코틀랜드 동부 및 북부에 거주하던 부족들.

처했다. 어차피 선택의 여지가 없었던 로마 원로원은 현명하게도 그의 제안을 받아들였고, 옥타비우스가 스페인, 갈리아, 이집트, 시리아 등 더 취약한 (그리고 가치 있는!) 지역을 통치하고, 자신들은 국내와 덜 불안정한 지방을 돌보는 데 동의했다. 그런데도 로마 엘리트 집단은 서둘러 그에게 집정관직을 수여하고, 사제직을 맡기고, 그를 기리는 축제를 열고, '아우구스투스'(존엄한 자) 같은 명예 칭호를 부여했다. 동시에 동방에서는 마르쿠스 안토니우스에 줄을 대던 이들이 옥타비우스에게 바치는 신전을 짓고 그에게 신의 명예를 부여하는 등 새로운 정권의 환심을 사려는 광풍이 몰아쳤다. 안토니우스의 충성스러운 지지자였던 유대 군주 헤롯 대왕마저도 가이사랴 같은 인근 이방 도시에 옥타비우스에게 바치는 호화로운 신전을 세워 새로운 로마의 주군에게 아부하는 행렬에 동참했다. 헤롯은 황제에 대한 충성을 드러내는 것과 유일신을 맹렬히 신봉하던 유대인 신민들을 격분시킬 만한 행동 사이에서 균형을 유지하려고 노력했다.

　예수께서는 갈릴리 지방의 주요 도시인 세포리스에서 남쪽으로 불과 수 킬로미터 떨어진 나사렛 마을에서 자라셨다. 기원전 4년에 헤롯 대왕이 죽은 후, 유다 벤 히스기야로 알려진 인물이 헤롯 정권에 항거하는 민중 봉기를 이끌었다. 그는 세포리스를 점령하고 빠르게 병기고를 장악했다. 이에 직접 대응하기 위해 시리아의 로마 총독 바루스가 군대와 조력자들을 이끌고 도착하여 봉기를 진압하고, 세포리스를 약탈하고 주민들을 잡아 노예로 팔았다.[38] 10년 후인 서기 6년에 헤롯의 아들 아켈라오가 지배자 자리에서 해임되면서 유대 땅은 로마의 직할 통치 지역이 되었다. 항상 세금 부과를 목적으로 이루어졌던 인구조사가 선포되자, 갈릴리 사람 유다와 그의 추종자들은 유대인에겐 하나님 외에 왕이 없다고 주장하면서 로마의 과세라는 족쇄를 풀기 위해 갈릴리에서 또 다른 반란을 일으켰다. 그러나 이번에도 반란은 잔인하게 진압되었다.[39] 따라서 예수께서는 갈릴리의 반란이 실패하고 십자가 처형과 같은 로마 제국의 폭력의 흔적과 충격적인 기억이 도처에 남아 있는 곳에서 성장하신 셈이었다. 로마 군대는 그 지역을 휩쓸며 유혈사태와 파괴, 살인, 강간, 약탈을 일삼았고, 사람들을 노예로 삼았다.[40] 예수께서는 이러한 상황에서 하나님 나라를 선포하는 사역을 시작하셨다.

따라서 예수께서 "때가 찼고 하나님의 나라가 가까이 왔으니 회개하고 복음을 믿으라"[41]고 외치신 것은 사람들에게 '사영리'(四靈理, four spiritual laws)나 천국의 지복을 얻는 길을 제시한 것이 아니었다. 예수께서는 유배의 종말, 새로운 출애굽, 새 언약, 새 성전, 이스라엘의 재집결 및 회복에 관한 선지자들의 약속이 마침내 실현되고 있다고 말씀하신 것이었다. 하나님이 왕으로 오고 계셨다. 하나님의 왕권은 예수께서 친히 행하신 일들, 즉 기적과 치유, 귀신 축출,

38. Josephus, *Ant.* 17.271-272, 286-298; *War* 2.55-56, 66-79.
39. Josephus, *Ant.* 18.23-5; *War* 2.118, 433; Acts 5:37.
40. Josephus, *Ant.* 17.285-291; *War* 2.68-71.
41. 마가복음 1:15.

심지어 그의 죽음을 통해서까지 나타나고 있었다.[42] 이 시대의 제국들이 이스라엘 하나님의 왕권에 의해 초라해지고 심판을 받게 될 날이 다가오고 있었고, 이미 도래해 있었다.

사도 바울은 하나님 나라를 2막의 드라마로 그려내는 도식을 제시했다. 우선, 하나님의 왕 같은 구원의 능력이 등장한다.[43] 이 능력은 "우리 죄를 위하여" 십자가에 못 박히심, "죽은 사람들의 첫 열매"로 부활하심과 같은 예수의 메시아적 사명을 통해 드러나며, 성령이 주어짐으로써 우리에게 체험된다. 둘째, 미래에 있을 심판이 등장한다. "그런 다음 최종 목적, 곧 마지막이 오는데, 그때 그[즉, 예수]는 모든 통치권과 권위와 권력을 폐하시고, 아버지 하나님께 왕의 통치권을 넘기실 것이다."[44] 그러나 예수께서 아버지의 우편으로 높아지시는 것과 재림하시리라는 예언은 카이사르에게 무엇을 의미했을까?[45]

로마인들은 유대인들이 품고 있던 메시아에 대한 소망을 알았고, 그 소망을 극도로 경멸했다. 타키투스는 주후 66-70년에 있었던 유대의 반란에 대해 이렇게 말했다.

---

42. 마태복음 12:28/누가복음 11:20, 마태복음 11:5/누가복음 7:22-23, 마가복음 9:1을 보라.
43. 로마서 5:18-19, 8:29, 15:8, 고린도전서 15:3, 20(새번역), 고린도후서 5:5, 에베소서 1:13, 골로새서 1:18을 보라.
44. 고린도전서 15:24.
45. 바울과 로마 제국에 대한 저자들의 생각을 알고 싶다면 다음을 보라. N. T. Wright, *Paul and the Faithfulness of God*, Christian Origins and the Question of God 4 (London: SPCK, 2013), 1271-1319 - 한국어판:『바울과 하나님의 신실하심』, 박문재 옮김 (CH북스, 2015); and Michael F. Bird, *An Anomalous Jew: Paul among Jews, Greeks, and Romans* (Grand Rapids, MI: Eerdmans, 2016), 205-255.

이 사건에 두려운 의미를 부여한 사람은 많지 않았지만, 대부분의 유대인은 확신을 갖고 있었다. 그들의 사제들이 남긴 고대의 기록에는 바로 이 시기에 동방이 강대해지고, 유대 출신의 통치자들이 보편적인 제국을 세울 것이라는 예언이 담겨 있었다. 유대인들은 이 내용을 확고히 믿었다.[46]

수에토니우스도 비슷하게 선언했다.

당시에는 유대 출신의 사람들이 세계를 지배하는 것이 하늘이 정한 운명이라는 오래되고 확고한 믿음이 동양 전체에 퍼져 있었다.[47]

문제는 바울 시대에는 네로 황제가 "온 세상의 주"[48]로 칭송받았고, 그와 그의 정권은 유대인들과 그들의 부족신이 가져오는 해방이라는, 그들의 관점에선 말도 안 되는 환상에 빠져들 생각이 전혀 없었다는 것이다. 로마의 엘리트들은 로마인들이 신의 뜻에 따라 동서양의 주인으로 임명되었고, 인간 세상의 야만족들에게 평화와 안전을 가져다주도록 보냄을 받았다고 생각했다. 호라티우스(Horace)와 베르길리우스(Virgil)의 시에는 신들이 어떻게 로마인들을

---

46. Tacitus, *Histories* 5.13.
47. Suetonius, *Vespasian* 4.4.
48. Sylloge *Inscriptionum Graecarum* 814.30-31 (ad 67). 다음 책에서 인용. Joseph D. Fantin, *The Lord of the Entire World: Lord Jesus, a challenge to Lord Caesar?* (Sheffield: Sheffield Phoenix Press, 2011), 199.

세계의 주인으로 정했는지 알리는 시구와 표현들로 가득하다.

바울이 네로를 몰아내고 기독교를 합법화하거나 심지어 제국 내에서 특권적 지위를 가진 종교로 만드는 데 가장 적합한 원로원 의원을 대신 세우려는 궁정 쿠데타를 계획했다는 말이 있는데, 이는 지상의 권위에 복종하라고 촉구하는 로마서 13장 1-7절만 읽어 보아도 사실이 아님을 알 수 있다. 하지만 그렇다고 해도 '예수께서 주시다'라는 선포가 중심에 놓인 바울의 복음에는 여러 사회정치적 함의가 있었다. 성경에 깊이 뿌리 내리고 부활하신 예수와의 만남으로 불붙게 된 바울은 세상의 주인이 아우구스투스의 아들이 아니라 다윗의 아들임을 마음으로 굳게 믿었다. 그런 바울이 이사야의 언어를 사용해 예수께서 "일어나 민족들을 다스리시고 민족들은 그에게 희망을 둘 것"이라고 선언한 것은 당연한 일이었다.[49] 하나님 나라로 가득 찬 바울의 복음은 야훼께서 이교 세계의 권세와 만신전(萬神殿)에 맞서 싸우신다고 가르치는 유대 전통에 내재되어 있던 것이었다. 예수께서 주님이시라는 선언은 곧 카이사르는 주가 아니라는 말이었다.[50]

그렇다면 '예수께서 주시다'라고 속삭이는 것만으로도 도전의 기운이 담기게 된다. 왜냐하면 그것은 아마도 신적인 지위와 비할 데 없는 권위를 내세우던 카이사르의 주권이 사실은 무적이 아니라 우상숭배에 불과하다고 말하는 것이었기 때문이다. 이교 철학

---

49. 로마서 15:12에 인용된 이사야 11:10.

50. N. T. Wright, *Paul in Fresh Perspective* (Minneapolis, MN: Fortress, 2009), 69.

자 켈수스가 기독교인들이 예수에게만 헌신하고 지역의 신들과 제국의 신들을 공경하기를 거부하면서 "종교적 폭언"이나 "선동적인 말"을 했다고 비난한 것도 바로 이런 맥락에서이다.[51] 그가 비난한 내용이 사실이라면, 바울은 사람들에게 새로운 종교 경험을 제시하는 순회 전도자가 아니라 새로 등극할 왕의 대사였다는 뜻이 되고, 그는 그 새 왕에게 충성하는 사람들의 조직을 든든히 세우고, 그분의 이야기, 그분의 상징과 실천에 따라 삶의 질서를 정하고, 그분의 진리에 따라 마음을 정돈했다는 얘기가 된다. 이것은 대단히 반제국적인 일, 로마 제국의 전체 체제를 전복하려는 시도로 해석될 수밖에 없었다. 바울은 자신의 역할과 사역이 그렇게 해석되길 바랐고, 그런 사역의 결과로 결국 감옥에 갇히게 되었을 때, 그는 그 상황을 자신이 일을 제대로 해왔다는 표지로 받아들였다고 해석할 수 있는 증거들이 실제로 많이 있다.[52]

요한의 묵시록은 기이하고 강력한 이미지들로 가득한 책이다.[53] 그 안에는 로마의 아시아 속주 교회들을 권면하고 훈계하는 서신

---

51. Origen, *Against Celsius* 8. 2. - 한국어판: 『켈수스 반박』, 이종한 옮김 (분도출판사, 2023). 마르틴 헹엘(Martin Hengel)은 칼만 바이슐라크(Karlmann Beyschlag)를 인용하여 이렇게 말한다. "우리가 아는 한, 켈수스는 부정적인 의미에서 기독교에 분명한 '혁명의 신학'이 담겨 있다고 말한 첫 번째 사람이다." *Christ and Power* (Philadelphia, PA: Fortress, 1977), 41을 보라.

52. N. T. Wright, "Paul's Gospel and Caesar's Empire", in *Paul and Politics: Ekklesia, Israel, imperium, interpretation: Essays in honour of Krister Stendahl*, ed. R. H. Horsley (Harrisburg, PA: Trinity Press International, 2000), 161-162. Reprinted in N. T. Wright, *Pauline Perspectives: Essays on Paul, 1978-2013* (London: SPCK, 2013), ch. 12.

53. N. T. Wright and Michael F. Bird, *The New Testament in Its World: An introduction to the history, literature, and theology of the first Christians* (Grand Rapids, MI: Zondervan, 2019), 808-848을 보라.

들이 담겨 있다. 그것은 예언되었지만 아직 이루어지지 않은 일들에 관한 예언이다. 그 환상들은 복잡한 상징이 빼곡히 들어찬 성경적 이미지들로 가득하며, 그것을 통해 하늘의 일들이 땅의 일들을 어떻게 반영하는지 드러낸다. 이 책은 종말론적 드라마가 아니라 로마의 권력과 선전에 대한 사회-종교적 비판서이다. 요한의 묵시록이 특별한 것은 당시 대부분의 문헌과 달리 로마 권력의 군홧발에 목이 밟힌 사람들의 관점에서 로마 제국의 모습을 보여주기 때문이다. 그래서 이 책은 "짐승"(즉, 로마 제국)과 거짓 선지자(즉, 제국 제의와 황제 숭배)에게 아주 많은 관심을 기울인다. 우리는 이 책을 우리 자신과 관련된 역사적 사건에 대한 비의적이고 암호화된 예측으로 보아서는 안 되고, 소아시아 교회들에게 강력하고 예언적인 메시지가 되었던 하나님의 우주적 왕국의 도래를 하나님의 시각에서 바라본 그림으로 다루어야 한다. 요한은 동료 신자들에게 자신이 본 것을 보라고 촉구했다. 곧 로마의 권력이 비록 그 위대함과 영광을 뽐내지만, 사실 그것은 탐욕과 오만, 폭력이 뒤섞인 약탈적이고 우상숭배적인 혼합물에 불과할 뿐, 수확을 앞둔 포도처럼 심판의 시기가 무르익었음을 알아보라는 것이었다. 로마는 심판을 받을 것이고 멸망할 것이다. 주 하나님과 그분의 메시아를 대적하는 모든 제국이 그렇게 될 것이다.

5. 제국의 종말

초대 교회는 유대교의 반이교적이고 반제국적인 관점을 계승했다.[54] 세상의 제국들은 하나님의 왕권과 그분의 메시아에게 대항했다. 예수께서는 변방의 속주에서 로마의 2급 관리의 지시로 십자가에 못 박혀 비천한 노예처럼 죽임을 당하셨고, 살인강도처럼 잔혹하게 처형당하셨다. 그러나 하나님은 예수를 죽음에서 살리시고, 빌라도와 헤롯이 그에게 행한 일을 되돌리시고, 죽음의 최종성을 박탈하시고, 하나님의 능력의 선함과 하나님의 선하심의 능력을 증명하셨다. 죽음은 공포를 안기고 노예로 삼기 위한 폭군의 궁극적인 무기였지만, 하나님의 능력과 부활의 약속은 폭군의 무기가 무장 해제되었음을 의미했다.[55] 그뿐 아니라 아버지 하나님은 능력으로 예수를 하나님의 아들, 메시아, 주님으로 임명하셨고, 예수께서는 재림하시어 참된 정의로 세상을 심판하실 것이다. 때가 되면, 세상이 이전까지 알았던 제국은 더 이상 존재하지 않을 것이다.

최후의 심판이 있기 훨씬 이전, 아직 역사의 연대기가 진행 중인 시점에, 로마의 카이사르인 콘스탄티누스 황제가 병사들에게 방패에 십자가 문양을 새기라고 명령하는 순간이 곧 다가올 것이었다. 그것은 십자가가 기독교인들에게 저지른 로마의 가혹행위를

---

54. 이 점을 가장 먼저 지적한 사람은 이교 철학자 켈수스였다(Origen, *Against Celsus*, 3.5-10).
55. N. T. Wright, *The Resurrection of the Son of God*, Christian Origins and the Question of God 3 (London: SPCK, 2003), 730 - 한국어판: 『하나님의 아들의 부활』 박문재 옮김 (CH북스, 2005).

상징하던 시절이 끝났고, 오히려 로마가 주 예수 그리스도의 충실한 종으로 자처하게 되는 새로운 시대가 열렸음을 알리는 행위였다. 윌 듀란트는 이 변화를 다음과 같은 유명한 말로 정리했다.

> 역대 황제들의 멸시와 억압을 받던 소수의 기독교인들이 불굴의 끈기로 모든 시련을 견디며 조용히 번성하고, 적들이 혼란을 일으켜도 질서를 세우고, 말씀으로 칼과 싸우고, 소망으로 잔혹함과 싸우다 마침내 역사상 가장 강력한 국가를 물리친 것보다 더 위대한 드라마는 인류 역사상 없을 것이다. 카이사르와 그리스도가 원형경기장에서 만났고, 결국 그리스도가 승리했다.[56]

기원후 300년에는 로마 제국 인구의 10퍼센트 정도가 기독교인이었다. 하지만 380년에는 인구의 50퍼센트가 기독교인이었고, 그중에는 황제, 장군, 총독들도 포함되어 있었다. 기독교는 합법화되었을 뿐 아니라 빠르게 제국 내에서 주류 종교 세력이 되어 수백 년의 역사를 지닌 이교 신앙을 무색하게 만들었다. 어린양의 피는 카이사르와 그 수하들이 지닌 군사와 검을 분명히 이겼다. 그렇게 해서 하나의 이야기가 끝났지만, 그것은 또 다른 이야기의 시작이기도 했다. 이후에는 제국에 저항하던 교회가 제국 안에서 귀빈으로 지내는 상황이 펼쳐졌다. 이는 나름의 문제들과 복잡한 골칫거리로 가득한 상황이었다.

---

56. Will Durant, *The Story of Civilisation: Caesar and Christ* (New York: Simon & Schuster, 1944), 652.

2장

예수와 카이사르
사이의 교회

1. 교회는 어떻게 로마 제국을 혁명적으로 바꾸었는가?

초대 교회는 제국을 견디고, 제국에 저항하고, 제국으로부터 도망치고, 제국 아래서 고난을 당하고, 제국을 상대로 자기를 변호해야 했다. … 그러다 교회가 제국과 하나가 되었다. 참으로 운명적인 전환이었다. 첫 3세기 동안 기독교인들은 마지못한 관용의 대상이 되기도 했지만, 지역적 차원의 박해나 심지어 제국 전역에서 일어나는 박해를 당하기도 했다. 기독교를 폭동을 선동하는 반인륜적 이단 종교로 규정하며 로마가 진행했던 박해는 콘스탄티누스가 개종하고 기독교를 지원하면서 끝났다. 콘스탄티누스는 서기 312년 로마 외곽의 밀비우스 다리에서 막센티우스를 상대로 승리하여 서로마의 최고 통치자가 되었다. 그는 그 승리가 유일신 하나님의 섭리와 예수 그리스도의 능력 덕분이라고 여겼다. 그 직후 기독교를 향한 박해가 종식되었고, 이후 수십 년에 걸쳐 기독교는 점진적으로 공식 국교로 채택되었다. 많은 사람이 예견했던 대로, 카이사르는 마침내 그리스도 앞에 무릎을 꿇었다.

서기 303년의 잔혹한 디오클레티아누스 박해부터 313년의 밀라노 칙령으로 기독교인들이 공식적인 법적 보호를 받게 되기까지 채 10년도 안 되는 사이에, 로마 제국의 박해를 받던 기독교인들의 운명은 철저한 절망에서 복된 해방의 상태로 급격히 바뀌었다. 훨씬 더 극적인 변화는 기독교가 겨우 용인되던 수준의 종교에서 제국의 패권을 쥔 종교로 바뀌었다는 것이다. 예수를 따르던 사람들은 자신이 더 이상 순교자가 아니라 제국의 목사가 되는 이 새로운 상황에서 어떻게 살아갔을까? 로마의 후원 아래 기독교인들은 더 이상 추적당하지 않았고, 오히려 이교도, 유대인, 기독교 이단 종파 등의 전통적인 경쟁세력을 괴롭히고 못살게 굴 수 있는 위치에 서 게 되었다. 실제로 기독교는 주교들을 통해 로마와 콘스탄티노플 모두에서 제국의 권력을 업고 강력한 영향력을 행사하게 되었다. 최악의 경우, 교회는 제국의 도구가 되어 제국이 항상 그래왔던 정 복과 노예화, 착취를 계속하는 군인 황제들의 칙령에 그리스도의 휘장을 바치기까지 했다. 교회는 그리스도의 십자가를 내어주고 로마의 칼을 받았다.

그러나 교회와 국가의 결합, 주교와 왕의 양두 정치 등 기독교 세계(Christendom)의 온갖 폐해에도 불구하고, 기독교는 인류 문명에 참으로 긍정적이면서도 궁극적으로 혁명적인 변화들을 안겨주었 다. 라틴계 서로마와 그리스계 동로마는 수 세기에 걸쳐 세상을 향 한 하나님의 사랑이라는 기독교적 비전에 점점 더 크게 영향을 받 았고, 그 결과 악과 착취에 대해 제약이 거의 없었던 사회에서 기독 교적 미덕이 점차 크게 영향을 미치는 사회가 되었다. 다음의 내용 을 생각해보라. 옛날에는 이교도 철학자 켈수스가 기독교를 "어리 석은 자들, 수치스럽고 멍청한 자들, 여자, 노예, 어린아이들"만 끌 어들이는 혐오스러운 노예의 종교라고 비웃으며 업신여겼다. 그가 볼 때 기독교는 남자답지 못하고 로마답지 못했다. 그 중심에는 소 위 십자가에 못 박힌 신이 있었고, 그 신은 정신이 나약하고 몸이 허약한 사회적 찌꺼기 같은 자들로부터 흠모와 숭배를 받았다.[1] 켈수스는 십자가에 못 박힌 나사렛 예수를 숭배하는 일에 대해 로마인으로서 전형적인 혐오감을 드러냈다. 하지만 콘스탄티누스의 법 제정과 성직자에 대한 권력 부여를 시작으로 기독교는 사회적, 법적, 도덕적 혁명을 일으키기 시작했고, 그 영향력은 오늘날까지 울려 퍼지고 있다. 정치철학자 나심 니콜라스 탈레브는 신들이 곧 힘이요 그 힘이 숭배받던 세상에서 기독교의 메시지가 얼마나 급진적이었는지 잘 포착해낸다.

> 그리스-로마인들은 연약한 자, 가난한 자, 병든 자, 장애인을 멸시했지만, 기독교는 약자, 짓밟힌 자, 손조차 댈 수 없는 천한 자를 미화했고, 그 작업이 사회적 서열의 맨 꼭대기까지 영향을 미치게 했다. 고대의 신들도 나름의 고난과 어려움을 겪었겠지만, 그래도 그들은 신이라는 특별한 계급을 유지하고 있었다. 그러나 예수는 인류의 가장 낮은 계급인 노예의 형벌을 받은 최초의 고대 신이었다. 그리고 그를 계승한 종파는 고난의 미화를 일반화하여 열등한 존재로 죽는 것이 강자로 사는 것보다 더 장엄하다고 가르쳤다. 로마인들은 그 종파의 신도들이 노예에게 적용되는 형벌인 십자가를 자신들의 상징물로 사용하는 것을 보고 당혹감을 느꼈다. 그들에겐 그것이 일종의 농담처럼 보였을 것이다.[2]

---

1. Origen, *Against Celsius* 3.44.
2. Nassim Nicholas Taleb, "On Christianity: An essay as a foreword for Tom Holland's Dominion",

기독교인들은 신들, 힘, 위대함, 위계질서로 이루어진 구조물을 통째로 뒤집어엎었다. 하나님은 어리석은 자를 사용하시어 지혜로운 자를 부끄럽게 하셨다. 그분께서는 가난한 자의 수호자이시자 약자를 옹호하는 존재이셨다. 부자들은 굶주린 채로 쫓겨나고, 가난한 사람들은 배불리 먹게 될 것이다. 권력의 재편이 이루어질 때가 다가오고 있었다. 먼저 된 자가 나중 되고 나중 된 자가 먼저 될 것이다. 따라서 부자들은 최후의 심판에서 자신의 재물이 불리한 증거가 되는 상황을 염려하며 슬퍼하고 통곡할 수밖에 없었다. "세상을 뒤엎는"[3] 자들이라고 비난받았던 기독교인들은 그런 그들의 임무를 철저히 완수한 것처럼 보인다. 왜냐하면 지금 우리는 약자와 피해자가 거의 신성한 지위를 부여받는 세상에 살고 있기 때문이다.

소위 지식인들 중 많은 사람들이 기독교가 암흑기를 조성하여 학문을 억압하고, 왕의 신성한 권리를 지지하고, 종교적 자본으로 억압의 벽을 쌓았다는 고리타분한 생각을 계속해서 고집하고 있다. 더욱이 그들은 종종 모든 인권의 발전과 인간 노력의 진전이 프랑스 혁명으로 뿌려진 지성의 씨앗들과 계몽주의의 자유사상가들에서 비롯되었다는 견해를 내뱉는다. 심지어 회의론자들은 현대 과학의 부상과 노예제 폐지가 기독교 덕분이 아니라, 기독교의 방

Incerto, 26 August 2022: https://medium.com/incerto/on-christianity-b7fecde866ec (2023년 8월 14일 검색).

3. 사도행전 17:6.

해에도 불구하고 일어났다고 주장하는 뻔뻔함마저 보인다.[4] 그들은 그런 케케묵은 이야기를 너무나 자주 되풀이하지만, 그런 이야기에는 치명적인 결함이 하나 있다.[5] 바로 그것이 사실이 아니라는 것이다.

현대 세계의 대부분의 사람들은 원수를 사랑해야 하고, 강자가 약자를 보호해야 하며, 악행을 저지르느니 당하는 것이 낫다는 생각을 고귀한 것으로 인식한다. 서양 사람들은 이런 개념들을 자명한 도덕적 사실로 여긴다. 하지만 그리스인, 로마인, 아랍인, 바이킹, 오스만 제국 사람, 몽고 제국 사람, 아즈텍인들에게는 이런 가치관이 자명하지 않았다. 그럼에도 오늘날 대부분의 사람들이 이런 이상을 공리처럼 받아들이는 이유는 우리가 기독교 혁명의 산물이기 때문이다. 사람들이 이 사실을 극렬히 부인하면서 교회는 '압제자'였다고 (어느 정도는 정당하게) 주장할 때가 있지만, 사실 압제에 대한 도덕적 저항 자체도 기독교 신앙에 뿌리를 둔 행위이다. 왜냐하면 모든 인간은 하나님의 형상을 반영한다는 것이 기독교가 전하는 메시지이기 때문이다. 다시 말해, 하나님은 세상을 너무나 사랑하셔서 세상을 구원하시기 위해 아들을 보내셨다는 것, 십자가는 진정한 힘이 약함에서 발견되고, 위대함은 섬김으로 이루어지며,

---

4. 18세기 로마사 학자 에드워드 기번(Edward Gibbon)이 내세웠고, 오늘날 현대의 인지과학자 스티븐 핑커(Steven Pinker)도 내세우는 견해이다.

5. 여기서 우리는 다음 책의 도움을 받았다. Tom Holland, *Dominion: How the Christian revolution remade the world* (New York: Basic, 2019), esp. 80-106 - 한국어판: 『도미니언』 이종인 옮김 (책과함께, 2020).

복수는 더 큰 악을 낳을 뿐이고, 모든 희생자는 하나님의 심판대에서 신원 빔을 것임을 증명한다는 것이 기독교의 메시지이다. 이 메시지는 서구 문명의 도덕적 나침반으로 단단히 자리 잡았다. 목소리를 낼 수 없는 연약한 아기가 자궁 안에서 갈가리 찢겨 목숨을 잃어선 안 된다고 믿는 보수주의자든, 여성에겐 자신의 몸을 통제할 권리가 있다고 주장하는 진보주의자든, 모두가 기독교의 언어로 논쟁하고 기독교의 화폐로 거래하고 있는 것이다.

이 논지를 더 풀어나가기에 앞서, 우리는 사도 바울이 "노예의 목숨은 소중하다!"라는 팻말을 들고 로마의 광장을 누비지 않았다는 점에 주목해야 한다. 하지만 그가 갈라디아서 3장 28절에서 메시아 안에는 "더 이상 종도 자유인도 없으며, '남자와 여자'도 없다"라고 한 말은 노예제 폐지와 페미니즘 설립의 기초가 되었다. 로마인들은 모든 주인이 자신의 아내와 노예를 성적으로 '이용'하고 그들의 몸을 마음대로 다룰 권리가 있다고 생각했다. 아우구스투스 시대의 로마 시인 호라티우스는 이런 말까지 늘어놓았다. "거시기가 단단해지는데, 집안의 하녀나 어린 소년이 가까이 있고 즉시 덮칠 수 있다는 것을 알면서도 긴장으로 터질 듯한 상태를 참겠는가? 난 안 그러겠다. 나는 성관계를 원할 때 그 자리에서 쉽게 할 수 있는 것이 좋다."[6] 바울은 이런 호라티우스와 극명한 대조를 이루면서 데살로니가 교인들에게 무절제한 정욕을 추구하지 말라고 경고했으

---

6. Horace, *Satires* 1.2.116-19 (trans. N. Rudd).

며, 다른 사람을 착취하는 자들을 기다리는 무서운 심판에 관해서
도 강하게 이야기했다.

> 이것이 하나님의 뜻입니다. 곧 여러분의 거룩함입니다. 여러분
> 이 음란한 짓을 멀리하는 것입니다. 여러분이 저마다 자기 몸을
> 거룩하고 명예롭게 간수할 줄 아는 것입니다. 하나님을 알지 못
> 하는 다른 민족 사람들과 달리 욕망에 휘둘리지 않는 것입니다.
> 행실에서 선을 넘어 자기 형제자매를 이용해 먹지 않는 것입니
> 다. 주님은 이 모든 것에 대해 벌하시는 분이기 때문입니다. 우
> 리가 이미 여러분에게 말도 하고 힘껏 증언도 한 대로입니다.[7]

또 바울은 빌레몬이라는 노예 주인에게서 도망친 노예인 오네
시모를 맞아주라고, 그것도 마지못해서 또는 돌아오면 두들겨 팰
생각에서가 아니라, "사랑하는 형제"로 여기고 맞아주라고 요청했
다.[8] 바울은 고린도 교인들에게 "남자도 자기 몸을 마음대로 하지
못하고, 아내가 맡아야"[9] 한다고 말했고, 에베소 교인들에게는 "노
예 상인"으로 일하는 것을 금지했다.[10] 우리는 그 대목을 읽으며 "이
거야 뭐, 당연한 얘기지!"라고 생각한다. 그러나 당시 이 말을 처음
들은 사람들은 아마 깜짝 놀라 눈을 깜빡이거나 입을 떡 벌리며 이

---

7. 데살로니가전서 4:3-6(새한글성경).
8. 빌레몬서 1:16.
9. 고린도전서 7:4.
10. 디모데전서 1:10.

렇게 말했을 것이다. "이 사람, 농담하는 건가?"

또 다른 사례를 보자. 복음서 기사인 누가는 아테네 아레오바고에서 바울이 했던 연설을 요약했는데, 그것은 바울이 철학에 정통한 그곳의 시민 지도자들에게 모든 인류는 공통 조상을 공유하며, 하나님이 "인류의 모든 족속을 한 혈통으로 만드사 온 땅에 살게 하"셨다고 전하는 내용이었다.[11] 우리에게는 "한 혈통"이라는 말이 별 의미가 없어 보이지만, 노예제 폐지론자, 아프리카계 미국인 성직자, 원주민 공동체 옹호자들은 백인 노예 소유주의 억압과 식민지 지배자들의 학대에 맞서 유색인종을 위한 정의를 요구하기 위해 이 구절을 다른 어떤 성경구절보다 많이 설교하고, 인쇄하고, 외치고, 부르짖었다.[12] 해나 모어(Hannah More)는 이 구절에 이끌려 1788년의 시 <노예제(Slavery)>에서 이렇게 썼다. "자유의 영혼이 지배하는 영국이 / 자신이 경멸하는 쇠사슬을 타인에게 채우기 위해서 만든단 말인가?"[13]

기독교가 서구의 가치관 형성에 그 무엇보다 큰 역할을 했다는 주장에 아직 확신이 서지 않는 회의론자들은 한 가지 사례를 더 숙고해보길 바란다. 로마 황제 클라우디우스는 브리타니아 정복을

---

11. 사도행전 17:26(개역개정). '혈통'(blood)에 해당하는 그리스어 단어는 대부분의 좋은 신약성경 초기 사본에 나오지 않지만, 바울이 내세우는 논지는 동일하다.

12. 다음을 보라. John W. Harris, *One Blood: 200 years of Aboriginal encounter with Christianity: A story of hope* (Sutherland: Albatross, 1994); Lisa M. Bowens, *African American Readings of Paul: Reception, resistance, and transformation* (Grand Rapids, MI: Eerdmans, 2020).

13. Luke Bretherton, *Christ and the Common Life: Political theology and the case for democracy* (Grand Rapids, MI: Eerdmans, 2019), 189에서 인용.

기념하기 위해 (아시아 속주인) 카리아 지역의 도시 아프로디시아에 있는 세바스테이온*에 자신이 근육질의 강인한 모습으로 브리타니아의 여성 포로를 제압하고 강간하는 장면을 묘사하는 대리석 부조를 의뢰했다.[14] 우리는 그런 일을 끔찍하게 여기며 기막혀 한다. 소름끼치게 사악하고 도덕적으로 모욕적인 일이라고 생각한다. 현대의 그 누가 군사적 승리를 기념한답시고 국가원수가 성폭력과 살인 행위를 저지르는 모습을 새겨 기념비를 세우겠는가? 그런데 클라우디우스의 대리석 부조에 분노하는 것이 왜 우리의 자연적인 반사 반응일까? 왜 우리는 폭력의 피해자를 일으켜 세워야 한다고 생각할까? 왜냐하면 자신이 무종교인이라고 제아무리 주장하는 경우라도, 좋든 싫든 우리 모두는 기독교의 혁명을 내면화했기 때문이다. 상황이 "하늘에서처럼 땅에서도" 그대로 이루어져야 한다고 믿는 것은 우리에게 본능에 가까운 일이다. 기독교세계는 정치적으로 더 이상 존재하지 않을지 몰라도, 서구 사회의 도덕적 비전에 여전히 긴 빛줄기를 드리우고 있다. 기독교 성경은 현대의 사회혁명, 성혁명의 대본이 되었다.

---

14. 다음을 보라. https://preview.redd.it/54odxcdqoeu51.jpg?auto=webp&v=enabled&s=69c0519d1d
    b03cd4c5764405362395b7590bc8bc (2023년 8월 14일 검색).
* Sebasteion- 아우구스투스 황제와 율리우스 카이사르 황제를 숭배하는 특별한 신전.

2. 교회와 로마 제국의 불경한 동맹

기독교적 정치 질서의 창설은 결코 교회의 목적이 아니었다고 말할 수 있다. 다만 특정한 정치질서가 구현되고 그 질서가 기독교 세계가 된 것은 하나님 나라를 선포하는 교회의 선교가 성공한 결과였을 뿐이다. 기독교세계가 등장한 것은 개종한 통치자들이 자신의 왕국을 그리스도의 통치 아래 두길 원해서였다.[15] 콘스탄티누스가 사망할 무렵, 로마 제국은 "아르메니아인, 이베리아인, 아랍인, 악숨인들을 아우르는 보편적 기독교 연방"이 되었고, 이것은 비잔틴 제국의 역사에 이르기까지 보존될 터였다.[16] 팔레스타인부터 팔라티노 언덕, 브리타니아에서 비잔티움에 이르기까지 교회의 선포가 성공을 거두면서 로마 제국은 더 좋은 방향으로 달라졌다. 하지만 그 결과로 생겨난 기독교세계는 결코 완벽하지 않았다. 기독교세계는 세상을 천국으로 만들지 못했다. 오히려 상황은 종종 그 반대였고, 변방의 많은 사람들이 무자비한 지옥을 경험했다. 주교와 군주들은 다른 사람들의 고통을 대가로 부유해지고 비대해졌다. 우리는 교회사와 서구 문명의 일대기에서 바로 이 긴장을 놓고

---

15. Oliver O'Donovan, *The Desire of the Nations: Rediscovering the roots of political theology* (Cambridge: Cambridge University Press, 1996), 195; James K. A. Smith, *Awaiting the King: Reforming public theology* (Grand Rapids, MI: Baker, 2017), 162 – 한국어판: 『왕을 기다리며』, 박세혁 옮김 (IVP, 2019).

16. Elizabeth Key Fowden, "Constantine and the Peoples of the Eastern Frontier", in *The Cambridge Companion to the Age of Constantine*, ed. Noel Lenski (Cambridge: Cambridge University Press, 2006), 392.

씨름해야 한다.[17] 기독교세계는 기독교적 덕목을 배양하고, 성령의 기운찬 임재를 내세우고, 마그나 카르타에서 권리장전에 이르기까지 인간 자유의 진전을 이루어냈지만, 동시에 악을 저지를 수 있는 인간의 능력으로 말미암아 여전히 오염된 상태였다. 기독교 문명이 종종 기독교적이지도 문명적이지도 않았다는 것은 의심의 여지가 없는 사실이다. 때때로 천국은 여전히 하늘에만 있을 뿐, 땅에서는 찾아보기 어려웠다.

이렇듯 교회와 제국이 역사적으로 결탁한 결과, 우리는 제국주의적 과거의 죄악을 인정하지 않을 수 없게 되었다. 미국 정부는 아프리카계 미국인 노예들의 박탈당한 노동 소득에 대해 그 후손들에게 배상금을 지급해야 할까? 호주 정부와 호주 원주민 및 토레스 해협 제도(諸島)의 주민들이 맺은 조약은 어떤가? 영국은 로제타스톤을 이집트에, '베냉 청동유물'*을 나이지리아에, 코이누르 다이아몬드를 인도에 반환해야 할까? 제국에 대한 논의는 학계에서도 악명 높은 정치적 논쟁거리가 되었다. 어떤 사람들은 제국이 마치 시장 광장에 여전히 숨어 있는 끈질긴 악령이라도 되는 것처럼 말한다. 그리고 인도의 클라이브(Robert Clive, 1725-1774)**나 제임스 포크 대통령(James Polk, 1795-1849)*** 같은 제국 식민지 개척자들의 이름을

---

17. 다음을 보라. John Dickson, *Bullies and Saints: An honest look at the good and evil of Christian history* (Grand Rapids, MI: Zondervan, 2021) - 한국어판: 『벌거벗은 기독교 역사』, 홍종락 옮김 (두란노, 2022).

* 영국이 오늘날 나이지리아 남부의 옛 베냉 왕국을 침략했을 때 약탈한 유물.

** 영국령 인도의 토대를 마련한 영국의 군인, 정치가, 귀족.

*** 미국의 11대 대통령. 임기 중에 텍사스 합병 및 멕시코 전쟁으로 미국의 영토를 태평양까지 확장시켰다.

딴 많은 동상과 거리들이 제국의 화신이라고 이야기한다. 일부 운동가들은 영국, 프랑스, 스페인, 미국과 같은 강대국들이 제국주의의 잔재를 공식적으로 청산하여 과거의 죄악을 씻어야 한다고 생각한다. 그런가 하면 어떤 사람들은 영국과 유럽의 옛 제국들이 도덕적으로 복잡하지만 완전히 악의적이지만은 않았다고 생각하고 싶어 한다. 제국은 식민지 주민들에게도 일부 혜택을 주었을까? 우리는 아랍 제국, 몽골 제국, 오스만 제국, 잉카 제국, 아샨티 제국, 일본 제국의 악행 또한 기억해야 할까? 과거를 어떤 식으로 인식할지, 어두운 제국의 역사를 생각하면서 현재에 어떻게 화해를 이루고 미래를 위해 어떤 사회를 건설할지를 놓고 활발한 논쟁이 벌어지고 있다.[18]

이 모든 물음은 콘스탄티누스로부터 시작되었다. 기독교인 박해를 중단시킨 것도, 교회에 특권과 선물을 부여한 것도, 서기 325년에 니케아 공의회를 주재한 것도 콘스탄티누스였다. 그의 신앙의 진정성은 많은 논쟁의 대상이 되어 왔다. 어떤 사람들은 기독교에 대한 콘스탄티누스의 애정이 계시로 인한 것이라기보다는 현실 정치의 문제였다고 생각한다. 그가 기독교를 제국 통제를 위한 유

---

18. 예를 들면 다음을 보라. Alexander J. Motyl, "Is Everything Empire? Is Empire Everything?" *Comparative Politics* 39 (2006): 229-49; Kwasi Kwarteng, *Ghosts of Empire: Britain's legacies in the modern world* (New York: Public Affairs, 2011); William Dalrymple, *The Anarchy: The East India Company, corporate violence, and the pillage of an empire* (New York: Bloomsbury, 2019); Sathnam Sanghera, *Empireland: How imperialism has shaped modern Britain* (London: Viking, 2021); Nigel Biggar, *Colonialism: A moral reckoning* (London: William Colllins, 2023).

용한 도구로 봤다는 것이다. 사실은 아마도 더 복잡할 것이다. 콘스탄티누스는 일반적으로 유일신을 향한, 특히 그리스도를 향한 신심이 어느 정도 있었을 가능성이 높다. 그러나 그가 기독교의 신을 존경한 이유는 아마도 그 신에게서 자신을 비추는 거울을, 즉 비길 바 없는 세계 최고의 군주를 보았기 때문이었을 것이다.

따라서 우리는 서구 문명을 지나치게 높이 평가하고, 기독교 승리주의라는 미명 아래 자유민주주의를 지나치게 떠받드는 것을 경계해야 한다.

서구의 부는 아프리카와 아시아 식민지들을 착취하여 얻은 것이었다. 부를 향한 끝없는 갈증은 노예 매매와 아편 매매로 나타났다. 조지 휫필드 같은 영국 청교도들은 아침에는 하나님의 장엄한 은혜에 감동하여 그에 대해 열변을 토했고, 저녁에는 아프리카 '흑인'을 정복하고 교화하는 것이 신성한 의무라고 청중들에게 역설했다. 조나단 에드워즈는 미국의 대각성 운동 때 하나님의 충격적인 은혜를 전한 설교자요, 미국 원주민의 교육을 지칠 줄 모르고 옹호한 사람이었지만, 그 역시 노예를 구입한 영수증 뒷면에 설교문을 쓴 적이 있다. 요즘 젊은이들에게 영국 동인도회사가 인도에서 한 일을 설명하기란 쉽지 않다. 그것은 아마존닷컴이 군대를 일으켜 뉴질랜드를 침략하고, 주민들에게 세금을 부과해 가난으로 몰아넣고, 사람들을 노예로 만들어 직물생산에 투입하고, 나라 전체가 남미에 공급할 헤로인을 제조하게 하여 마약 국가를 만드는 것과 같은 일이었다. 서구는 십자군 전쟁, 종교 전쟁, 농민 봉기, 채무자 감옥, 유대인 박해, 프랑스와 러시아의 폭력 혁명, 두 차례의 세계 대전, 토지 수탈, 주식시장 폭락 등에 책임이 있다. 기독교는 탐욕, 정복, 노예제, 착취, 그리고 억압받는 민족들의 '타자화'를 승인했다.

자유, 평등, 법치라는 개념에 기반하여 세워진 우리의 자유민주주의 국가들도 우리가 생각하는 것처럼 미덕의 모범은 아니다. 많은 자유민주주의 국가는 인종차별, 빈곤, 불평등, 생태계의 무분별한 파괴 등으로 여전히 불의를 양산하고 있다. 빅테크, 대형 제약회사, 로비를 일삼는 에너지기업들, 도박 카르텔 등이 정치인을 매수하고 입법에 영향을 미치는 것을 보면, 서구 국가들의 진정한 주인이 국민인지, CEO들의 금권정치인지 의문이 든다. 어떤 사람들은 자유민주주의가 지속적으로 전쟁에 의존하여 공공의 적을 만들어 냄으로써, 다양해진 국민을 통합하고 군산복합체를 지원하는 막대한 국방 예산을 정당화한다고 주장한다.[19] 최근에는 민주주의 확산이라는 명목으로 이라크와 아프가니스탄 같은 곳을 독재 통치에서 해방시키려고 시도했지만, 그 결과는 압제적 지도자들이 단단히 억눌러왔던 종파적 혼란을 부추기는 데만 성공한 꼴이 되고 말았다. 더욱이 많은 서방 국가에서 '기독교'는 백인 민족주의의 종교적 기반이 되어 왔다. 또 자유민주주의 국가에 있는 교회들은 너무나 부유한 나머지 타인들의 고통에 무관심할 정도가 되었다. 이보다 더

---

19. Stanley Hauerwas and William H. Willimon, *Resident Aliens: Life in the Christian colony* (Nashville, TN: Abingdon, 1989), 35-36 - 한국어판:『하나님의 나그네 된 백성』 김기철 옮김 (복있는사람, 2008).

심각한 문제는 교회가 그 구성원 가운데 성범죄자를 숨기고 실상을 밝히기를 거부해왔다는 사실이 드러난 것이다. 이런 실상이 적어도 가톨릭, 성공회, 남침례교에서 드러난 지금, 교회가 과연 어떤 증언을 할 수 있겠는가?

과거에 저지른 여러 죄를 인정하면서도, 기독교세계와 서구 문명의 업적을 옹호할 수 있는 여지는 있다.[20] 여러 명백한 결함이 있긴 하지만, 그럼에도 기독교세계는 우리에게 학교, 전문교육기관, 대학, 병원, 계몽주의, 과학의 부상, 보편적 인권 개념을 선사했다. 이 모든 것은 서구의 도덕적, 지적 DNA에 기독교가 단단히 자리 잡지 않고서는 불가능했던 일들이다. 검투사 경기가 종식되고 노예 시장이 폐쇄된 것도 기독교 덕분이다. 교황의 기독교세계는 카이사르의 이교 세계보다 더 나았다. 사람들은 여전히 서구 문명을 공산주의와 칼리프 국가보다 선호한다.[21]

하지만 서구 내부에는 긴장이 존재한다. 많은 사람들은 서구의 기독교인들이 지상에 예루살렘을 건설하고 있다고 생각했다. 천상의 빛 조각들이 일부 비치기도 했지만, 어떤 경우에는 그 건축물이 오히려 인간의 부패라는 대성당과 닮아 보였다. 기독교세계는 종

---

20. 기독교세계를 낳은 콘스탄티누스 혁명에 대한 상반된 평가로는 다음을 보라. Stanley Hauerwas, *After Christendom? How the Church is to behave if freedom, justice, and a Christian nation are bad ideas* (Nashville, TN: Abingdon, 2011); and Peter Leithart, *Defending Constantine: The twilight of an empire and the dawn of Christendom* (Downers Grove, IL: InterVarsity Press, 2010).

21. 여기에 대해서는 다음을 보라. Konstantin Kisin, *An Immigrant's Love Letter to the West* (London: Constable, 2022).

종 하나님의 도성보다는 멸망의 도성 같았다. 유감스럽게도, 몇 가지 예외를 제외하면 기독교를 세계적인 종교로 만든 것은 복음전도가 아니라 제국이었다. 우리는 교회와 제국의 제휴를 섭리적 정략 결혼으로 보는가, 아니면 영적 간음 행위로 보는가? 그리스도가 카이사르를 물리쳤을까? 혹시 우리가 그리스도를 카이사르로 바꿔놓은 것은 아닐까?

3. 종교와 정치의 혼합은 끝이 없다

많은 사람은 교회가 정치에 관여해서는 안 된다고 주장할 것이다. (그들의 말에 따르면) 교회는 정치권력의 테이블에서 한 자리를 차지하려 하거나, 민권과 기후 변화, 공영주택에 관한 논쟁에 관여하려 해서는 안 된다. 서구에 대한 찬가를 부르거나 소리를 높여 장황하게 비판하는 것은 교회가 할 일이 아니다. 우리 주님은 "내 나라는 이 세상에 속한 것이 아니"[22]라고 말씀하셨다. 그 나라는 영적이고 영원하며 하늘의 영역에 속하기 때문이다.[23] 많은 사람들은 강단이 있을 자리가 아닌 곳에 강단을 세우려는 오지랖 넓은 성직자들이라고 필자들인 우리를 손가락질할 것이다. 설교는 의회가 아닌 교

---

22. 요한복음 18:36.
23. Eusebius, *Church History* 3.19-20을 보라 ‐ 한국어판: 『유세비우스의 교회사』 엄성옥 옮김 (은성출판사, 1990). 다음 글에서도 비슷한 주장을 볼 수 있다. Justin, *First Apology* 11 ‐ 한국어판: 『첫째 호교론, 둘째 호교론, 유대인 트리폰과의 대화』 안소근 옮김 (분도출판사, 2024).

회에서나 하고, 상원에서 멀리 떨어진 곳에서 당신네 주님을 경배하고, 세상을 구원하려 들지 말고 영혼을 치료하는 일에나 충실하시오!

실제로 많은 사람들이 그리스도의 나라는 순전히 영적인 실체라고 주장했다. 하지만 우리가 볼 때, 이것은 예수께서 요한복음에서 빌라도에게 하신 다음의 말씀을 심각하게 왜곡한 것이다.

> 예수께서 대답하셨다. "내 나라는 이 세상에서 커가는 그런 나라가 아니오. 내 나라가 이 세상에 속했다면, 내가 유대 사람들의 손에 넘어가지 않도록 내 지지자들이 싸워서 막았을 것이오. 이 땅으로 말미암는 그런 나라가 아니오."(요 18:36)

이 번역은 많은 주석가들이 간과하는 내용을 잘 포착하고 있다. 그렇다, 예수의 나라는 이 세상 나라들과 같지 않다. 그 나라는 이 세상 나라들과 같은 방식으로 시작되지 않았고, 동일하게 움직이지도 않는다. 그러나 예수의 나라는 여전히 이 세상을 위한 나라요, 이 세상의 유익과 축복을 위한 나라이며, 이 세상의 구속과 구원을 위한 나라이다. 예수께서 이 시대에 속한 지상의 왕이시라면, 그 나라엔 군인들이 있어서 살육을 일삼고 폭력으로 승리를 거두고자 할 것이다. 다른 모든 지상의 나라가 그런 것처럼 말이다. 하지만 예수의 나라는 그렇게 임하지 않는다. 오히려 그 나라는 십자가에서 그분에게 가해진 제국의 폭력을 통해, 그리고 반제국적이고 죽음을 역전시키며 정의를 사랑하는 부활의 능력을 통해 임할 것이다. 이후 그 나라는 정복을 통해서가 아니라, 점점 더 많은 사람이 생명을 주고 해방을 가져오는 성령의 능력을 경험함을 통해서, 그리고 그들이 세상에 생명을 주는 일에 기여함을 통해서 확산될 것이다. 요한의 '하나님 나라 신학'의 핵심은 하나님의 아들, 어린양, 메시아의 죽음을 통해 계시된 하나님의 사랑이다. 이것은 정복이되 사랑에 의한 정복이다. 능력이되 약함으로 나타나는 능력이다. 왕권이되 다른 사람들을 위해 자신을 내어주는 고난으로 나타나는 왕권이다. 이 나라는 세상 안에서 생겨나는 나라가 아니다. 그러나 이 나라는 전진하고 확산되면서 세상 속 어둠의 세력을 몰아내고 대체한다.[24]

예수의 나라가 이 세상에 속한 것이 아니라 이 세상을 위해 있는 나라라면, 그것이 정치에 관여하지 않는 것은 불가능하다. 우리는 어떤 의미에서 정치적이어야만 한다. 하나님 나라는 선포와 가난에 대해, 정의와 심판에 대해, 의회와 교회에 대해, 사랑과 자유에 대해 정치적 의미를 지니고 있기 때문이다. 교회와 국가는 분리될 수 있지만, 가치와 투표의 교차점으로 인해 종교와 정치 사이에는 항상 연관성이 존재할 것이다. 모두가 좋아하든 싫어하든, 종교는 정치적 대화의 일부가 될 수밖에 없다.

---

24. 다음을 보라. N. T. Wright, *How God Became King: Getting to the heart of the Gospels* (London: SPCK, 2012), 144, 228-232; N. T. Wright, *History and Eschatology: Jesus and the promise of natural theology* (Waco, TX: Baylor University Press, 2019), 315 n. 2 - 한국어판: 『역사와 종말론: 예수 그리고 자연신학의 가능성』, 송일 옮김 (IVP, 2022).

성공회 신자인 우리 필자들은 툭하면 침례교 친구들로부터 공격을 받는다. 그들은 영국 국왕이 영국국교회의 수장이고 왕실이 주교와 교회의 요직을 임명하는 성공회 체제가 정치적으로 혐오스럽다고 말한다. 뿐만 아니라 그것은 콘스탄티누스 시대의 권력 부패가 재연된 것으로, 옛 기독교세계의 악은 외면한 채 새로운 기독교세계를 움켜쥐려 한다고 말한다. 교회와 국가를 나누는 분리의 벽은 교회와 국가가 불경한 신권정치의 동맹을 맺어 서로를 타락시키는 일이 없게 하는 좋은 제도라고 말한다. 우리는 이런 유의 말을 지겹도록 듣는다.

우리는 신권정치도, 왕권신수설도 지지하지 않지만, 그런 불평을 들을 때면 늘 내놓는 답변이 있다. 네, 여러분은 콘스탄티누스와 기독교세계의 해악을 피하고 싶어 하는군요. 여러분은 권력의 전당에서 영향력을 행사하는 대신, 변방에서 권력을 향해 진리를 말하는 분노한 선지자가 되고 싶어 하는군요. 그것도 괜찮기는 합니다만, 권력이 귀를 기울일 때는 어떻게 할 건가요? 권력자나 국민이 여러분에게 위원회에 참여하거나, 조사에 기여하거나, 프로그램을 운영하거나, 정책에 대해 조언하거나, 군목으로 섬겨달라고 요청하면 어떻게 할 건가요?

방관자로서 냉소적으로 비판하는 비평가에 머물고자 한다면, 절대적인 정교분리도 별문제가 없다. 하지만 상황을 변화시키고 싶다면 참여해야 한다. 역사를 바꾸는 사람은 역사에 남을 일을 해야 한다. 하나님 나라 건설에 기여하고 싶다면, 관계, 동맹, 권리옹호,

푸드뱅크, 선교단체 사역, 청소년 클럽, 해외 원조 프로그램 등 무엇이든 만들어내야 한다. 뭔가 일이 일어나는 현상에 있어야 한다.

4. 오늘날 그리스도와 그의 나라 건설에 기여한다는 것

이 책에서 우리 필자들은 몇 가지 질문에 답하려고 한다. 전체주의자들이 폭정을 일삼고 민주주의 국가들이 제대로 작동하지 않는 것 같은 제국의 시대에 어떻게 하나님 나라 건설에 기여할 수 있을까? 이것은 종교적인 질문만이 아니라 현대의 정치적인 문제이기도 하다. 2019년에 유럽연합의 기 베르호프스타트(Guy Verhofstadt)는 영국 문제를 해결하는 길은 강력한 유럽 제국에 합류하는 것이라고 선언했다. 이 네덜란드 정치인의 발언을 아래에 소개한다.

내일의 세계 질서는 민족 국가나 나라에 기초한 것이 아니라 제국에 기초한 질서입니다.
중국은 하나의 민족이 아니라 문명입니다.
저보다 더 잘 아시겠지만, 인도는 하나의 민족이 아닙니다. 인도에는 2,000개의 민족이 있습니다. 20개의 다른 언어가 쓰입니다. 4대 종교가 동시에 존재하고, 2011년의 인구조사에 따르면, 인구가 500만 명이 넘는 지역이 5개나 됩니다. 인도는 세계에서 가장 큰 민주 국가입니다.

미국도 국가 이상의 제국입니다. 내일은 미국인들이 영어보다 스페인어를 더 많이 쓸 수도 있습니다. 무슨 일이 있을지 저는 모릅니다.

그리고 마지막으로 러시아 연방이 있습니다.

내일의 세계는 제국의 세계입니다. 그 세계에서 우리 유럽인들과 여러분 영국인들이 여러분의 이익과 삶의 방식을 지키려면 유럽이라는 틀과 유럽연합 안에서 함께해야만 합니다.[25]

우리는 유럽을 사랑하지만, 유럽 제국이 유럽 문제에 대한 해결책이라는 생각에는 강하게 반대한다('제국'에 해당하는 독일어 단어가 Reich*라는 것을 생각하면 더욱 그럴 수밖에 없다!). 우리는 사회 복음이나 마법의 검을 든 신정 군주도, 농경적 무정부주의나 신자유주의 경제학도 믿지 않고, 오직 예수의 나라 건설에 기여해야 한다는 것만을 믿는다. 우리가 믿는 것은 신학-정치적 복음이며, 이 복음은 예수께서 주님이시고 카이사르는 주가 아니라고, 예수의 나라의 핵심은 용서와 새롭게 된 인간으로 번성할 자유라고 선포한다. 그 나라는 폴란드 교회에 옹기종기 모여 있는 우크라이나 난민들 사이에서 어떤 모습으로 나타날까? 2021년 1월 6일, 국회의사당 건물 안에서 남부연합

---

25. Ben Johnson, "Only an EU 'Empire' Can Secure Liberty: EU Leader", *Acton Institute*, 16 September 2019: https://www.acton.org/publications/transatlantic/2019/09/16/only-eu-empire-can-secure-liberty-eu-leader (2023년 8월 15일 검색).

* 나치 독일의 명칭 '제3제국'(*Drittes Reich*)에도 등장하는 이 단어는 원래 독일어 주기도문에서 '나라가 임하옵시고'의 '나라'에 해당하는 기독교적 색채가 강한 단어이다.

기를 흔드는 교인들의 모습이 담긴 동영상을 본 목사에게 그 나라는 무엇을 의미할까? 권위주의 성권블이 득세하고 민주주의가 혼란에 빠진 시대에 "하늘에서 이룬 것 같이 땅에서도 이루어지이다"라고 기도하는 것은 무엇을 의미할까?

우리는 낙태부터 기후 변화, 종교의 자유에 이르기까지 논란이 되는 모든 주제를 해결하는, 본격적인 정치신학을 제시하지는 않는다. 그러나 우리는 기독교인이 신적 사랑의 정치, 즉 하나님을 사랑하고 이웃을 사랑하는 정치에 헌신해야 한다고 믿는다. 하나님 나라는 사람들이 믿음으로 예수께 나아오는 것을 보는 것뿐만 아니라, 모든 사람이 "자기 포도나무 아래와 자기 무화과나무 아래에 앉을 수 있고 그들을 두렵게 할 자가 없을"[26] 세상을 옹호하는 것도 의미한다고 확신한다. 우리가 좋아하는 성탄 찬송가 가사를 인용하여 이렇게 말할 수도 있겠다. "그의 이름으로 모든 압제가 그치리라."[27] 기독교의 소망은, 압제의 주체가 정치적 행위자이든 현 어둠의 권세이든, 모든 압제가 사라지고 만왕의 왕이신 분과 화해하게 되는 것이기 때문이다.

---

26. 미가 4:4. 스가랴 3:10 참조.
27. Placide Cappeau, 〈O Holy Night〉 (1847), trans. John Sullivan Dwight.

3장

초기 기독교의 권력과 '권세':

요한, 바울, 그리고 성경적 정치의 역설

1. 대관식의 성경 봉독

2023년 5월 6일 토요일, 수백만 명의 텔레비전 시청자들은 영국 총리이자 독실한 힌두교 신자인 리시 수낙(Rishi Sunak)이 바울의 골로새서 한 대목을 읽으며 영국 왕 찰스 3세의 대관식 분위기를 조성하는 모습을 지켜보았다. 이 구절은 새 왕과 지켜보는 전 세계 사람들로 하여금 궁극의 나라를 떠올리게 했다.

우리로 하여금 빛 가운데서 성도의 기업의 부분을 얻기에 합당하게 하신 아버지께 감사하게 하시기를 원하노라 그가 우리를 흑암의 권세에서 건져내사 그의 사랑의 아들의 나라로 옮기셨으니 그 아들 안에서 우리가 속량 곧 죄 사함을 얻었도다 그는 보이지 아니하는 하나님의 형상이시요 모든 피조물보다 먼저 나신 이시니 만물이 그에게서 창조되되 하늘과 땅에서 보이는 것들과 보이지 않는 것들과 혹은 왕권들이나 주권들이나 통치자들이나 권세들이나 만물이 다 그로 말미암고 그를 위하여 창조되었고 또한 그가 만물보다 먼저 계시고 만물이 그 안에 함께 섰느니라.[1]

이 메시지는 웨스트민스터 사원의 높은 제단 위에 새겨진 요한계시록의 본문이 더해지면서 시각적으로 강화된다. 새 왕은 왕관을 쓰고 성유를 바를 때, "이 세상의 나라들이 우리 주와 그의 그리

---

1. 골로새서 1:12-17(개역개정). 대관식에서는 킹제임스 성경을 봉독했다.

스도의 나라들이 되었다"²라는 말씀을 가까이서 보았을 것이다.

그날의 행사를 지켜본 수백만 명 중 적어도 일부는 역설이 가득한 이 장면에 의아해하며 머리를 긁적였을 것이다. 예수가 정말 왕인가, 아니면 새로운 영국의 군주가 왕인가? 대관식의 이 장면이 주장하는 것처럼 '둘 다' 왕이라고 말하는 것이 과연 이치에 맞을까? 그뿐 아니라 대관식 전체가 '종교'와 '정치'의 참을 수 없는 혼합으로 보이지 않는가? 최근 몇 세기 동안 많은 사람이 이 혼합을 두고 위험하고 실행 불가능하며 사회 전체에 해롭다고 선언하지 않았는가?

이 문제를 다루고, 그럼으로써 예수의 통치와 이 세상 '권세'의 위치라는 주제에 대한 성경적 토대를 추가로 제공하기 위해, 신약성경의 두 책을 보다 자세히 살펴보고자 한다. 우리는 이 두 책 모두에서 현대 서구적 관점으로 보면 많은 사람들이 대관식 전례에서 인식한 것과 비슷한, 명백한 역설을 발견한다. 이제 곧 우리는 골로새서로 돌아가서 감옥에 갇혀 있는 바울이 예수라는 인물 안에서, 또한 그를 통해서 모든 정사와 권세가 존재하게 되었다고 도대체 어떻게 말할 수 있었는지 숙고해볼 것이다. 그러나 그 전에 똑같이 수수께끼 같은 요한복음의 구절부터 살펴보려 한다.

---

2. 요한계시록 11:15(King James Version). 그리스어 원문을 문자적으로 번역하면 이렇게 된다. "이 세상 나라[단수]가 우리 주님의 것이 되고 그분의 그리스도의 것이 되었다."

2. 모든 '권위'는 하나님으로부터 온다

예수와 본디오 빌라도의 대면(하나님 나라가 세상 나라들과 맞서는 장면!)으로 제4복음서가 긴 절정에 이를 때, 권력과 정치에 대한 성경의 역설을 잘 표현하는 한 문장이 눈에 들어온다. 본디오 빌라도는 예수가 자신의 질문에 대답하지 않는 것에 짜증을 내며 이렇게 도발한다.

> 빌라도는 다시 그에게 말했다. "내게 말을 하지 않을 참이오? 내게 당신을 풀어 줄 권한도, 십자가에 못 박을 권한도 있는 줄 모르시오?"
> 예수께서 대답하셨다. "만약 위로부터 주어지지 않았다면, 당신은 나에 대해 어떤 권한도 갖지 못했을 것이오. 나를 당신에게 넘겨준 그 사람의 죄가 더 큰 것은 바로 그런 이유에서요."[3]

이 대화를 잠시 생각해 보자. **성육하신 말씀, 인자, 메시아이신 예수께서 이교도 총독 본디오 빌라도에게 자신(예수)에 대한 하나님이 주신 권한이 있음을 인정하신다.** 세상의 심판이 다가오고 있다고 선언하신 예수,[4] 따르는 자들에게 자신이 세상을 이겼다고 장담하신 예수,[5] 이 예수께서 2급의 로마 행정장관이 **자신에 대해** 하나

---

3. 요한복음 19:11.
4. 요한복음 12:31-32.
5. 요한복음 16:33.

님이 허락하신 정당한 책임과 권한을 가졌다고 말씀하신다.

물론, 예수께서는 중요한 단서를 추가하신다. 권한과 책임을 맡은 사람은 응분의 책임을 지게 되며, 그 책임의 범위는 권한을 쥔 인물에게 잘못된 일을 하도록 부추기거나 그런 상황에 처하게 만드는 사람들에게까지 이른다는 것이다. 예수께서는, 물론 요한 역시도, 빌라도가 하려는 일, 즉 예수를 죽음에 이르게 하는 일이 정말 잘못된 것이라고 생각한다. 그것은 '죄'다. 그 죗값은 주된 책임이 있는 사람들이 치르게 될 것이다. 다시 말해, 빌라도에게 이상한 죄수를 데려와 더 이상한 혐의들을 붙여 (처형해 달라고) 들이민 대제사장들 말이다(우리 필자들은 이렇게 생각한다).

더 나아가기 전에 두 가지 예비적 결론을 말할 수 있겠다. 첫째, 제4복음서는 창조주 하나님이 그분의 세계가 인간 권력자들에 의해 운영되기를 원하고 의도하신다는 더 넓은 성경적 견해(여기에 대해서는 곧 더 설명하겠다)를 예수께서 지지하시는 것으로 그린다. 물론 이 성경적 원칙을 보다 온전히 진술하려면, 하나님은 권력자들이 지혜롭고 정의롭게 행동하여 가난하고 취약한 사람들의 필요에 특별한 주의를 기울이기를 원하신다는 점을 추가해야 할 것이다. 그러나 요점은 동일하다. 통치자들은 어리석고 불의한 일을 행할 때조차 하나님이 주신 권위를 가지는 것 같다.

둘째, 이것과 균형을 이루는 추가사항은 권위를 받은 사람이 책임을 지게 된다는 것이다. 요한의 비유대인 독자들에게는 이 점이 놀랍지 않았을 것이다. 그들 중 적어도 일부는 행정관이 임기 후에 재판을 받는다는 개념에 익숙했을 것이다. 유대인 독자들도 이것을 자연스럽게 여겼을 것이다. 왜냐하면 그들의 성경에는 악한 통치자에 대한 하나님의 심판을 알리는 신탁이 많이 담겨 있기 때문이다. 하나님이 권력자들을 임명하시고 권한을 부여하신다고 해서 그들이 하는 모든 일을 승인하시는 것은 아니다. (선거에서 이기면 뭐든 할 수 있는 권한과 근거가 승자에게 부여된다고 말하는 현대 민주주의 국가들에서도 이런 잘못된 생각을 볼 수 있다.) 성경적 견해에 따르면, 하나님은 권위를 맡기신 자들의 행동에 책임을 물으신다. 대표적인 사례가 이사야 10장에 나오는데, 여기서 하나님은 먼저 앗수르인들에게 그분의 백성을 징벌할 임무를 맡기시고, 나중에 그 임무를 오만한 정신으로 수행한 앗수르인들을 벌하신다.

첫 번째 결론의 요점은 창조 이야기 자체에 뿌리를 두고 있다. 창조 이야기는 창세기 1장과 2장에 제시되고, 시편 8편에서 다시 부각된다. 자세히 살펴보지 않더라도, 하나님이 그분의 형상대로 인간을 창조하시고 그에게 동물을 다스릴 권위를 부여하신 것을 볼 때, 창조주에게 **순종하는 인간들을 통해** 그분의 세계를 운영하시려는 의도는 분명해 보인다. 이것은 창조 설계에 내재된 심층 구조의 일부였다. 인간이 하나님의 형상을 반영한다는 생각은, 사실 왕과 기타 통치자들이 '신의 형상으로' 만들어졌다는 잘 알려진 고대의 견해를 이스라엘 성경에서 모든 사람에게 적용한 것이다. 결국 신이 전반적인 책임을 지고 인간 통치자가 권한을 위임받아 법을 만들고 집행하는 것은 일리가 있었다. 그런데 당시의 많은 이들은, 오늘날에는 더욱 그렇게 생각할 텐데, 이것을 자기가 모시는 왕을 위해 공식 문서를 작성하는 엘리트 서기관들이 만들어낸 편리하고 자기 잇속만 차리는 허구라고 생각했을 것이다. 하지만 히브리 성경은 이와는 다른 종류의 비판을 제기한다. 곧 통치자뿐만 아니라 **모든 인간이 하나님의 형상을 지니고 있다**는 것이다.[6]

이것은 '형상'이라는 용어를 쓰지 않아도 창세기 1장의 반향이 분명하게 느껴지는 시편 8편의 내용에서 재확인된다. 이 시편은 시작할 때와 마칠 때 야훼의 최고 권위를 크게 즐거워하며 힘차게 긍정한다. "주 우리의 하나님, 주님의 이름이 온 땅에서 어찌 그리 위엄이 넘치는지요?"[7]

그러나 하나님의 창조를 묵상하면, 사람이 무엇이고 왜 하나님은 그들에게 특별한 관심을 두시는 것처럼 보이는지 등의 질문에 이르게 된다. 사람이란 무엇인가? '인자'(人子, 문자적 번역)란 무엇인가?[8] 그 대답은 사람이란 주권자 야훼의 전반적 통치 아래 그분께 위임받은 이상한 권위를 가진 존재인 것처럼 보인다는 것이다. 즉 사람은 하늘과 땅 사이에서 절묘한 균형을 이룬 채 하나님의 권위를 그분의 세상에 비추는 존재로 설계된 것처럼 보인다.

---

6. '하나님의 형상'을 다룬 창세기 1:27-28을 읽을 때, 고대 근동의 맥락이 갖는 중요성에 대해서는 다음을 보라. Michael F. Bird, *Evangelical Theology: A biblical and systematic introduction*, 2nd edn (Grand Rapids, MI: Zondervan, 2020), 749-751.

7. 시편 8:1, 9(새번역).

8. 시편 8:4. 대부분의 현대어 번역은 여기서 특정 성별을 지칭하는 '인자'(人子, son of man, 문자적 번역)를 피하고 '인간' 같은 표현을 선호한다. 그러나 예수께서 이 단어를 쓰신 것을 고려할 때, 그 반향이 느껴질 수 있게 이 표현을 그대로 두는 것이 나을 수 있다.

그를 하나님보다 조금 못하게 하시고

영화와 존귀로 관을 씌우셨나이다

주의 손으로 만드신 것을 다스리게 하시고

만물을 그의 발 아래 두셨으니….[9]

때가 무르익어 바울은 하나님의 언약적 자비를 받는 사람들이 "생명 안에서 지배한다"라고 쓰고, 요한계시록에는 어린양의 피로 구속받은 사람들이 "우리 하나님을 섬기는 나라와 제사장"이 되어 "땅에서 통치할" 것이라는 선언이 등장하는데, 이 구절에 나오는 이들은 이스라엘의 소명("제사장 나라")뿐 아니라 아담과 하와의 소명("모든 생물을 다스리라")까지 이어받고 있는 것이다.[10] 이것이 인간이 만들어진 목적이다. 인간의 힘과 권위에 대한 모든 기독교적 성찰, 다시 말해 정치 문제에 대한 기독교적 사고방식을 표현하려는 모든 시도는 이 틀 안에서 이루어져야 한다.

물론 바울과 요한계시록 시대에 이르러 인간의 소명은 예수께서 친히 구체적 인간으로서 거두신 성취를 통해 재확인되었다. 그래서 바울은 앞서 인용한 골로새서 구절에서 무엇보다도 예수를 "보이지 않는 하나님의 형상", 다시 말해 참 인간이신 분으로 묘사한다. 반면 요한은 본디오 빌라도가 "이 사람이오"라고 선언한 일을

---

9. 시편 8:5-6.

10. 로마서 5:17, 요한계시록 5:10(1:6, 20:6 참조), 출애굽기 19:6(그리고 칠십인역 23:22), 창세기 1:28.

의도적으로 기록했다.[11] 그렇게 함으로써 그는 요한복음의 프롤로 그를 다시 확인한다. 거기 나오는 "말씀이 육체가 되어"[12]라는 문구 는 하나님의 형상대로 이루어진 인간 창조에 대응하는, 요한의 '새 창세기'의 표현이다.[13]

두 경우 모두 예수의 인간적 역할을 강조하긴 하지만, 그분이 이스라엘 하나님의 체현이시라는 믿음을 축소하거나 수정하려는 의도는 전혀 없다. 바울은 충만한 신성이 예수 안에서 기쁘게 머무 신다고 분명하게 말한다. 요한 또한 예수를 참으로 하나님이셨던 말씀으로 소개한다.[14] 그러나 이것은 예수의 완전한 인성을 훼손하 거나 상대화하거나 그 긴요하고 끝없는 중요성을 축소하는 것이 절대 아니다. 그런 가정이야말로 오히려 핵심을 놓치는 일이 될 것 이다. 히브리어 성경에는 이 핵심이 분명히 드러나 있었지만, 교회 사의 초기부터 성경이라는 허리케인을 그리스 철학이라는 병에 넣 으려고 시도했던 사람들은 이것을 잘 이해하지 못했다.

성경이 궁극적으로 말하는 이런 예수의 모습은 여전히 많은 사 람들에게 역설적으로 보이긴 하지만, 권력과 정치라는 퍼즐의 핵심 에 자리하고 있다. 창조주의 권위와 활동이 인간 통치자의 권위 및

---

11. 요한복음 19:5.
12. 요한복음 1:14.
13. 다음의 논문에서 추가로 설명했다. N. T. Wright, "History, Eschatology and New Creation in the Fourth Gospel", in *Interpreting Jesus: Essays on the Gospels* (London: SPCK; Grand Rapids, MI: Zondervan, 2020), ch. 16.
14. 골로새서 1:19, 2:9. 요한복음 1:1-3.

활동과 어떤 관계가 있는가 하는 질문이, 예수의 '신성'과 '인성'의 상호관계에 대한 질문과 동일한 유형의 문제를 제기한다는 사실에 놀라서는 안 된다. 물론 두 질문이 완전히 일치하는 것은 아니지만, 여러 가지 면에서 두 질문은 유사하다. 예수께서는 세상에서 신적 권위가 작동하는 방식의 모델이신 동시에 그 신적 권위가 흐르는 통로이시기도 하다. 이것이 바로 바울이 골로새서에서 말하는 내용의 일부이다. 이에 대해서는 나중에 다시 다룰 것이다.

3. 인간의 역할—그리고 인간의 문제

이스라엘의 성경에 나와 있는 이 모든 이야기가 더 복잡해진 이유는 하나님의 형상을 지닌 사람들이 다르게 행동하기로 결정했기 때문이다. 창세기 3장은 (다른 많은 것들 중에서도!) 악명 높은 권력 부패를 비유적으로 보여주는 역할을 할 수 있다. 하나님의 세계를 다스릴 권위를 부여받은 인간이 그 권위를 자기 이익을 위해 사용하려 했다. 그 결과는 분명했다. 에덴동산에서의 추방, 대홍수, 반쯤 세워지다 중단된 탑, 언어의 혼란 등이 그것이다(창3-11장). 그러나 창조주께서는 원래의 목적을 바꾸지 않으셨으며, 이것은 다시 한번 앞으로 나타날 정치의 역설을 예고한다. 타락으로 '하나님의 형상'이 '상실'되었는지를 따지는 별 소득 없는 후대의 논쟁은, 인간이 무엇**인가**(are)의 관점과 인간이 어떤 일을 **하도록**(do) 부름을 받았는가의 관점에서 재조정될 필요가 있다. 즉 존재론보다 소명의 측면에서 보자는 것이다.[15] 이러한 관점에서 볼 때, 하나님을 그분의 세상에 나타내라는 부르심은 철회되지 않은 것이 분명하다. 재난을 앞두고 하나님은 인간 노아를 부르셔서 즉각적인 구조 작전을 진행하게 하신다. 그다음에는 아브라함을 부르셔서 느리고 힘든 새 창조 사역의 동반자로 삼으신다. 인간의 소명은 폐기되지 않는다. 하나님은 **순종하는 인간들을 통해** 그분의 세상에서 일하기를 여전히 원하시고 또 그럴 작정이시다. 심지어 인간의 순종이 잘해야 불완전한 수준에 머물 때조차도 계속해서 그렇게 하신다.

아브라함의 경우를 보면 인간의 문제가 금세 명확히 드러난다. 아브라함은 한순간에는 신실했다가, 다음 순간에는 믿음이 없다. 그의 자녀, 손주, 증손주도 다를 바 없다. 그런데도 이 이야기가 존재하는 이유는, 창조주 하나님이 인간을 통해 세상이 작동되도록 하신 계획을 포기하지 않으셨다는 고대 이스라엘의 끈질긴 믿음 때문이다. 이 믿음은 오랫동안 예언된 이스라엘의 실패에도 불구하고 이스라엘을 향한 하나님의 계획, 즉 세상에 복을 가져다주도록 아브라함 가문을 부르신 계획을 포기하지 않으셨다는 사실과 맥을 같이 한다. 먼 훗날, 신약성경 저자들은 하나님이 이 계획을 포기할 수 없으셨다고 기록하게 될 것이다. 이 계획은 하나님이 친

---

15. 이 논점을 잘 제시하는 책으로는 다른 여러 책들 중에서도 다음의 책을 권한다. J. R. Middleton, *The Liberating Image: The 'Imago Dei' in Genesis 1* (Grand Rapids, MI: Brazos Press, 2005) - 한국어판: 『해방의 형상』, 성기문 옮김 (SFC, 2010).

히 정하신 용도에 따라 설계된 것이었고, 이 사실은 언제나 변하지 않았다는 것이 결국 분명하게 드러날 터였다.

그렇다면 처음부터 창조주의 의도는 인간이 하나님의 지혜로운 질서를 세상에 부여하는 것이었다고 말할 수 있다. 비록 인간이 타락했어도 통제되지 않는 무정부 상태는 '거룩한' 것이든 그렇지 않든 있을 수 없었다. 하나님이 만연한 악을 슬퍼하셨기에 대홍수가 일어났다.[16] 우리 필자들은 무정부 상태에 대한 사사기 저자의 경멸과 혐오도 떠올리게 된다. 그는 "그때에 이스라엘에 왕이 없으므로" 모든 "사람이 각기 자기의 소견에 옳은 대로 행하였"다고 썼다.[17] 그것은 정치적으로 나라가 '토후 와보후', 즉 혼돈스럽고 공허한 상태로 돌아가는 것과 같았다. 이 상태는 창세기 1장 2절에 나오는 창조 이전의 물에 대응하고, 예레미야의 환상에 나오는 황폐해진 예루살렘에 해당한다.[18] 사사기는 미묘한 암시로 시간을 허비하지 않았다. 그 상황에서 필요한 것은 한 인간, 즉 하나님의 형상을 지닌 자요 왕 같은 존재가 나타나 창조주의 지혜롭고 치유하는 공의를 세상과 이스라엘에 비추는 것이라고 사사기 저자는 말하고 있었다.

그러나 물론—후대의 성경 저자들이 사사기 저자를 가망 없이 순진했다고 나무라고 싶었을 거라고 생각될 만큼!—이스라엘의 군

---

16. 창세기 6:5-7.
17. 사사기 21:25. 17:6도 보라. "왕이 없는" 상태에 대해서는 18:1, 19:1을 보라.
18. 예레미야 4:23.

주제는 처음부터 모든 면에서 아브라함처럼 종잡을 수 없었다. 한 순간 신실했다가도 다음 순간에는 믿음을 찾아볼 수가 없다. 사무엘은 왕정에 대한 요구를 하나님의 주권을 거부하는 것으로 해석하고, 왕정에 대해 경고했다. 그래도 백성들이 고집하자, 그는 군주제가 어떻게 펼쳐질지 보여주는 암울한 (그러나 슬프게도 정확한) 초상화를 그려주었다.[19] 하나님이 다윗을 선택하여 무능한 사울을 대신하게 하셨을 때도 종잡을 수 없는 상태는 계속되었다. 다윗은 하나님의 마음에 합한 사람이었고, 비범한 왕조를 약속받은 사람이었으며, 그 약속을 통해 하나님의 목적(하나님이 오셔서 자기 백성 가운데 영원히 거하시겠다는 것)이 성취될 터였지만,[20] 그는 사울보다 훨씬 더 처참하게 실패했다. 솔로몬이 그 뒤를 이었지만, 그는 지혜로운 학식과 달리 충실하게 하나님을 예배하지는 못했다. 그가 우상숭배와 결탁하면서 나라가 분열되는 결과가 초래되었다. 아사, 히스기야, 요시야 등 선한 (그러나 흠결이 있는) 왕들도 간혹 나타나긴 했지만, 사무엘서와 열왕기서는 창세기 3장 사건의 장기적인 결과를 확인할 수 있는 이야기를 들려준다. 하나님의 지혜롭고 정의로운 통치를 백성들의 삶과 세상에 펼쳐야 할 사람들이 걸핏하면 잘못을 저질렀다. 그리고 그 결과로 아담과 하와처럼 그들 역시 유배를 당했다. 모세의 경고대로 된 것이다.[21]

---

19. 사무엘상 8:4-18.
20. 사무엘상 13:14, 사무엘하 7:12-16.
21. 신명기 28:58-68.

이처럼 이스라엘 너머의 세계에서는 말할 것도 없고 하나님의 백성들 사이에서도 정치권력의 문제는 구약성경의 주요한 주제이다. 이는 바울과 요한 및 기타 초기 기독교인들이 특유의 밀도 있는 방식으로 '권세'에 대해 말하는 내용을 이해하고, 그 모든 것이 오늘날에 어떤 의미를 갖는지 현명하게 판단하는 데 필요한 배경이 된다.

지금까지 다룬 내용을 대략적으로 요약하면 다음과 같다. 부정적으로 말하면, 무정부 상태는 절망적이다. 왜냐하면 [무정부 상태에서는] 악당들이 항상 약자를 먹이로 삼을 것이기 때문이다(그래서 하나님은 그분의 세계를 인간들이 다스리길 원하신다). 그러나 권위에는 문제가 많다. 통치의 소명은 권력 남용의 유혹을 받는 자리이기 때문이다(그래서 하나님은 권위를 받은 자들에게 책임을 물으실 것이다). 이 모든 상황은 성경 전체에 반복해서 나타나지만, 열린 결말의 이야기이니만큼 창조주의 마지막 말씀은 아직 등장하지 않았다. 그리고 그 마지막 말씀은 창세기 1장과 2장, 시편 8편(인간의 소명), 창세기 12-22장(아브라함의 소명), 특별히 시편 2, 72, 132편, 사무엘하 7장과 이사야의 메시아 구절들(다윗 자손의 소명) 안에 이미 설정된 조건들을 통해 드러날 것이다. 하나님이 세상에 책임을 물으신다면, 그 일은 한 인간을 통해, 한 이스라엘 사람을 통해, 다윗 왕가의 한 왕을 통해 이루어질 것이다. 이것은 이스라엘 성경에 깊이 뿌리내린 문제 중 하나라고 말할 수 있고, 이에 대해 신약성경이 명확하게 답을 제시하고 있다.

물론 다윗 같은 왕의 지혜로운 통치를 찬양하는 제왕시는 사사기의 구슬픈 후렴구처럼 단순히 이스라엘 왕들의 이익을 위해 봉사하는 것으로 보여질 수도 있다. 때로는 분명히 그런 식으로 사용되기도 했을 것이다. 그러나 시편의 내용을 보면, 마침내 우상숭배를 타파하고, 전쟁 중인 나라들에 평화를 가져다주며, 특히 과부와 고아, 억눌린 자와 나그네를 구하러 오실 왕의 도래가 약속되어 있다. 시편 72편은 이 구원하고 치유하는 정의의 주제를 가장 명확하게 진술한 시로서, 창조주 야훼께서 왕에게 그분의 정의, 즉 불의를 바로잡는 그분의 성품을 주서서, 그 왕이 "가난한 백성의 억울함을 풀어 주며 궁핍한 자의 자손을 구원하며 압박하는 자를 꺾"게 해달라고 기도하고 있다. 이러한 왕의 정의는 전 세계에 평화와 번영의 통치를 가져올 것이다. 솔로몬 왕이 하나님의 영광이 임하여 성전을 가득 채우게 하고자 성전을 건축했던 것처럼, 이 지혜롭고 치유하는 정의의 통치로 인해 온 땅에 하나님의 영광이 가득 차게 될 것이다.[22]

그러면 그런 일이 어떻게 이루어질까? 제왕시 중 일부는 노골적인 폭력의 용어로 다가올 승리를 노래했다.

네가 철장으로 그들을 깨뜨림이여
질그릇 같이 부수리라.
주의 오른쪽에 계신 주께서

---

22. 시편 72:4, 19. 이사야 11:1-10과 비교하라.

그의 노하시는 날에 왕들을 쳐서 깨뜨리실 것이라.

뭇 나라를 심판하여

시체로 가득하게 하시고

여러 나라의 머리를 쳐서 깨뜨리시리라.[23]

이러한 강조는 후대의 독자들, 특히 다니엘서를 아는 독자들이 쉽게 알아챌 수 있을 만한 것이었다. 다니엘서는 지극히 높으신 분에 대항하여 거만하게 신성모독을 일삼는 "작은" 뿔은 그 권세를 빼앗기고, "멸망하여 없어질 것"이며, 전 세계의 왕권과 위력이 "가장 높으신 이의 거룩한 백성에게로 돌아갈" 길이 열릴 것이라고 예언한다.[24] 1세기에 다니엘서를 읽은 많은 이들은 이 대목을 이교도들에 대한 다가올 군사적 승리를 의미하는 것으로 받아들였는데, 그럴 만도 했던 것이, 그들은 수전절*을 지키면서 마카비 전쟁으로 시리아를 격파한 승리를 생생하게 떠올리고 있었기 때문이다. 실제로 다니엘서는 기독교 이전의 유대 세계가 세상의 권세를 어떻게 보았는지 궁금해하는 모든 사람에게 많은 자료를 제공한다. 이교도 통치자들은 거듭해서 최악의 일들을 저지르고, 이스라엘의 하나님, 곧 '하늘에 계신 하나님'은 그분의 신실한 백성을 구해주신다.

---

23. 시편 2:9, 110:5-6. 이 두 시편(여기 인용된 구절들은 아니지만)은 신약성경에서 자주 인용된다.

24. 다니엘 7:8, 25-27(새번역).

* 성전 봉헌절, 하누카. 시리아의 안티오쿠스 4세 에피파네스 왕이 예루살렘 성전 번제단 자리에 제우스 동상을 세워 성전을 더럽히자, 주전 164년경 유다 마카비가 군사를 일으켜 시리아 군대를 물리치고 성전을 정화하여 하나님께 봉헌한 날을 기념하는 절기.

다니엘서의 절정에 해당하는 2장과 7장의 장면은 1세기에 메시아에 대한 예언으로 해석되었고(요세푸스가 이를 완곡하게 증언한다), 무슨 일이 벌어지고 있는지 분명하게 보여준다. 하나님은 그분의 신실한 백성이 고난을 당하더라도 그들의 정당함을 드러내실 것이다. 그리고 하나님은 그들의 고난을 통해서만이 아니라, 군사적 또는 준군사적 승리를 통해서도 그들의 정당함을 드러내실 것이다.

그러나 고대 성경 사상의 또 다른 흐름은 도래할 다윗 계보의 왕이 세상의 권세를 이기고 정의와 평화의 통치를 확립할 방법에 대해 근본적으로 다른 비전을 제시한다. 정경인 이사야서에 포함된 일련의 긴 시들은 왕이 베푸는 구원이라는 약속[25]을 제시하면서 야훼의 종의 사역에 초점을 맞추고,[26] 그다음에는 승리한 하늘 전사의 모습에 초점을 맞춘다.[27] 이 놀라운 구절들의 원래 의미나 고대와 현대를 아우르는 그에 대한 다양한 해석의 전통을 여기서 논하기는 적절치 않다. 다만 초기 기독교는 예수 자신의 가르침에 따라 '고난받는 종'에 관한 구절들을 악의 세력에 대한 메시아의 승리가 어떻게 성취되었는지를 이해하는 중요한 단서로 받아들였다고 말하는 것으로 충분할 것이다. 승리는 이 기이한 인물, 곧 종이면서도 왕이요, 야훼의 '팔'이신 분을 통해 이루어졌다. 그 종은 이스라엘의 소명과 이른바 이스라엘의 하나님의 소명을 **모두** 구현해야 했고,

---

25. 이사야 9:2-7, 11:1-10.
26. 이사야 42:1-9, 49:1-13, 50:4-9, 52:13-53:12.
27. 이사야 61:1-11, 63:1-6.

그럼으로써 유배와 수치와 죽음의 무게를 스스로 짊어져야 했다. 그것은 이스라엘과의 언약을 갱신하고 창조세계를 갱신하기 위함이었다. 어둠의 권세, 특히 선지자들이 이방 나라들만이 아니라 이스라엘 안에서도 규탄했던 우상숭배가 불러낸 어둠의 권세에 대한 승리는, 창조주이신 이스라엘의 하나님이 왕의 소명과 이스라엘 자체의 소명, 궁극적으로는 진정한 인류의 소명이라는 다층적 소명을 직접 성취하심으로써 이루어질 것이다. 우리는 이 모든 것이, 요한과 바울이 예수와 '권세'에 대한 그들의 그림을 감질날 만큼 간결하게 그려낼 때, 그들이 말하는 내용의 배경에 들어있다고 추측할 수 있다.

4. 그러면 '권세'란 무엇인가?

그렇다면 이 '권세'란 무엇일까? 바울은 골로새서 1장에서 "왕좌와 주권과 통치권과 권세" 등 몇 가지를 나열한다. 에베소서에 있는 비슷한 목록에서는, 예수께서 모든 "통치와 권위와 능력과 주권"의 주인이시고, "현 시대뿐 아니라 오는 시대에도 거명될 모든 이름" 위에 있는 주님이시라고 선언한다.[28] 이 이름의 목록에는 소위 '지상의' 또는 '정치적' 통치자는 물론 그 배후에 있는 소위 '비인간'

---

28. 에베소서 1:21.

또는 '초자연적'인 준인격적 '세력'까지 모두 포함된다. 이들은 신명기 32장, 이사야 14장, 다니엘 7장 등 성경의 중요한 본문에서 이미 눈에 띄게 등장한 바 있다.[29] 그리고 로마서 8장의 유명한 구절에는 "죽음 … 생명 … 천사들 … 통치자 … 현재 … 미래 … 권세 … 높음 … 깊음"이 나오고, 바울은 여기다가 "다른 어떤 피조물이라도"라는 문구를 추가한다. 이것은 빠뜨린 것이 없도록 대비하는 조치일 뿐 아니라, 그 모든 것이 하나님의 세계에 속한 **피조물들**이지 그 세계와 별개인 신적 또는 반(半)신적 존재가 아님을 상기시키기 위해서이다.[30] 각각의 용어들의 특정한 의미를 알아내는 것은 가능하지만, 바울이 이런 목록들을 여기저기에 섞어 쓴다는 것은, 그의 주된 관심사가 모든 종류의 '권세' 위에 있는 예수의 주권을 강조하는 것이지, 각각의 용어들에 대한 구체적인 정의나 별개의 범주를 제시하는 것이 아님을 분명하게 암시한다.[31]

'권세'에 대한 요점은 바울의 세계에선 권세가 (소위) '지상적'이기도 하고 (소위) '천상적' 또는 '초자연적'이기도 하다는 것이다. 이 용어들은 파악하기가 어렵다. 우리는 현대 서구 사상의 렌즈로 이 용어들을 인식하는데, 현대 서구 사상에서 공간, 시간, 물질로 이루어진 현 세계와 다른 어떤 세계 사이에는 거대한 간극이 있다. 그 다른 세계를 '천상적' 세계나 '영적' 세계, 또는 다른 어떤 이름으로 부

---

29. 이를테면, 신명기 32:16-17, 이사야 14:12-23, 다니엘 7:1-28을 보라.
30. 로마서 8:28-39.
31. 자세한 내용은 다음을 보라. Walter Wink, *The Powers*, 3 vols (Philadelphia, PA and Minneapolis, MN: Fortress, 1984, 1986, 1992).

르든, 회의론자나 합리주의자처럼 아예 그런 범주 자체를 형이상학적인 허튼소리로 치부하고 무시하든, 이 세계와 간극이 있다는 점에서는 다를 바가 없다. 바울이 단순히 황제나 행정장관 같은 지상의 '권세'를 언급하고 있는 것인지, 아니면 천사나 악마와 같은 비지상적 권세를 언급하고 있는 것인지를 놓고 많은 이들이 논쟁을 벌여왔다. 마치 바울이 전자와 후자를 쉽게 구분할 수 있었던 세상에서, 그리고 이 둘을 언급하는 사람은 그것들을 분별하고 그것들이 어떻게 관련되어 있는지 밝힐 수 있어야 했던 세상에서 살았던 것처럼 말이다. 대부분의 고대 사상가들은 존재론적 수준에서 이런 간극을 느끼지 않았다. 다만 에피쿠로스주의를 수용한 소수의 사상가들만이 생각을 달리했을 뿐이다. (사실 우리가 이 두 영역을 멈춰서 깊이 생각하지 않고 자동적으로 엄격하게 분리하게 된 것은 현대적 형태의 에피쿠로스 철학이 압도적으로 성공한 탓이다.)[32]

바울에게 보이는 세계와 보이지 않는 세계는 온갖 방식으로 겹쳐져 있었다. 사람들이 창조주 하나님 대신에 숭배하는 피조물은 그것이 무엇이든 우상이 될 수 있다. 그리고 바울은 여러 우상과 그 신전에 대해 이야기하면서, 거기서 악령들, 즉 인간의 삶과 그들이 하는 일을 타락시키고 왜곡하는 데 혈안이 되어 있는 악의적인 육체 없는 존재들을 발견하게 될 거라고 설명한다. '신들' 자체는 존재하지 않는다. 즉 '제우스', '아레스', '아프로디테'와 같은 단어에 해

---

32. 여기에 대해서는 다음을 보라. N. T. Wright, *History and Eschatology: Jesus and the promise of natural theology* (Waco, TX: Baylor University Press, 2019), esp. ch. 1.

당하는 궁극적 실체는 없다는 의미이다. 하지만 사람들이 이런 허구의 존재들을 숭배하는 신전에 들어갈 때, 그들은 인간을 인간보다 못하게 만들고 비인간화하는 악령들의 어두운 영향력에 무방비로 노출된다. 바울은 이 대목에서 상당히 절제된 방식으로 말하고 있다. 반면 제2성전기의 일부 저술가들은 그렇지 않았다. 그러나 비록 바울이 자세한 추측은 자제하고 있지만, 준인격적인 악의 실체에 대해서는 충분히 설명하고 있다.

바울이 많은 시간을 보낸 지역들에서 1세기 중반에 나날이 인기를 끌었던 로마 숭배와 카이사르 숭배는 범주를 넘나드는 '권력'의 전형적인 사례였다. 카이사르는 실재하는 권력자였고, 로마는 실재하는 강력한 도시국가였다. 하지만 그들이 휘두른 '권력'은 단순히 명령을 내리고 복종하게 하는 능력, 또는 지중해 세계 사람들의 삶을 구성하는 데 기준이 되는 공식 규범을 세우게 하는 능력의 총합 그 이상이었다. 계몽주의 이후 분열된 세계에 사는 우리에게는 이런 종류의 '권력'을 표현하는 좋은 용어가 없다. 우리는 경제적 '압력'이나 정치적 '세력'에 대해 이야기하는데, 이런 표현들은 '시장이 그것을 허용하지 않을 것이다' 또는 '그런 정책은 많은 표를 얻는 데 도움이 되지 않을 것이다'와 같은 단순한 의미보다 더 많은 것을 뜻하는 것 같다. 우리는 '시대정신'이나 '집단적 망상' 또는 그보다 더한 것에 대해서도 말한다. 20세기 중반 유럽의 참상을 겪은 사람들은 1930년대에 독일을 사로잡은 어두운 분위기에 대해 이야기했다. 그 분위기 때문에 당시 독일의 많은 사람들이 사실이 아닌 사악한 일들을 쉽게 믿었다고 했다. 아무리 현명하고 건전한 사람이라도 그와 다르게 생각하거나 믿는 것이 거의 불가능했다는 것이다. 이런 문제들은 시간이 지나고 뒤돌아 볼 때에야 명확하게 눈에 들어오는 것 같다. 특정 세대에 널리 퍼진 거짓말은 뒷문 밖의 산처럼 늘 보는 지평선의 일부라 알아채지 못하고, 그래서 무시되는지도 모른다.

비인간적 '세력'의 '존재'와 그 파괴력에 대해 말해보자. 오늘날 조심스럽게 '구출 사역'*이라고 불리는 분야에서 일했던 사람들은 그 비밀스러운 소명을 감당하고 돌아와서는 거기서 만난 기만, 특히 자기기만의 복잡한 그물망에 대해 이야기한다. 그리고 어두운 '세력'이 어떤 식으로 사람들을 꾀어 특정한 상황과 행동에 빠지게 만드는지, 그런 모종의 외부적 영향력에 사로잡힌 사람들이 본인과 타인에게 어떤 실질적 해를 끼치는지에 대해 말한다. 또한 많은 신을 숭배하는 것이 규범으로 되어 있는 장소와 문화에서 살았거나 일했던 사람들은 지역 사회, 가족, 개인을 에워싸고 공포에 떨게 할 수 있는 파괴적 권세에 대해 믿을 만한 이야기를 한다.

이러한 내용은 바울이 왕좌와 주권과 통치권과 권세 등에 대해 말하는 내용, 그리고 요한복음에서 예수께서 "이 세상의 통치자"에 대해 말씀하시는 내용(이 내용은 곧 살펴볼 구절에 나온다)과 관련된 주변 맥

---

* 위키피디아에 따르면, "기독교에서 구출 사역(deliverance ministry)은 사람들을 악마와 악령으로부터 정화하는 의식을 수행하는 단체를 의미한다. 이 단체는 특정 사람들의 신체적, 심리적, 영적, 정서적 문제를 그들의 삶에서 활동하는 악령의 작용에 기인한다고 본다."

락을 형성한다. 초대 교회는 왕좌에 있는 카이사르부터 특정 마을이나 도시를 다스리는 지방 관리와 행정관에 이르기까지, 복잡한 권력의 그물망 속에서 살았다. 예수 자신도 이와 같은 환경에서 사셨고, 앞서 살펴본 것처럼 본디오 빌라도에게 자신의 처형을 명령할 권한이 있을 뿐만 아니라 그 권한이 다름 아닌 하나님께 위임받은 것이라고도 인정하셨다. 그러나 바울과 요한 모두 예수께서 이전에는 상상하지도 못할 일을 이루셨다고 주장했다. 즉 예수께서는 '정사'와 '권세'에 맞서 결정적인 승리를 거두셨고, 하늘과 땅 모두의 주님으로 즉위하셨다. 이렇게 되자 교회와 '권세'—어떤 종류의 권세이든—의 관계에 대한 질문이 특별한 주목을 받게 되었다. 뭔가가 달라졌다. 무엇이 달라졌을까? 그리고 예수를 따르는 사람들은 이제 어떤 위치에 있게 될까?

5. 권세에 맞선 예수의 승리

이런 질문들에 답하기 위해 '승리'에 대해 말하는 구절들을 먼저 살펴보자. 요한복음에서 예수께서는 '이 세상의 통치자'가 받게 되는 심판에 대해 말씀하신다. 이 말씀이 등장하는 문맥에서는 요한복음 특유의 복잡한 논의가 펼쳐진다. 이 논의는 유월절을 맞아 예루살렘을 방문한 일부 헬라인들이 예수를 만나고 싶다고 요청하면서 시작된다. 예수께서는 그들의 요청을 들어주시는 것이 아니라,

그 요청을 "인자가 영광을 받을 때가 왔다"(12:23)라는 신호로 여기신다. 이것은 분명히 ① 그분이 고난을 받으실 때가 왔다는 뜻이다. 그분은 이 고난을 당연히 꺼리신다(12:27). ② 이 고난과 죽음을 통해 '영광을 받는' 일이 이루어질 것이다. ③ 예수께서는 '영광을 받음', 즉 죽음을 통해 "이 세상의 통치자"가 그의 세력 범위 내에 있는 사람들 또는 이방 세계를 틀어쥔 힘을 깨뜨리실 것이고, 그러면 이방 세계는 참 하나님을 예배할 자유를 얻게 될 것이다. 이렇게 해서 ④ 헬라인들은 다른 모든 사람들과 마찬가지로 예수께 이끌리게 될 것이다. "이제 이 세상의 심판이 온다! 이제 이 세상의 통치자가 쫓겨날 것이다! 또 내가 이 땅에서 들려 올라갈 때, 모든 사람을 내게로 이끌 것이다."[33]

우리는 이런 맥락 안에서 요한복음 13장부터 본디오 빌라도가 하나님이 주신 권한을 받았다는 예수의 말씀과 그분의 죽음에 이르는 19장까지 일련의 사건 전체를 읽어야 한다. 예수께서는 그분의 죽음으로 말미암아 "쫓겨날" 자에 대해, 군인들에게 말할 때와 똑같은 문구를 사용하시어 자신이 곧 체포될 거라고 제자들에게 경고하신다. "이 세상의 통치자가 오고 있다"(14:30). 내가 볼 때 이 대목을, 앞장에서 사탄이 유다를 장악한 일(13:2, 30)이나 동산에 군인들이 도착하고(18:3) 예수께서 일련의 재판을 거쳐 십자가 처형에 이르는 일과 분리하는 것은 이치에 맞지 않다. 그리고 **이 모든 과**

---

33. 요한복음 12:31-32.

정에서 예수께서는 자신이 세상의 권세를 이기고 있다고 주장하신다. "너희는 세상에서 괴로울 것이다. 그러나 용기를 내라! 내가 세상을 이겼다!"(16:33).

이것이 의미할 수 있는 것은 하나뿐이다. 예수께서는 십자가 처형이 **세상 권세를 이기는 승리의 수단**이라고 생각하셨던 것이다. 물론 요한의 생각도 같았던 것이 분명하지만, 그 생각이 너무나 놀랍고 새로운 것이었기에 요한은 단지 세상을 변화시키는 예수의 비전을 드러냈을 뿐이라고 보는 것이 역사적으로 훨씬 타당하다. 복음서 이야기의 많은 대목이 메시아이신 예수에 관해 다룬다. 메시아가 해야 할 핵심적인 일 중 하나는 하나님의 백성과 그분의 세상을 위협하는 어둠의 권세를 물리치고 승리하는 것이었다. 요한에 따르면, 예수께서는 십자가 처형으로 그 일을 이루신다.[34] 요한은 이후로는 이 주제를 부각시키지 않지만, 독자는 요한이 전하는 이야기에서 이 주제를 충분히 유추할 수 있다. 이런 서술 방식은 요한 특유의 스타일이다. "세상의 통치자"를 대표하는 빌라도는 자신의 '권한'을 행사하여 예수를 죽게 한다. 그러나 빌라도에게 그 권한을 위임하신 하나님은 예수를 죽음에서 살리시고, 그를 따르는 이들이 세계 선교를 시작하게 하심으로써 세상의 판결을 뒤집으신다. 요한은 이 모든 과정을 **사랑**이 극적인 행동으로 표현된 것이라

---

34. '대리를 통한 승리'를 방편으로 이루어진 '대속'이라는 주제 전체에 관해서는 다음의 책에서 탐구하고 있다. N. T. Wright, *The Day the Revolution Began: Rethinking the meaning of Jesus' crucifixion* (London: SPCK; San Francisco: HarperOne, 2016) - 한국어판: 『혁명이 시작된 날』 이지혜 옮김 (비아토르, 2019).

고 제시하는데, 성경에서 이 사랑은 메시아가 아니라 이스라엘의 하나님께 속한 것이었다. 육신이 되신 말씀이요 참 사람이신 분이 두 가지 소명, 즉 하나님의 목적을 실행할 인간의 소명과 치유와 구원의 사랑으로 그분의 백성 가운데 거하고자 돌아오시는 하나님의 소명을 하나로 결합하셨다. 20장과 21장의 부활 서사에 퍼져 있는 '새 창조'라는 주제는 어두운 반(反)창조 세력이 패배한 후 새로운 세상이 탄생할 거라는 시편과 이사야서의 약속에 대한 대답이다.

같은 그림이 골로새서에서도 극적으로 등장한다. 1장의 위대한 시는 '창조'와 '화해'라는 두 순간을 하나로 묶지만, 왜 '화해'가 필요했는지 전혀 설명하지 않거나, 어떻게 화해가 이루어졌는지 자세하게 설명하지 않는다("그분의 십자가의 피"가 유일한 힌트일 뿐이다). 따라서 대관식에서 총리가 낭독한 성경 구절인 '그 형상을 통한 창조'의 첫 진술은 화해의 진술과 시적으로 평행구조를 이루고 있다.

> 그분은 보이지 않는 분이신 하나님의 형상이시며
> 모든 피조물의 맏아들이십니다.
> 그분 안에서 하늘에 있는 것과 여기 땅에 있는
> 모든 것이 창조되었기 때문입니다.
> 보이는 것들과 보이지 않는 것들,
> 왕좌든 주권이든 통치권이든 권세든
> 모두가 그분을 통해 그리고 그분을 위해 창조되었습니다.
> …

그분은 모든 것의 시작이시며,

죽은 자들 가운데서 받아들이십니다.

그리하여 모든 것 가운데서 으뜸이 되셨습니다.

이는 그분 안에 모든 '충만'이 기쁘게 머물고,

그분의 십자가의 피로 평화를 이루시어

그분을 통해 모든 것을 자신과

가까이 화해시키셨기 때문입니다.

그분을 통해, 그렇습니다, 땅에 있는 것들과

하늘에 있는 것들을 화해시키셨습니다.[35]

이 시는 창세기 1장과 잠언 8장의 창조와 '지혜'라는 주제를 복잡하고 미묘한 방식으로 결합하는데, 이는 예수를 이스라엘의 메시아이자 이스라엘 하나님의 살아 있는 체현으로 이야기하기 위해서이다. 이 시는 몇 절 앞에서 "[하나님의] 사랑하는 아들"로 묘사된 예수를 칭송하며, 만물이 그분 안에서, 그분을 통해, 그분을 위해 창조되었다고 선언하는데, 이 만물에는 세상의 모든 '권세'도 포함된다는 점을 예수께서 친히 빌라도에게 분명하게 밝히신 바 있다. 창조주 하나님은 그분의 형상을 지닌 인간 피조물들이 그분의 세상을, 말하자면 **내부에서**, 지혜롭게 다스리기를 원하셨다. 실제로 이러한

---

35. 골로새서 1:15-16, 18b-20, 17-18a절은 시 안에서 별도의 시를 이룬다. 전체 구절에 대한 설명은 다음을 보라. N. T. Wright, *The Climax of the Covenant: Christ and the law in Pauline theology* (Edinburgh: T&T Clark, 1991; Minneapolis, MN: Fortress, 1992), ch. 5; *Paul and the Faithfulness of God* (London: SPCK; Minneapolis, MN: Fortress, 2013), 672-627.

위임된 권위는 '하나님의 형상을 지님'에 담긴 한 가지 주요한 의미이다. 예수께서 모든 창조세계가 목적을 다하고자 기다려온 바로 그분이시라는 사실이 다음과 같이 계시되었다. 즉 창조도, 그리고 이제 보니 구속(救贖)까지도 하나님이 그분의 목적을 위해 설계하신 프로젝트였고, 성육하신 하나님이 그분의 정당한 역할을 맡으러 오신 것이었다.

하지만 땅과 하늘의 모든 권세를 완비한 창조세계가 왜 하나님과 "화해될" 필요가 있을까? 이 시의 후반부는 여기서 말하지 않는 무언가를, 즉 창세기 3-11장 및 인류의 실패와 이스라엘의 실패라는 긴 이야기에 해당하는 내용을 분명히 전제하고 있다. 그런 여러 가지 재앙으로 말미암아 '정사'와 '권세'는, 우리가 이제 예수로 알고 있는 그분 안에서, 그분을 통해, 그분을 위해 창조되었음에도 불구하고, 인간의 우상숭배를 통해 끔찍한 힘을 축적했고, 이제 창조세계 곳곳에서 날뛰며 사람들의 삶과 하나님의 세계를 황폐하게 만드는 지경에 이르게 되었다. 그것들은 바로잡힐 필요가 있었다. 즉 "화해시킬" 필요가 있었다. 하지만 어떻게?

바울은 이 질문에 대한 답변으로 그다음 장에서 골로새의 신생 교회가 갈라디아 교회의 전철을 밟지 않도록 경고하는 문맥에서 예수께서 '정사'와 '권세'를 **물리치신** 것을 묘사한다.[36] 심지어 토라 자체의 규정들 배후에 버티고 있는 권세, 즉 메시아의 죽음으로 이

---

36. 골로새서의 문맥과 2장에 담긴 논증의 힘에 대해서는 다음을 보라. Wright, *Paul and the Faithfulness of God*, 992-995.

방인들의 죄가 처리되었는데도 토라의 규정들을 통해 이방인들이 하나님 백성의 무리에 들어가지 못하게 막는 권세가 이세 폐기되었다.

> 법 조항을 들이대며 우리를 거스르고 반대하는 손으로 쓴 문서를 그분[하나님]이 지워 없애 버리셨습니다. 그것을 십자가에 못 박으셔서 제거해 버리셨습니다. 통치자들과 권력자들의 무장을 벗겨내시고, 그분 안에서 일어난 그들에 대한 승리를 축하하며, 그들을 대중의 멸시를 받는 구경거리로 내보이셨습니다.[37]

여기서 요한복음의 경우처럼 메시아의 승리를 바라보는 바울의 비전에 담긴 핵심 요소가 하나 눈에 들어온다. 하나님의 계획은 (바울이 에베소서 1장 10절에서 말하는 것처럼) 메시아 안에서 온 우주를, 즉 하늘에 있는 것과 땅에 있는 것을 통합하는 것이었다. 그리고 유대인과 이방인이 복음 안에서 하나가 되고, 죄인을 '권세'의 노예로 삼았던 '죄'를 용서함으로써 민족적, 국가적 정체성의 벽을 허무는 것은, 하나님의 궁극적 목적을 알리는 복음 중심의 중요한 표지였다(엡2:11-22). (이것은 요한복음 12장에서 예수께서 암시하신 것과도 유사하다. 곧 헬라인들이 당장은 그분에게 가까이 다가올 수 없지만, 그분의 죽음으로 뭇 민족들을 갈라놓고 있던 어둠의 세력인 '세상의 통치자'가 쫓겨나면 그들이 그분에게 이끌리게 될 것이라는 내용이

---

37. 골로새서 2:14-15.

다.) 따라서 토라 자체, 즉 하나님이 주신 거룩한 이스라엘의 율법이 하나님을 믿는 유대인과 믿는 이방인을 갈라놓고 있는 한, 그것은 새 창조라는 창조주의 목적에 반대하는 어둠의 세력에 장악된 상태라고 볼 수 있었다. 그러므로 율법은 일단 제쳐두어야 했다.[38]

바울서신에서 자주 볼 수 있듯이, 이것은 여러 아이러니를 낳는다. 이스라엘의 목적과 그 헌장인 토라의 목적은 창조주 하나님의 더 큰 목적을 추진하기 위한 것이었다. 그러나 토라가 (또는 그런 하나님의 목적을 위해 토라를 사용해야 할 사람들이) 그 목적이 실현되지 못하게 막을 조짐을 보인다면, 그것은 폐지되어야 한다. 이 말은 하나님의 백성을 도덕적 나침반이 없는 상태로 만들라는 것이 아니라, 한때는 우상숭배자였지만 이제는 아닌 사람들을 더 큰 다민족적 현실로 초대하여, 고대 세계에서 유대인과 이교도를 구분했던 제약들(할례, 음식법, 안식일)이 더 이상 그들을 규정하지 못하게 하라는 뜻이다. 이 내용을 보다 온전히 설명하려면 갈라디아서 전체가 필요하다. 게다가 그것은 복잡하고 도전적인 것이기도 하다.[39]

아이러니는 또 있다. 예수의 십자가 처형을 목격한 사람이라면 누구나 정사와 권세(로마 군인들과 그 배후에 있던 어둠의 악마적 '세력')가 예수를 상대로 거둔 승리를 축하하고 있다고 자연스럽게 말했을 것

---

38. 이것과 로마서 7장의 논증 사이에는 강한 유사성이 있다. 로마서 7장의 논증에 대해서는 다음을 보라. Tom Wright, *Into the Heart of Romans: A deep dive into Paul's greatest letter* (London: SPCK; Grand Rapids, MI: Zondervan, 2023), ch. 2.

39. 다음을 보라. N. T. Wright, Galatians, *Commentaries for Christian Formation* (Grand Rapids, MI: Eerdmans, 2021) - 한국어판: 『갈라디아서 주석』 김선용 옮김 (복있는사람, 2023).

이다. 그러나 사실은 그와 다르다. 예수의 부활을 믿게 된 바울은 상황을 정반대 방향으로 볼 수밖에 없었다. 예수께서 친히 통치자들과 권세자들의 갑옷을 벗기셨다. 그분은 그들이 공개적으로 조롱당하게 하셨다. 이는 요한복음에서 말하는 바와 정확히 똑같다. "이제 이 세상의 통치자는 쫓겨날 것이다." 바울은 독자들에게 예수의 십자가 처형이 무엇을 성취했는지 한 번도 포괄적으로 진술한 적이 없다. 그는 십자가 처형을 언급할 때마다 다른 각도에서 접근한다. 십자가는 여전히 광대하고 알 수 없는 신비로 남아 있는데, 그 이유는 무엇보다 악 자체가 하나님의 선한 세계 안에서는 이치에 맞지 않고 이해할 수 없는 신비이기 때문이다. 그러나 요한과 바울은 (요한계시록 5장에서 밧모섬의 요한이 말한 것처럼) 십자가는 이스라엘의 메시아가 친히 백성의 죄를 짊어짐으로써 성취한 승리이며, 이는 창조주의 목적을 이루기 위해 필요한 일이었다고 주장한다. 그 일이 이루어져야만 인간은 마침내 하나님의 지혜롭고 치유하는 공의를 세상에 임하게 하는 '왕 같은 제사장'이 될 수 있으며, 그 결과로 종말에 새 창조가 완성되고, 그 새 창조의 사전 징조가 현재에도 나타나게 될 것이었다.

정사와 권세는 세상에 대한 지배력을 유지하는 데 열중했다. 그 주된 방법은 사람들을 꾀어 우상을 숭배하게 하고, 그로 인해 그 우상—또는 그 우상을 '위장'으로 삼아 조종하는 어떤 어둠의 권세—에게 하나님의 형상을 지닌 자의 정당한 권력을 넘겨주게 하는 것이었다. 그것은 온갖 종류의 사람들이 서로 분열되는 결과를 낳았다. 유대인과 헬라인, 노예와 자유인, 남성과 여성이 나뉘었고, 그 분리는 우리 눈이 닿는 수많은 하위 범주에까지 확장되었다. '권세'가 여전히 지배하고 있었다.

상황이 이러하므로 이전에 분열되었던 전 세계 민족들이 한 분 하나님과 그분의 아들을 예배하는 가운데 하나가 되는 것이 예수의 승리를 기념하는 방식이 될 수 있는 것이다. 요한계시록은 예수 승리의 결과를 각기 다른 모든 민족과 종족과 백성과 언어 출신의 사람들이 하나님과 어린양을 찬양하며 목청껏 노래하고 외치는 거대한 모임으로 묘사한다.[40] '권세'의 분열적 지배를 깨뜨리는 어떤 일이 일어났다. 초기의 기독교인들은 그 일이 바로 예수의 죽음이고, 이사야 40-55장이 말하는 내용이며, 언약에 충실하신 창조주 하나님이 친히 그분 백성의 죄와 세상의 죄를 함께 나누고 짊어지심으로써 거두신 사랑의 승리라고 선언했다. 예수께서는 사람들의 죄를 담당하심으로써 '권세'가 인간의 권위를 찬탈하는 통상적 수단을 빼앗아 모든 인간이 마침내 그들의 창조 목적에 부합하는 존재가 될 자유를 얻게 하셨다. 한 분 하나님의 예배자가 되어 그분의 세상에서 왕 같은 제사장 직분을 수행할 자유를 주신 것이다.[41]

이로 말미암아 너무나 놀랍게도 '권세'가 하나님과 **화해하게 되었다.** 골로새서 2장 13-15절은, 말하자면, 1장 15-16절과 1장 18b-

---

40. 요한계시록 7:9-12.

41. 십자가의 승리에 대한 더 많은 설명을 원한다면 다음을 보라. Wright, *The Day the Revolution Began*.

20절을 잇는 연결 고리이다. 권세는 창조되었고, **패배했고**, 그다음에 화해를 이루었다. 하나님이 반란의 '권세'에게 서문 승리를 축하하셨다고 해서 '권세'가 더 이상 어떤 역할도 하지 못한다는 뜻은 아니다. 모든 '권세'를 대뜸 의심하고 보는 현대 서구의 관찰자들은 '권세'가 '패배'했다는 사실에 기뻐하고, 모든 인간의 권위를 조롱하며 비판하는 데 만족하면서 상황을 쉽게 정리하려고 한다. 이런 관점은 아마도 유쾌한 무정부 상태나 가시적인 권력 구조가 없는 일종의 낙관적 '인민공화국'이 한 도시나 국가, 또는 세계의 문제들을 해결할 수 있을 것이라고 암시하는 것처럼 보일 수 있다. 하지만 실상은 그 반대이다. 죄에서 해방된 인간이 왕 같은 제사장의 정당한 자리를 차지할 수 있는 것처럼, 복잡한 인간 사회의 힘줄과 인대인 통치 구조 또한 원칙적으로 하나님과 **화해**할 수 있다.

하나님은 인간이 그분의 세계를 운영하는 데 참여하고 책임지기를 원하신다. 그런 일이 이루어지는 통치 구조는 여전히 남용과 왜곡에 취약할 수 있지만, 그렇다고 저절로 악한 것이 되지는 않는다. 우리는 그런 구조를 원칙적으로 다시 긍정하고 축하해야 한다. 하나님의 창조세계의 다른 모든 것과 마찬가지로, 통치 구조도 일단 숭배의 대상에서 벗어나게 되면 더 이상 악마적이지 않게 된다. 통치 구조가 가진 사악한 힘을 깨뜨리려면 십자가의 승리가 필요하다. 그러나 십자가의 승리로 통치 구조의 힘이 일단 깨지고 나면, 현명한 인간들이 잘 작동하는 인간 사회를 향한 하나님의 의도를 받들고 유지하는 과제를 맡을 수 있으며, 또한 그래야 한다. 물론 우리는 현재 기울이는 모든 노력이 이상적인 상태에 미치지는 못할 것을 알지만, 그렇다고 해서 시도조차 안 할 수는 없다. 다른 부분들과 마찬가지로 여기서도 우리는 과실현된 종말론(over-realised eschatology)이라는 안이한 선택지를 피해야 한다. 그것이 의문의 여지 없는 '왕권신수설'의 한 형태이든, 아니면 똑같이 의문의 여지가 없는 '민중의 목소리가 신의 목소리'(vox populi, vox Dei)라는 생각의 한 형태이든 다를 바는 없다. 왕은 실수할 수 있고 군중도 마찬가지이다. 민주적으로 선출된 다수도 마찬가지이다. 그래서 교회 소명의 핵심인 현명한 비판이 여전히 중요한 것이다.

6. 교회와 세상을 위한 새로운 비전

우리는 신약성경으로 돌아가 일견 당연하지만 자칫하면 간과하기 쉬운 한 가지를 짚고 넘어가야 한다. 요한과 바울은(이 부분에서는 누가와 마가, 요한계시록 저자, 그리고 다른 모든 신약성경의 저자들도 마찬가지이다) 예수의 죽음과 부활을 통해 이루어진 일이 ① 이스라엘 성경의 성취이고, 따라서 ② 시편과 이사야가 반복해서 주장한 대로, 유대인과 이방인을 아우르는 온 세상을 위한 것이라고 가정한다. 다시 말해, 그들은 성경의 약속을 다른 차원으로, 이를테면, 플라톤의 차원 같은 것으로 **바꾸지** 않았다. 그들은 "음, 성경은 예루살렘의 갱신을 약속했지만, 그것이 '천상의 예루살렘'을 의미한다는 것을 이제 우리는 알아요"라고 말하지 않았다. 그들은 시편과 이사야서가 말하는 화해와 새 창조가 사람들의 '영혼'의 '천상적 구원'을 가리키는 것이었다고 보지 않았다. 요한계시록에서 '새 예루살렘'은 하늘에서 땅으로 **내려오는** 도성이지, '영혼들'에게 **올라가서** 거기에 도달하라고 초청하지 않는다.[42] 그렇다면 이스라엘의 메시아가 오면서 무엇이 달라졌을까?

예수에 관한 사건들을 통해 일어난 급진적인 변혁에는 세 가지 공통 요소가 있었다. 첫째, 이 변혁은 오랫동안 예언된 대로, 그 초점을 유대 민족과 그들의 고국에서 전 세계의 유대인과 이방인을 포괄하는 가족으로 바꾸었다. 이런 초점의 변화가 제대로 작동하려면 로마서 14장에 나오는 것과 같은 다양한 사회적 조정이 따라와야 한다. 둘째, 이 변혁은 이전에는 불가능했던 방식으로 새 창조가 가능해졌다는 해방감을 안겨 주었다. 이는 메시아의 승리가 그분의 죽음과 부활 안에서, 그리고 그분을 따르는 이들에게 그분의 영을 선물로 주심으로써 이루어졌기 때문이다. 그 승리는 하나님의 새 세상이 탄생할 수 있는 전조를 열어주었으며, 특히 모든 종류의 사람들로 이루어진 신앙 공동체의 형성 속에서 정확하게 드러났다. 셋째, 이 변혁은 이사야의 '종'의 모습에서 살짝 드러났던 급

---

42. 바울이 갈라디아서 4장 26절에서 사용한 "하늘에 있는 예루살렘"에 대해서는 다음을 보라. Wright, *Galatians*, 298-305. 한스 부어스마(Hans Boersma)와 같은 이들의 '지복직관'에 대한 저자의 간략한 비판은 다음을 보라. N. T. Wright, "The Vision of God and the Kingdom of God: Theological and ecumenical reflections", in *Rhetoric, History and Theology: Interpreting the New Testament*, ed. T. D. Still and J. A. Myers (Lanham, MD: Lexington/Fortress Academic, 2022), 257-273.

진적인 사상을 소개했다. 그 사상은 궁극적 승리와 그 구현 방식이 폭력이 아니라 고난받는 사랑이 될 거라는 내용이었다. 이 세 가지 요소는 분명히 한 묶음이다.

따라서 바울의 로마서에서도 대단히 인상적인 대목 하나는, 그가 이사야 11장 10절을 인용하여 로마서 15장 7-13절에서 펼치는 논증을 의기양양하게 마무리한다는 것이다.[43] 이 대목은 길고 까다로운 로마서의 끝부분에 나온다는 이유로 자주 소홀히 취급되곤 한다. 유대인과 이방인들, 즉 온갖 상황에 처한 모든 이들이 한 마음과 한 목소리로 창조주 하나님을 예배하는 법을 배우는 날, 그들은 다가올 그날에 대해 성경이 예언한 것을 성취하는 데 그치지 않을 것이다. 그들은 늑대와 어린양이 함께 눕고 메시아의 지혜롭고 치유하는 정의 아래 평화롭게 살아가는, 선지자들이 약속한 새 창조세계를 미리 구현하게 될 것이다. 이사야 11장 1-10절의 내용은 바울의 전체 주장의 배경이 되며, 이는 로마서 서두의 성경을 성취하는 메시아 선언[44]과 이어지면서 로마서 전체를 아우른다. 바울이 "소망의 하나님"의 축복을 기원하며 이 단락(롬15:7-13)을 마무리하는 이유도 바로 이 때문이다. 복음으로 만들어지고 성령으로 유지되는 **현재의** 다문화적 신자 공동체는, 로마서 8장 18-30절에서 약속된 모든 창조세계의 궁극적 갱신에 대한 실질적이고 구체적인 현

---

43. 이어지는 내용에 대한 보다 자세한 설명은 다음을 보라. N. T. Wright, "The Sign of New Creation: Romans 15.7-13", in *It's About Life: The formative power of Scripture*, ed. J. Coutts et al. (Vancouver: Regent Publications, 2023), 219-237.

44. 로마서 1:3-5.

재의 표지이다. 현재에 소망으로 "충만함"(롬15:13)은 이사야 11장 9절에서 약속된 바, 물이 바다를 덮음같이 온 땅이 야훼를 아는 지식으로 "충만"하게 될 때를 선취하는 일이다. 바울은 이스라엘 성경의 현세적 소망을 버리지 않았다. 그는 성경의 소망이 마침내 어떻게 성취될 것인지, 그리고 그 궁극적인 성취가 현재 시점에서는 어떻게 선취될 것인지 상세하게 보여주었지만, 일부 독자들은 그의 논의를 따라가지 못했다.

초대 교회는 1세기 세계의 실제 권세에 대해 뜻밖의 입장에 놓여 있었다. 초기 사도들과 바울이 미지의 해역을 헤쳐 나가는 모습을 지켜보노라면 경이감마저 든다. 베드로와 사도들은 산헤드린에서 인간의 권위가 아니라 하나님께 순종해야 한다고 말하고, 바울은 빌립보의 행정관들과 대제사장에게 맡은 일을 어떻게 해야 하는지 알려주는 것을 기뻐하는 것처럼 보인다. 분명히 말하지만, 그들은 인간의 권위가 중요하지 않다거나 부적절하다거나 그들의 권위를 당장 폐지해야 한다고 주장한 것이 아니다. 사도들은 권력자들에게 책임을 묻고 있었고, 창조주의 세계에서 하나님이 그들에게 맡기신 역할을 알려주거나 상기시켰다. 사실 그들은 예수께서 고별 담화에서 말씀하신 내용을 실천하고 있었던 것이다.

> 그분이 오시면, 죄와 정의와 심판이라는 이 세 가지 문제에서 세상이 잘못에 빠져 있음을 밝히실 것이다. 죄와 관련해서는, 사람들이 나를 믿지 않기 때문이다! 정의와 관련해서는 내가 아버지

께 가서 너희가 나를 더 이상 보지 못할 것이기 때문이다. 심판
과 관련해서는, 이 세상의 통치가 심판을 받기 때문이다.[45]

이것 자체가 **시작된 종말론**이다. 종말에 모든 통치자와 권력자
들에게 책임을 물으실 하나님의 심판은, 현재의 권력자들에 대해,
성령이 이끄시는 교회의 증언으로 **선취**된다. 바울은 이와 유사한
(우리가 듣기에는) 이상한 말을 지나가듯 한 적이 있는데, 예수를 따르
는 자들은 언젠가 천사들을 심판하게 될 것이기 때문에 자신들이
현재 몸담고 있는 공동체와 관련하여 미리 지혜롭게 심판할 수 있
어야 한다는 취지의 내용이었다.[46] 다시 말해, 성령의 능력과 인도
를 따라 세상 권력에 거울을 들이대고 권력자들에게 책임을 묻는
것이 교회 임무의 핵심이라는 것이다. 골로새서의 용어로 말하자
면, 이 소명은 권세의 '패배'를 **실행**에 옮기고, 그다음 '화해'로 **초대**
하는 것이다. 바울이 헤롯 아그립바 2세에게 선지자들을 믿느냐고,
만약 믿는다면 나사렛 예수가 정말 죽은 자 가운데서 부활했을 가
능성에 열려 있어야 하지 않느냐고 과감히 말하는 장면이 떠오른
다.[47] (흥미롭게도, 우리 세계에서는 뉴스 미디어가 권력에 책임을
묻는 임무를 자임한다. 그리고 스스로를 새로운 종류의 '권위'로 내
세우는 경우가 종종 있다. 그렇게 교회의 소명을 장악한 그들은 두

---

45. 요한복음 16:8-11.
46. 고린도전서 6:2-3.
47. 사도행전 26:26-29.

가지 일로 꾸준히 기쁨을 누린다. 하나는 비극적일만큼 많았던 교회의 어리석음과 실패를 보도하는 것이다. 또 하나는 기독교 신앙을 별난 소수의 취미로 격하시키는 것이다. 물론 많은 기독교인들도 자신의 신앙을 그렇게 이해하는 것 같다.)

7. 권력을 향해 진리를 말하는 일에 대하여

초대 기독교인들은, 특히 당시의 유대인들도, 세속 권력을 비판할 때 당대의 통치자들이 그 지위를 얻은 과정에 대해서는 따지지 않았다. 사람들은 정복, 부, 살인, 상속, 다른 권력에 의한 임명(아우구스투스가 헤롯 대왕을 '유대인의 왕'으로 지명한 것은 오로지 그가 가장 성공한 지역 군벌이었기 때문이다) 및 기타 여러 방법으로 통치자가 되었다. 그들이 어떻게 그 자리에 올랐는지는 중요하지 않았다. 국민의 표를 얻어 선거에서 승리한 사람이 이의 없이 정치권력을 얻는, 현대 서구의 민주주의 이상을 그들은 잘 이해하지 못했을 것이다. 유대인들처럼 초기 기독교인들도 **통치자가 어떻게 그 자리에 올랐는지**가 아니라, 그가 갖게 된 권력으로 **무엇을 했는지**에 비판의 초점을 맞췄다.

권력을 향해 진리를 말한다는 생각은 새로운 것이 아니었다. 그것은 예언자적 소명의 핵심이었다. 나단이 다윗에게 했던 일이며, 다니엘과 그의 친구들이 바빌로니아 궁정에서 했던 일이기도 하다. 그러나 초기 기독교인들에게는 그 일이 가끔 등장하는 영웅적 인물에만 의존하는 것이 아닌, 훨씬 더 많은 사람들에게 주어진 가능성이자 소명이라는 새로운 인식이 생겼다. 하나님은 그분의 세상이 제대로 운영되기를 원하신다. 그런데 그 '제대로'의 기준이란 시편 72편에 따른 것이다. 즉 메시아의 통치가 지혜롭고 치유하는 정의를 가져오고, 가난하고 궁핍한 사람들을 돌보고, 악당들에 맞서고, 압제하는 자들을 타도하여 온 세상에 하나님의 영광이 가득하도록 길을 열어주는 것이다. 이런 일이 일어나지 않는 곳에서는, 예수와 그분을 처음 따르는 이들이 그랬던 것처럼, 불의의 상태를 지적하며 회개하고 행실을 바로잡으라고 사람들을 촉구하도록, 성령의 위임을 받은 메시아의 사람들이 준비된다. 많은 증거에 따르면, 2세기와 3세기의 교회 지도자들이 바로 이런 일을 했고, (사례를 들자면) 가난한 사람들의 곤경에 대해 통치자와 당국에 행동할 것을 촉구했다.[48] 그리고 또 다른 많은 증거에 따르면, 같은 세기에 예수를 따랐던 '평범한' 이들이 우상을 섬기지 않고 버려진 아이를 데려다 키우는 등 일상 속의 모범적인 삶을 통해, 사회의 우상숭배와 그에 따른 비인간적인 관행, 이를테면, 원치 않는 영아의 유기 등과 같은 일들에 대해 책망했다.

이것은 교회가 '성공한' 것처럼 보이든 그렇지 않든 틀림없는 사실이다. 어떤 의미에선 순교도 이와 동일한 지점을 증명한다. 그것

---

48. 예를 들면, 다음을 보라. R. Stark, *The Rise of Christianity: A sociologist reconsiders history* (Princeton, NJ: Princeton University Press, 1996) - 한국어판: 『기독교의 발흥』, 손현선 옮김 (좋은 씨앗, 2016).

은 새로운 종류의 삶, 즉 예수를 닮은 지혜롭고 치유하는 정의의 방식이 등장했으며, 그 앞에서 죽음은 궁극적 힘을 잃게 되었다는 것을 보여준다. 새 창조는 말과 모범으로 '권세'를 책망하는 것만큼이나 죽기까지 신실함을 지키는 것으로도 입증된다.

세상을 책망하는 이 비전을 예수를 따르는 사람들이 열렬히 받아들이지 않는 이유는 무엇일까? 한 가지 차원에서는 분명하게 답변할 수 있다. 바울과 그의 교회들이 느꼈던 것처럼, 이 비전은 부담스럽고 어렵고 위험하기 때문이다. (여러 어려움 중에서도 분별의 문제를 언급할 수 있겠다. 교회가 사회의 일시적 유행이나 풍조를 그냥 따라가고 있을 경우 그것을 어떻게 알아볼 수 있을까?) 그러나 다른 차원에서 교회는 종종 자기가 지닌 이러한 소명을 아예 인식하지 못했다. 이것은 바로 우리 시대의 상황이기도 하다. 오늘날 많은 기독교인, 특히 현대 서구 사회의 기독교인들은 자신이 예배하는 예수께서 정말로 세상 흑암의 권세를 이기고 승리하셨다는 것을 전혀 알지 못하고, 그것이 실제로 무엇을 의미하는지는 더더욱 알지 못한다. 이로 말미암아 예수를 따르는 사람들의 정치적 소명에 대해 전혀 다른, 그리고 비성경적인 비전의 가능성이 열렸다. 지금보다 훨씬 이른 시기에 독실한 기독교인들이 피에 굶주린 '십자군 전쟁'이 하나님의 뜻이라고 상상했던 것처럼, 오늘날에도 많은 사람이 단순하거나 위험천만한 혼동을 경험한다. 어떤 이들은 현재에는 도피주의적 경건을, 미래에는 머나먼 '천국'을 선택하고, 현세의 지저분한 일들에 휘말리지 않으려고 세상사에 무관심으로 일관한다. 반대로 어떤 이들은 성직자를 동원해 자신들의 폭탄과 총알을 축복하게 한다. 우리는 어쩌다 여기까지 왔을까? 그리고 어떻게 하면 정상 궤도로 돌아갈 수 있을까?

8. 하나님이 정치계에서 그분의 백성을 통해 이루고자 하시는 일

우선, 적어도 3세기 이후부터 기독교 사상가들이 성경 메시지의 여러 요소를 당시 유행하던 최신 형태의 플라톤 철학과 혼합하는 일이 점점 흔해졌다. 앞에서 우리는 '하늘의 예루살렘'을 둘러싼 오해를 살펴봤다. 신플라톤주의자들의 목표는, 다민족·다언어 공동체가 현재의 소망의 표지로서 함께 예배하며, 창조주 하나님이 결국 온 우주를 위해 행하실 일을 가리키는 것이 아니었다. 그들의 목표는 개인의 '영혼'이 더없이 정화되어 죽음 이후에 시간, 공간, 물질의 세계를 떠나 '천국'에 있는 하나님의 임재로 들어가는 것이었다.

그러나 신약성경에는 그런 내용이 하나도 없다. 이 점은 아무리 강조해도 지나치지 않는다.[49] 그런 생각은 예수와 그분의 첫 추종

---

49. 한 가지 명백한 사례를 들어보자면, 마태복음에서 예수께서 말씀하시는 '천국'(kingdom of heaven)이 가리키는 대상은 예수를 따르게 될 자들이 결국 가게 될 '하늘'(heaven)이라 불리는 장소가 아니라, 하나님이 오실 새 시대에 "하늘에서처럼 땅에도" 임할 '하늘'의 통치다. 그렇지 않다면 예수께서 왜 (시편 기자처럼) 온유한 자가 땅을 상속받게 될 거라고 약속하시겠는가(마5:5, 시37:11)?

자들이 따랐던 성경적 비전에서 크게 벗어난 것이다. (물론 그 덕분에 3세기 이후부터 성경이 다루어야 **마땅하다**고 생각한 내용을 다루게 하는 성경 읽는 법이 개발되었고, 그 과정이 오늘날에도 이어지고 있다.) 사람들이 '천국 가는 것'에 초점을 맞추는 한, '민족과 지역의 경계를 뛰어넘어 한 하나님을 예배하는 하나 된 가족'이라는 신약성경의 비전을 추구하고 그럼으로써 **세상의 권세를 책망해야 한다**는 것에는 관심을 덜 갖게 될 것이다. 오히려 그들은 이것이 너무 '세속적'이며 '천국'에 정당하게 초점을 맞추는 데 방해가 된다고 경고할 수도 있다.

권력을 향해 진리를 말해야 할 교회의 소명이 있는데, 하나님의 지혜롭고 치유하는 정의를 가리키는 이 진리를 붙들어 주는 것은 세상의 권세가 실제로 십자가에서 패배했다는 지식이다. 그런데 예수의 승리를 말하는 이 언어를 사람이 계속 죄를 지어도 '천국에 간다'라는 메시지로 '번역'하면, 권력을 향해 진리를 말하는 교회의 소명은 쉽게 무시될 수 있다. 물론 죄, 용서, 하나님과의 화해 및 서로와의 화해는 여전히 중요하다. 그러나 초대 기독교인들에게 죄, 용서, 화해는 공동체 안에서 풀어내야 할 실체였지, 하나님과 한 영혼이 사적으로 처리하고 해결해야 할 사안이 아니었다. 죄가 계속 문제가 되는 것은 우상숭배의 열매이기 때문이다. 용서받지 못한 상태로 제어되지 않는 죄는 죽음을 낳고, 하나님의 형상을 담아내는 소명의 붕괴를 초래할 것이다. 이 종국의 슬픈 미래가 선취되는 것을 막으려면, 교회나 교회의 일부가 우상숭배의 덫에서 벗어나 우상숭배적 권세를 책망할 수 있어야 한다.

기독교의 오래된 가르침은 죄를 짓는 것이 사후에 지옥에 갈 위험을 초래한다고 경고했다. 하지만 성경의 여러 경고들은 다음과 같은 내용을 전제하고 있다. 곧 이미 이 땅의 많은 사람에겐 지옥이 존재하고, 교회의 임무는 그 지옥을 만들어내는 우상숭배를 분석하고 비판하는 것이요, 성령을 통해 예수 안에서 계시된 참 하나님의 형상을 반영하는 삶의 방식을 보여주는 것이라는 거다. 그렇게 된다면 성경이 약속하고 신자가 기도하던 소망이 부분적으로나마 "하늘에서처럼 땅에서도" 선취된 모습이 나타날 것이다. 실제로 바울은 골로새서에서 그런 내용을 말하기 시작한다. 거기서도 그는 (권세'의 패배 이후) 모든 계급과 민족의 사람들이 동등한 조건으로 환영받는 새로운 종류의 가족을 강조한다.

> 여러분은 … 새 본성을 입었습니다. 이는 창조주의 형상으로 새로워져 여러분을 새로운 지식에 이르게 합니다. 이 새 인류 안에는 '그리스인과 유대인', '할례받은 자와 할례받지 않은 자', '야만인, 스구디아인', '종과 자유인'이라는 문제가 있을 수 없습니다. 메시아는 모든 것이시며 모든 것 안에 계십니다.[50]

그렇게 살아가는 공동체의 존재 자체가 많은 사람에게 충격적으로 다가갔지만, 그것은 근본적으로 새로운 그 무엇, 즉 사회적,

---

50. 골로새서 3:10-11. 갈라디아서 3:27-29의 유사한 구절과 비교하라.

정치적 측면에서 볼 때, 비용이 많이 들고 위험하지만 매력적이고 활기찬 삶의 방식이 등장했다는 것을 세상에 알리는 신호였다. 골로새서 3장을 읽으면 산상수훈의 축소판에 해당하는 내용에 감명을 받게 된다. 새 창조의 백성을 위한 청사진이 진정 인간다운 공동체의 모습을 보여주기 때문이다.

> 여러분은 인정 많고 친절하고, 겸손하고, 온유하고, 무엇이든 견딜 준비가 되어 있어야 합니다. 여러분은 서로 참아 주어야 합니다. 또 누가 다른 사람에 대해 불만이 있더라도 서로 용서해야 합니다. … 이 모든 것 위에 사랑을 입어야 합니다. 사랑은 모든 것을 묶어 완전하게 해 줍니다. 메시아의 평화를 여러분 마음에서 결정 요인으로 삼으십시오. 여러분은 한 몸 안에서 그 평화로 부름 받았습니다. 그리고 감사하십시오. 메시아의 말씀이 여러분 가운데 풍성히 거하게 하십시오. 그리하여 온갖 지혜로 서로 가르치고 권고하며, 감사하는 마음으로 하나님께 시와 찬미와 영적 노래를 부르십시오. 말이든 행동이든 무엇을 하든 모두 다 주 예수의 이름으로 하고, 그분을 통해 아버지 하나님께 감사드리십시오.[51]

이것이 바로 예수께서 중심이 되시는 공동체의 덕목과 실천이다. 이러한 삶의 방식이 실제로 무엇을 의미하는지 숙고하기 시작

---

51. 갈라디아서 3:12-17.

하면, 경제, 환경, 지역사회개발 등을 포함한 하나의 정치적 비전을 통째로 갖게 된다. 이런 공동체는 기존 구조를 무조건 존중하는 것이 아니라 내부에서 구조를 재구성할 것이다. 하나님의 형상을 주변 세상에 되비치는 것은 단순히 대안적인 비전을 제시하는 것 이상의 일이다. 그것은 변혁적일 수 있으며, 또한 그래야만 한다.[52]

그러나 아쉽게도 보완해야 할 부분이 많다. 교회가 교회사 대부분의 기간에 "하늘에서처럼 땅에서도" 하나님 나라가 임한다는 예수의 우선순위 대신에 '천국 가는 것'이라는 비성경적인 주제에 집중한 결과 여러 오해가 생겨났고, 그런 오해의 결과가 오늘날 우리 주변 곳곳에서 나타나고 있다. 이런 결과는 교회 생활의 여러 영역에서 나타나지만, 어쩌면 그것의 정치적 영향이 가장 위험하다고 말할 수 있겠다. 16세기에 개신교 종교개혁자들은 성경과 공적 예배를 일반인들이 이해할 수 있는 언어로 옮겨서 진행하기를 열망했다(내가 볼 땐 정당한 열망이었다). 그러나 그들은 오순절을 비롯해 요한계시록 7장과 로마서 15장에 나오는 다국어 예배처럼, 다양한 민족과 언어가 **함께** 하나님을 예배해야 한다는 성경의 명령은 무시한 것 같다. 그래서 17세기에 이르러서는 이미 많은 유럽 도시에 언어별로 나뉜 예배 공동체들이 존재하게 되었다. 영어 사용 교회, 프랑스어 사용 교회, 스페인어, 독일어 및 기타 여러 언어를 쓰는 교

---

52. 여기에 대한 더 많은 내용은 다음을 보라. Brian J. Walsh and Sylvia C. Keesmaat, *Colossians Remixed: Subverting the empire* (Downers Grove, IL: InterVarsity Press, 2004), ch. 10 - 한국어판: 『제국과 천국: 세상을 뒤집은 골로새서 다시 읽기』, 홍병룡 옮김 (IVP, 2011).

회들이 있었다. 그리고 20세기에 이르면 이 교회들 중 다수가 서로 다른 신학적 강조점을 발전시켰고 ⋯ 이런 신학적 강조점들이 원래 언어별 국가와 '신세계' 식민지들로 옮겨지면서 서로 경쟁하는 정통들로 자리 잡게 되었다. 이 강조점들은 주로 사람들이 '천국에 갈' 수 있게 만드는 것에 집중했고, 그러다 보니 교회가 그 다문화적 일치에 힘입어 권세를 책망할 수 있다고 신약성경이 끊임없이 강조했다는 사실을 아무도 알아차리지 못하게 된 것 같다. 바울이 에베소서에서 제시한 놀라운 비전은, 하늘과 땅의 모든 것을 메시아 안에서 통합하려는 하나님의 목적(1:10)이 유대인과 이방인이 교회에 함께 모이는 일(2:11-22)을 통해 미리 드러나야 하고, 그 결과로 "풍성하고 다채로운 하나님의 지혜가 하늘에 있는 통치자들과 권세자들에게 알"려져야 한다는 것을 보여준다. 바로 "교회를 통해서 말이다!"[53] 그러나 오늘날에는 별 가망 없는 이야기라고 생각할 수 있을 것 같다.

9. 예수와 열방을 위한 소망

19세기 독일의 일부 자유주의 개신교 학자들이 에베소서와 골로새서를 바울서신이 아니라고 여긴 것은 놀랄 일이 아닐 수 있

---

53. 에베소서 3:10.

다. 이 두 서신의 '고기독론', 심지어 '고교회론'을 많은 이들이 달갑지 않게 여긴 것은 사실이지만, 그것만이 이유는 아니었다. 에베소서와 골로새서는 로마서, 갈라디아서와 완전히 일치하면서도 어쩌면 더 분명하게 교회의 정체성과 책임을 '권세'와 관련해서 바라보는 견해를 표명하고 있었다. 그러나 19세기 유럽에서는, 북미에서와 마찬가지로, '국민국가'가 스스로를 새로운 종류의 '권세'로 만들어내고 있었는데, 이 국민국가는 국가(國歌)와 국기, 개별적 '정체'감, 심지어 어떤 경우에는 '운명'까지 보유하고 있었다. 아마도 '신이 주신' 운명 또는 '명백한' 운명을 말이다. 많은 나라 교회들의 가르침은 내세적 경건과 구원에 초점이 맞춰져 있었기 때문에, 신이 주신 나라의 운명이 중요하게 보이지 않았을 수도 있다. 그러나 그 많은 나라의 국민 생활 속에는 강력한 기독교 전통이 깊숙이 스며들어 있었고, 그것이 새로운 국가적 의제를 뒷받침하는 데 동원될 수 있었다. 일부 미국 건국의 아버지들만이 '약속의 땅'을 발견한 '새로운 이스라엘'로 자처한 것이 아니었다. 일부 프랑스계 캐나다인들도 퀘벡 주를 같은 방식으로 바라보았다. 유럽의 많은 나라, 그중에서도 특히 영국이 그러했고, 이 나라 저 나라가 반사적으로 스스로를 '기독교 국가'로 여기고, 국가의 정체성과 운명을 추구하기 위해 필요한 일이라면 무엇이든 그 '종교적' 꼬리표를 활용하여 진행할 수 있다고 아주 쉽게 생각하게 되었다.

여기에는 중요한 역설이 있다. 결국 '종교'는 계몽주의 철학을 통해 그 개념이 재정의되었다는 것이다. 고대 세계에서는 신에 대한 숭배가 일상생활의 모든 측면에 녹아 있었지만, 계몽주의 이후 유럽과 미국의 '종교'는 **정의상** 다른 모든 것과 분리되었다.[54] 이렇게 해서 정치적 **비판**(물론 노예제 반대 운동의 경우처럼 특정 분야에서는 정치적 비판이 이어졌지만, 더 넓은 의미에서는 이것이 중요하지 않게 되었다)의 가능성이 약화된 '종교'는 특정한 국가적 야망을 뒷받침하는 용도로 마음껏 쓰일 수 있게 되었다. '게르만 기독교인'(Deutsche Christen)*은 히틀러의 계획에서 중요한 역할을 했고, 이로부터 90년 후 푸틴이 벌인 우크라이나 전쟁을 지지하며 '성스러운 러시아' 개념이 호출된 것도 같은 선상에서 이해할 수 있다.[55] 영국인들은 이 부분에서도 결코 무죄일 수 없다. 이 모든 내용은 불편하게도 이스라엘 백성이 블레셋에게 패배한 뒤 언약궤를 전선으로 가져가겠다고 기발하게 생각했던 순간을 떠올리게 한다.[56]

이런 종류의 '기독교 민족주의'는 언제 터져도 이상하지 않은, 말하자면, 이념적 사고라고 할 수 있다. 신약성경의 "하늘에서처럼 땅에서도"의 메시지가 뒤로 밀려나고, 죽음 이후 영혼이 하늘로 올라가는 식이든, 주님의 재림 시 '휴거'의 방식이든, '천국에 간다'라는 소위 '영적' 가르침이 전면에 나설 때면, 언제든 기독교 민족주의

---

54. 이 변화에 대해서는 다음을 보라. Brent Nongbri, *Before Religion: A history of a modern concept* (New Haven, CT: Yale University Press, 2013); and Wright, *History and Eschatology*, ch. 1.

55. 다음 책을 보라. Katherine Kelaidis, *Holy Russia? Holy War? Why the Russian Church is backing Putin against Ukraine* (London: SPCK, 2023).

56. 사무엘상 4:1-22.

* 반유대주의, 인종주의, 지도자 원리적 나치즘에 입각하여 나치주의적 기독교의 형성을 주장하고, 1932년부터 1945년까지 존재했던 나치스 정부 산하 독일 개신교 압력 단체.

는 상존하는 유혹이 된다.[57]

결과는 분명하다. '권세'가 여전히 조건을 정한다는 것이다. 이것은 언제든지 알아볼 수 있다. 우상은 희생을 요구하고, 종종 인간이 그 희생제물이 된다. 예수께서는 "이 세상에 속하지 않은" 그분의 나라와 "이 세상에 속한" 나라는 분명히 다르다고, 만일 그분의 나라가 평범한 나라와 같았다면 그분의 지지자들이 일어나 싸웠을 것이라고 말씀하셨다.[58] '기독교 민족주의'가 어떤 수준에서든 폭력과 폭력수단을 미화하는 문화와 손을 잡는 경우, 교회가 너무 분열되어 문제의 권세를 향해 진리를 집단적으로 증언하지 못하는 경우, 원수를 사랑하라는 성경의 지속적 주장과 단일한 다민족 예배 공동체라는 목표를 사람들이 무시하고 사실상 인종별로 분리된 집회를 선호하는 경우, 진리가 '나의 진리'와 '너의 진리'로 해체되거나 정치 지도자들이 너무나 명백하게 거짓말을 늘어놓아 더 이상 진리가 중요하지 않게 되는 경우, 이 모든 경우에는 그 '체제' 내에서 얼마나 많은 사람들이 스스로를 복음주의적(evangelish, evangelical)*이라고 생각하건 상관없이 복음(euangelion)이 부정되고 있는 것이다. 예

---

57. '휴거' 이론에 대한 비판으로는 다음을 보라. N. T. Wright, *Surprised by Hope: Rethinking heaven, the resurrection and the mission of the Church* (London: SPCK, 2007), ch. 8; and Bird, *Evangelical Theology*, 346-350.

58. 요한복음 18:36. 위에서 논의된 대로, 예수의 말씀은 그분의 나라가 '하늘에'만 있다는 뜻에서 '내세적' 나라를 의미하는 것으로 자주 오해되었다. 그리스어에서는 논점이 분명히 드러난다. 예수의 나라는 이 세상에서 기원하지 않지만, 분명히 이 세상을 위해서 만들어졌다.

* 전통, 법률, 전례 등의 외적 권위를 존중하는 '교회적'이라는 말과 반대되는 뜻으로 그리스도에 의한 구원의 말씀인 '복음'을 강조한다는 뜻. 독일에서 '복음주의적'이라는 말은 프로테스탄트적, 즉 개신교를 지칭한다.

수께서는 하나님의 성령의 역사를 마귀의 역사로 오인하지 말라고 경고하셨다. 반대 방향, 즉 사람들이 아무 생각 없이 '권세'를 섬기면서 자신이 하나님을 위해 일한다고 생각할 위험도 똑같이 존재한다.[59]

그러므로 구약성경에 나오는 권력의 의심스러움은 다른 방식으로 나마 교회의 삶에서도 반복된다. 이것이 오래된 실수의 반복 정도로 보일 수도 있지만, 사실은 그렇지 않다. '기독교인 군주'가 되려는 사람도 지위를 남용할 가능성이 있다. 선출직 공직자들도 비성경적인 행동과 태도를 일삼으면서 그에 대해 신자들의 지지를 얻겠다고 성경을 흔들어댄다면, 그것 또한 지위의 남용이다. 예수의 죽음과 부활, 승천으로 인해 근본적으로 새로운 상황이 만들어졌지만, (안타깝게도) 그것은 사도행전이 이미 지적한 것처럼, 그분을 따르는 이들이 큰 잘못을 저지르지 않을 것이라는 뜻은 아니다. 교회사 연구는 비기독교인에 대한 박해, 십자군 전쟁, 종교 재판, 거룩한 (그리고 피비린내 나는) 혁명 등 수많은 부끄러운 사건들에 집중해서 이루어진다. 그러다 보니, 이런 눈에 띄는 악행들에 눈길이 쏠려 수백만 명의 평범한 신자들이 최선을 다해 산상수훈을 실천하며 살았다는 사실은 잊어버리기 쉽다. 그들은 온유함과 애통함, 마음의 청결과 정의에 대한 갈망을 통해 복음의 불꽃을 이어왔다. 유명한 자칭 '기독교' 지도자 한 사람이 거짓과 오만, 탐욕과 권력욕

---

59. 마태복음 12:32. 요한복음 16:2 참조.

에 사로잡혀 선의의 추종자들을 싸움으로 이끌 때, (하나님께 감사하게도) 남녀를 막론하고 수많은 무명의 영웅들이, 지도자가 되고자 하는 사람은 모든 사람의 종이 되어야 한다는 예수의 말씀을 따르고자 애썼다.

10. 대관식과 새 창조 사이

이제 다시 찰스 3세의 대관식으로 돌아가 보자. 계몽주의 이후의 세계에서 입헌군주제의 적절성을 놓고 영국을 비롯해 다른 나라에서도 논쟁이 계속 이어지고 있다. 이것은 지금까지 다룬 것들과 완전히 다른 문제이다. 그러나 [대관식에서] 총리가 이번 장 도입부에서 소개한 골로새서의 인상적인 구절을 읽기도 전에, 새로 즉위한 왕이 섬김을 받으러 온 것이 아니라 섬기러 왔다는 예수의 말씀을 인용한 것은 주목할 만하다. 찰스 왕이 그 말씀에 충실하게 살든 살지 않든, 그리고 영국이나 여러 나라의 다른 지도자들이 그 말씀에 주목하고 거기에 따르든 따르지 않든, 새 왕의 출발로서는 좋은 방법이었다.

예수 그분의 가르침과 모범에서 직접 나온 신약성경의 상당 부분은 권력을 근본적으로 재정의하고 있다. 그것은 약함 속의 권력, 겸손한 섬김을 통한 권력, 자기희생을 통한 권력과 그것이 이끄는 진정한 승리이다. 십자가에 못 박히고 부활하신 예수께서는 그분을 따르는 이들에게 이렇게 선언하신다. "나는 하늘과 땅의 모든 권세를 받았다."[60] 교회는 예수께서 하늘의 모든 권세를 가지고 계신다는 개념에 오랜 기간 꽤 만족했지만, 십자가와 부활과 영의 예수께서 이미 땅의 모든 권세를 보유하고 계신다는 것이 무엇을 의미하는지는 아직도 파악하지 못한 것 같다. 그 논의를 시작하는 좋은 방법은 시편 72편을 살펴보는 것일 테다. 시편 72편은 하나님의 진정한 왕의 우선적인 관심사는 가난하고 궁핍한 사람들을 돌보고 억압과 폭력에서 그들을 구해내는 것이라고 강조한다. 교회는 하나님과 화해한 '권세', 즉 창조주 하나님의 사랑과 치유하는 지혜와 정의를 세상에 비추는 참된 인간들이 서로 협력하여 세운 지혜로운 사회 구조를 향해, 이러한 하나님의 관심을 끊임없이 이야기해 줄 필요가 있다. 그리고 교회는 그 일을 할 때마다 계속 스스로 경계해야 한다. 다른 이들에게 설교한 후 정작 자신이 맡은 동일한 과업에서 실패하는 일이 없도록 말이다.

오늘날 교회의 사명은 화해의 대사가 되어 권력을 향해 진리를 말하고, 권세가 하나님과 화해하도록 만드는 것이다. 이것은 미래의 소망을 현재의 노력으로 제한하거나 무너뜨리려는 것이 아니다. 그보다는 지상에서 하는 우리의 수고가 앞에 있는 새 창조세계를 가리키는 표지가 된다는 것을 의미한다. 우리의 사명은 제국의 '종교 부서'가 되는 것이 아니라 하나님 나라의 건설에 기여하는 것이다. 그 일을 어떻게 해야 할까? 그 일은 어떤 모습으로 나타날까?

---

60. 마태복음 28:18.

4장
비전과 **소명**으로서의
하나님 나라

1. 두 영국 총리 이야기

토니 블레어가 영국 총리로 재임하던 시절(1997-2007)에 특별히 유명한 사건이 하나 있었다. 그가 「베니티 페어」 기자에게 신앙에 관한 질문을 받았을 때였다. 블레어가 미처 대답하기 전에 그의 미디어 고문인 알러스테어 캠벨(Alastair Campbell)이 불쑥 이렇게 말했다. "다우닝가에서는 신을 다루지 않습니다." 블레어 본인은 자신의 기독교 신앙을 숨기지 않았다. 공직을 떠난 후에는 로마 가톨릭교인이 되기까지 했다. 하지만 캠벨의 발언은 어느 정도 일리가 있었다. 블레어 총리는 신앙이 있었지만, 1990년대 말과 2000년대 초의 긴급한 문제들에 대해 종교 지도자들에게 정기적으로 문의하거나 상의하지 않았다. 블레어는 분명 진실한 신앙을 가진 사람이었지만, 재임 중 그의 신앙은 구획화되어 그의 정치적 비전과 분리되어 있었다. 그는 기독교 신앙과 정치적 비전을 통합한다는 의미에서 '하나님을 다루지'(do God) 않았다. 그의 정치적 비전은 냉소적 실용주의에서 벗어나 신자유주의적 이상주의로 기울었던 것 같다.

공평하게 말하자면, 이런 실패는 블레어만의 문제가 아니다. 계몽주의 이후 신, 종교, 교회는 줄곧 사적 영역으로 치부되었다. 치매에 걸려 위층 다락방에 갇힌 친척 노인처럼 말이다. 우리는 가끔 그를 방문할 수 있지만, 그가 아래층으로 내려와서 우리를 창피하게 만드는 일은 없어야 한다. 집에 손님이 있을 때는 특히 그렇다. 공공 정책에서 '하나님을 다루지' 않는다는 것은 무슨 일을 고려하든 종교는 무시한다는 뜻이다. 교회가 특정 주제에 대해 정당하게 할 말이 있어도, 제 일이나 신경 쓰고 쓸데없이 참견하지 말라고 대꾸한다는 뜻이다. 이것은 하나님은 '저 위'에 계시고 '여기 아래'의 일에는 거의 관여하지 않으시는, 2층으로 된 우주를 위한 처방이다.

이상하게도, 다른 영국 총리 데이비드 캐머런(David Cameron, 2010-2016)은 정반대의 견해를 보여준다. 캐머런은 자신의 신앙이 '복음주의적'이라고 주장하며 영국에서 종교가 더 큰 역할을 하길 원했고, 영국의 기독교 유산을 존중했다. 동료 신자들에게 기독교적 견해를 더 자신 있게 드러내라고 촉구했다.[1] 심지어 캐머런은 영국 교회가 믿는 바를 정확하게 진술하지 않고 모호하며 흐릿하다고 비판하기까지 했다. 하지만 그는 2015년에 영국 교회가 여성 주교 임명을 승인하지 않았을 때 답답함을 느꼈다. 그래서 그는 영국 의회가 교회 내의 양성 평등과 관련하여 교회가 '대세를 따르도록' 강요할 방법을—이 표현에 주목하라—확실히 검토하겠다고 말했다.

우리 필자들은 여성을 주교로 임명하는 것이 옳다고 믿고, 또 그 이후로 여성 주교 임명이 실현되었지만, 캐머런의 노골적인 개입주의 견해에도 똑같이 경악을 금치 못했다. 교회 내부의 일에 정치적으로 간섭하겠다는 캐머런의 위협에는 노골적인 '에라스투스주의'(Erastianism)의 기미가 보인다. 에라스투스주의는 국가가 종교적

---

1. Rowena Mason, "David Cameron: I Am Evangelical about Christian Faith", *The Guardian*, 17 April 2014: https://www.theguardian.com/politics/2014/apr/16/david-cameron-evangelical-about-christian-faith (2023년 8월 18일 접속).

문제까지 지시할 정도로 교회 위에 군림한다는 견해이다. 대세에 따르는 것은 교회가 항상 저항해야 하는 유혹적인 욕망이다. 시대 정신은 어쨌든 변덕스럽기로 악명이 높다. [시대정신을 따르느니] 차라리 안개 속을 걸을 때 산양을 나침반 삼아 방향을 확인하는 편이 나을 것이다. 게다가 교회는 내키지 않아도 당국자들에게 "우리는 사람이 아니라 하나님께 복종해야 합니다"[2]라고 말해야 할 때가 있다는 사실도 기억할 필요가 있다. 교회는 누군가가 벌이는 일을 종교적으로 보증하기 위해 존재하는 게 아니다.

블레어와 캐머런이 정치 영역에서 교회의 위치에 대해 상반된 반응을 대표한다는 것은 묘한 일이다. 교회와 그 메시지는 천상의 다락방으로 추방되거나, 국가의 하수인이 되어 지도자의 의지와 변덕에 휘둘리는 신세가 된다. 우리는 기독교 정치인이 진지한 기독교 정치신학을 심사숙고하지 않을 때 어떤 일이 일어나는지 보여주는 대표적 사례가 블레어와 캐머런이라고 말하고 싶다.

사실 모든 기독교인은 사인이든 공인이든 사람들 앞에서 기꺼이 '하나님을 다루어야' 한다. 우리 자신과 우리 교회, 우리 도시와 세상에 대해 복음이 함의하는 바에 관심을 가져야 한다. 올리버 오도노반은 다음과 같이 그것을 잘 표현했다.

---

2. 사도행전 5:29. 그리고 사도행전 4:19. "그러나 베드로와 요한은 이렇게 대답했다. '하나님보다 여러분에게 귀 기울이는 것이 하나님 앞에 옳은 일인지 여러분이 판단해 보십시오!'"

신학이 복음적이 되려면 정치적이어야 한다. 정치적 질문을 배
제하면 하나님의 구원 능력에 대한 선포기 기로막히고, 사람들
이 자신의 죄와 타인의 죄로부터 자유로워져야 할 곳에서 노예
상태로 방치된다.[3]

예수님을 주님으로 모시는 일과 다른 이들과 공동체로 영위하
는 삶을 살면서 그분의 주권을 인정하는 일에 헌신한다면, 우리에
게 다른 선택지는 없다. 분명히 말하지만, 기독교가 정치를 장악해
야 한다는 말이 아니다. 다만 분쟁, 공포, 폭정, 비극의 시대에는 기
독교적 증언이 있어야 한다는 말이다. 그 이유는 간단하다. 이곳은
하나님 나라이기 때문이다. 예수께서 왕이시며 그분의 왕권이 우리
가운데 역사하신다는 것을 믿기에 우리는 영적인 영역이라는 다락
방으로 물러설 수 없다. 우리에게는 선포해야 할 복음이 있고, 상처
입은 세상은 치유와 소망을 달라고 부르짖고 있다. 다름 아닌 예수
께서 만왕의 왕이시기에, 우리는 예수께 예배와 충성을 바친다. 물
론 그 와중에도 우리는 지상의 군주와 국가의 장관들이 요구하는
중보기도와 세금, 조언, 봉사를 바칠 수 있다. 그런 봉사는 나름대
로 인간사에 대한 하나님의 목적을 진전시키는 일이기 때문이다.
　　아리스토텔레스는 인간이 사회적 존재이며, 어떤 좋은 목적을
중심에 놓고 시민 생활을 꾸려가기 원한다는 점에서 '정치적 동물'

---

3. Oliver O'Donovan, *The Desire of the Nations: Rediscovering the roots of political theology*
　　(Cambridge: Cambridge University Press, 1996), 3.

이라고 말했다. 성경에도 비슷한 개념이 있는데, '정치적 동물'이라 말하는 대신에 우리에게 '하나님의 형상'이 있다고 말한다. 하나님의 형상은 창조세계에 대한 하나님의 주권적 통치를 반영해야 할 인간의 소명을 뜻하며, 우리가 추구하고 지향하는 선한 목적은 '새 하늘과 새 땅'이다.[4] 예수와 그의 교회는 이 인간의 소명을 포기하지 않았다. 오히려 예수께서는 그 소명을 궁극적으로 실현하실 주체요, 그의 교회는 그 이전까지 그 소명을 수행해야 할 주체이다. 정부와 같은 인간 제도를 구속(救贖)하는 일, 창조세계를 가꾸는 일, 인간제도와 창조세계를 선하게 만드는 일, 그것들을 하나님이 정하신 목적에 합당하게 만드는 일 등, 이 모든 것이 때가 이르기 전까지 하나님 나라를 준비하는 과정이다. 때가 이르면 하나님 아버지께서 예수와 그의 교회 안에서 이루실 통치를 궁극적으로 드러내실 것이다. 그때 "모든 것이 그[예수]에게 굴복"하고 "우리[교회]는 그와 함께" 치유된 거룩한 세상을 "다스릴" 것이다.[5] 예수를 따르는 이들은 공적 활동과 섬김으로 하나님 나라의 건설에 기여한다. 그렇다면, 제임스 스킬렌(James Skillen)이 말하듯이, "이 시대의 정치적 책임은 그리스도의 나라와 분리된 별도의 다른 나라에 속하는 것이 아니라, 하나님과 이웃에게 섬김의 빚을 진 전 세계 사람들이 아직 완전히 드러나지 않은 유일한 하나님 나라 안에서 행해야 할 섬김

---

4. 창세기 1:27-28, 요한계시록 21:1.
5. 고린도전서 15:28, 디모데후서 2:12.

의 방식들 중 하나이다."[6]

그러므로 우리는 '하나님을 나누어야'(do God) 한나. 즉 하나님 나라의 소명이 우리에게 요구하는 대로 공적 영역, 정치, 그리고 다양한 문제들에 적극적이고 능동적으로 참여해야 한다. 기독교인들이 정치권력의 유혹을 두려워하여 카타콤에 숨어 있으면 안전할지 몰라도, 제자도는 그런 방식으로 이루어지지 않는다. 우리는 예수께 충성하고 예수를 본받는 삶, 그래서 다른 사람들에게는 이상하게 보이는, 확연히 빛나는 삶을 살아야 한다. 기독교인과 다른 이들을 구별하는 요소는 언어, 음식, 복장, 관습이 아니라, '특이한 삶의 방식'과 '하나님 나라 시민의 이상한 특성'이다.[7] 원한다면 이런 차이를 믿음, 사랑, 소망, 미덕으로 요약해도 좋을 것이다. 이것들은 신자가 공적 영역에서 세상을 위해 발휘하는 덕목이다. 아우구스티누스는 '하나님의 도성'이 '지상의 도성'과 공간적으로 분리되어 있지 않다고 이해했다. 왜냐하면 하나님의 도성은 하나의 장소가 아니라, 이 세상 안에서 이루어지는 순례이기 때문이다. 순례자는 정부와 같은 현세적 선을 사용하되 그것을 숭배하거나, 권력을 우상으로 섬겨 타락하지 않고 하나님이 원하시는 목적을 위해 쓸 수 있다.[8] 하늘의 시민들이 이렇게 행하면 지상의 혼돈 속에서 하늘의 평화를 알리는 걸어 다니는 표지판이 될 것이고, 영혼이 몸에 생명

---

6. James W. Skillen, *The Good of Politics: A biblical, historical, and contemporary introduction* (Grand Rapids, MI: Baker, 2014), 34.

7. *Epistle to Diognetus* 5.2, 4 (trans. R. Brannan); cf. Augustine, *City of God* 19.19.

8. Augustine, *City of God* 19.17.

을 주듯 세상에 생명을 주는 세력이 될 것이다.[9]

하지만 공적 제자도를 실천하는 일에는 항상 위험 요소가 가득하다. 우선, 기독교인들은 국가에 휘둘리거나 강압에 넘어가 교회 내부의 일치된 의견에서 벗어나거나, 성경적 추론과 공식화된 신조에 부합하지 않는 일들을 수용하지 않도록 조심해야 한다. 또한 우리는 신보수주의 우파나 급진 좌파의 비전에 영합하지 않고, 우리 자신의 양심과 신념에 따라 행동할 용기를 가져야 한다. 우리는 그분의 이름으로 두 손을 모으고 기도하는 것만큼이나 두 손에 지상의 수고라는 흙손을 잡으라고 명하시는, 왕이신 예수의 상징과 이야기와 메시지 안에서 신실하게 살아가야 한다. 그렇다면 어떻게 해야 영적 고립주의의 함정에 빠지거나 특정 정치세력의 포로가 되지 않으면서 하나님 나라 건설에 기여할 수 있을까?

2. 십자가와 하나님 나라의 문제를 재검토하기

당장 고민해야 할 점은 주 예수에 대한 우리의 깊은 신념과 그분의 이름으로 추구하도록 부름 받은 신앙의 삶을 어떻게 통합하느냐이다. 톰 라이트는 더럼의 주교로 있던 시절에 여러 면에서 영국 교회가 가진 신학적 다양성의 축소판이라 할 수 있었던 주교구

---

9. 이 부분에서도 다음 두 자료가 공통적 정서를 공유한다. *Epistle to Diognetus* 6.1 and in Augustine, *City of God* 19.17, 20.

를 섬겼는데, 이 주교구 내의 교구들은 복음주의적 신념과 정의를 추구하는 열정적 활동 사이에서 균형을 삽는 문제로 어려움을 겪고 있었다.

한편으로 주교구 내에는 자랑스럽게 개혁주의적 설교를 하는 교회들이 있었다. 그 교회들은 성경의 권위를 확고하게 받아들이고, 은혜의 교리를 맛보았으며, 십자가의 메시지를 충실히 선포했다. 그 메시지에서 그들은 복음의 핵심인 속죄와 이신칭의, 그리고 예수께서 우리를 위해 자신을 희생 제물로 드리신 것을 제대로 이해하고 있었다. 그들은 바울의 서신들을 사랑했다. 하지만 복음서에서 같은 내용을 찾는 일에는 어려워했다. 예수와 그분의 하나님 나라 메시지, 치유 사역이 마치 바울서신의 준비 단계에 불과한 것처럼 느껴졌다. 사실 예수께서 동정녀에게서 태어나 십자가에서 죽기만 하셨다면, 스완지나 뉴저지에서 사셨더라도 별문제가 없을 것처럼 보였다. 아니 역사상 어느 시대라도 상관없을 것 같았다. 예수께서는 바울의 십자가 메시지를 위한 신적 도구였을 뿐이다. 그것이 하나님 나라와 무슨 관련이 있는지는 수수께끼에 가까웠다.

반면에 그 주교구의 다른 교회들은 메시지와 삶의 방식으로서의 예수의 나라에 헌신했다. 그들에게 제자도는 예수를 본받는 것이었다. 곧 그의 비유를 실천하며 살고, 병자를 위해 기도하고, 긍휼을 기르고, 가난한 사람들을 돕는 것을 의미했다. 그들은 복음서를 읽으면서 예수를 사회정의의 선구자로 보았는데, 그중 몇몇은 예수께서 그토록 젊은 나이에 십자가에 못 박히신 것을 안타깝게 생각할 정도였다. 그 이전까지 그는 승승장구하고 있었기 때문이다. 그런 교회들은 복음서를 매우 편안하게 여겼지만, 바울서신과 히브리서를 읽는 데는 어려움을 겪었다. 예수께서는 분명 소외되고 억압받는 사람들의 옹호자이셨고, 지금 교회가 있어야 할 곳은 바로 그들 곁이었다. 그의 십자가 처형, 죽음, 우리의 도덕적 빚을 갚으신 일에 집착하는 주장은 그들에게 너무 섬뜩하거나 중세적인 말처럼 들렸다.

독자도 알아볼 수 있겠지만, 두 유형의 교회는 모두 정말로 올바르고, 참으로 진실하고, 진정 기독교적인 것을 포착했다. 그러나 그들은 한 세트인 **십자가**와 **하나님 나라**를 분리했다. 그 결과로 도움이 안 되는, 다음과 같은 일련의 이분법이 생겨났다. 속죄냐 치유냐, 십자가냐 면류관이냐, 하나님의 용서냐 변화시키는 사랑이냐.

문제는 선의의 사람들이 예수의 십자가와 하나님 나라가 어떻게 연결되는지 모른다는 것만이 아니다. 그보다 훨씬 더 큰 문제는 십자가와 하나님 나라는 서로가 없이는 이해할 수 없게 된다는 점을 그들이 파악하지 못한다는 데 있다.[10] 이것을 파악하는 것은 기독교 선교를 신학적으로 올바르게 이해하는 데 필수적이다. 십자가와 하나님 나라가 어떻게 함께 가는지 이해한 후에야 비로소 기

---

10. 자세한 내용은 N. T. Wright, *How God Became King: Getting to the heart of the Gospels* (London: SPCK, 2012)를 보라. 이와 더불어 Jeremy R. Treat, *The Crucified King: Atonement and kingdom in biblical and systematic theology* (Grand Rapids, MI: Zondervan, 2014)의 언급도 참고할 만하다.

독교인이 어떻게 예수의 죽음의 흔적과 그의 나라의 메시지를 지니게 되는지 숙고할 수 있기 때문이다. 우리는 십자가 중심의 교회나 하나님 나라 중심의 교회 중 어느 하나에 만족할 수 없다. 둘 다 갖추어야 한다. 그렇지 않으면 설교는 빈곤해지고, 우리의 신앙에는 예수의 하나님 나라 사역에 스며있는 행함이 부족해질 것이다. 그렇기에 교회 생활을 통해 복음서를 정기적으로 접해야 한다. 복음서는 왕이신 예수 안에서 하나님이 왕이 되시는 이야기를 들려주는데, 십자가 처형이 바로 그 이야기의 중심이다.

복음서 기자들 모두가 전하는 이야기는 십자가와 하나님 나라라는 두 가지 주요 주제를 아름답게 결합하고 있다. 그들은 이스라엘 메시아의 행적과 고난, 죽음과 부활이 어떻게 전 세계에 그의 주권적 나라를 가져오는지에 대한 이야기를 들려준다. 그 나라에는 화해와 용서, 해방과 정의가 있다. 우리 위, 저 높은 곳에서 선포된 정의가 아니라, 우리에 관한, 우리 안에 있는, 우리를 위한 정의이다.

수 세기에 걸친 속죄 신학은 예수의 죽음이 우리를 죄에서 구원한다고 말하는 다양한 방식을 탐구했다. 그러나 그것은 예수 안에서 이루어진 하나님 왕권의 도래와 동떨어져 있었고, 하나님이 예수를 '주'와 '메시아'로 높이신 것과도 분리되어 있었다. 그래서일까? 전통적인 속죄 신학은 내가 볼 때는 기이하게도 복음서를 주요 자료로 삼지 않았다. 다만 몸값에 관해 말하는 마태복음 20장 28절과 마가복음 10장 45절 말씀은 예외이다.[11] 그러나 이 두 본문에서도 섬기고 구속하는 존재는 '인자', 즉 이스라엘의 최고 대표자인 사람이며 이사야의 고난 받는 종의 역할을 감당하는 분임을 잘 기억해야 한다.[12] 예수의 자기 묘사는 그가 고난받는 의인, 즉 죽음의 성소에 들어가 다른 사람들을 위해 자신의 목숨을 몸값으로 바치는 자이고, 결국에는 생명의 빛으로 구출되리라는 것을 암시한다. 이런 일이 일어나는 것은 그 자신만을 위해서가 아니라 하나님 '나라'가 세상에 침입하고 돌파하여 하나님의 백성이 그의 승리와 통치에 참여하게 하기 위함이다.

그런가 하면, 반대로 전통적인 하나님 나라 신학은 하나님이 압제받는 자들을 해방시키심을 강조하면서도 십자가에 대해 너무 많이 말하는 것은 꺼려왔다. 하지만 복음서 기자들이 더할 나위 없이 명백하게 말하는 내용을 사람들은 이상하게도 놓치고 있다. 예수께서는 '하나님 나라'를 선포하시고 실제로 보여주시지만, 우리는 이야기의 절정에 등장하는 십자가 위의 죄패(titulus)에서 거기 못 박히신 분의 왕권에 대한 적나라한 선포를 발견한다.[13] "이 사람은 유대인의 왕 예수다"라는 빌라도의 잔인한 조롱의 말은 왕이 되고자

---

11. "인자가 바로 그렇다. 인자는 섬기는 자들을 자기에게 복종시키려고 온 것이 아니라 섬기는 자가 되려 왔다. 그리고 자기 목숨을 '많은 사람을 위한 몸값'으로 지불하러 왔다"(마20:28). "알지 못하 겠느냐? 인자는 섬김을 받으러 온 것이 아니다. 인자는 섬기는 자가 되러 왔고, 자기 목숨을 '많은 사람을 위한 몸값'으로 지불하러 왔다"(막10:45).

12. 이사야 52-53장.

13. 마태복음 27:36-37.

하는 모든 사람의 마음에 공포심을 심어주기 위한 것이었지만, 그 안에 깜짝 놀랄만한 진실이 담겨 있음이 드러났다. 이것이 바로 하나님 나라가 임하는 방식이다. 이것이 권능의 하나님 나라이고, 하나님의 구원의 통치이며, 이스라엘의 왕이 그의 백성을 구원한 사건이다.[14]

그런데 네 복음서 모두 이 사실을 단순화하지 않는다. 이것은 하나님 나라의 도래이고, 이스라엘 하나님의 주권적 통치가 하늘에서처럼 이 땅에 임한 일이며, 다윗의 진정한 아들이자 후계자인 '메시아'께서 그 통치를 행사하신 일이다. 하나님 나라는 메시아의 죽음을 통해 임한다. 하나님 나라가 십자가에 의해 재정의된다고 해도, 그것은 여전히 하나님 나라이다. 십자가가 하나님 나라를 가져오는 사건이라고 해도, 그것은 여전히 한편으로 끔찍하고 잔인한 불의의 행위이며, 다른 한편으로 강력하고 구원을 일으키는 하나님의 사랑의 행위이다. 이 두 가지 의미는 극적이고 충격적이지만 영구적 관계로 이어진다. 궁극적으로 십자가는 하나님 나라를 재정의하는 예리한 칼날**이며**, 재정의된 형태의 하나님 나라도 마찬가지로 십자가의 궁극적 의미**이다**.

하나님 나라의 선포와 하나님 나라의 실천이 어떻게 조화를 이루는지는 어렵지 않게 알 수 있다. 예수께서는 사람들에게 "하늘나

---

14. "하나님 나라가 권능으로 임하는 것"에 대한 초기 기독교의 견해에 대해서는 다음을 보라. N. T. Wright, *History and Eschatology: Jesus and the promise of natural theology* (Waco, TX: Baylor University Press, 2019), ch. 4.

라가 오고 있"으니 "회개하라!"고 말씀하셨고, "사람을 낚게" 하시려고 베드로와 안드레를 특별히 부르셨다.[15] 그다음 예수께서는 갈릴리를 다니시면서 "그 나라의 좋은 소식을 **선포하시고**, 사람들이 앓고 있는 모든 질병을 **고쳐주셨다.**"[16] 그의 설교와 치유와 성령의 능력에 힘입은 축사(逐邪)는 "하나님 나라가 너희 집 문턱에까지 다다른" 증거였다.[17] 뿐만 아니라 베드로는 나중에 예루살렘 사람들에게,[18] 유대 통치자들에게,[19] 그리고 가이사랴의 고넬료 같은 이방인들에게 예수의 메시지를 선포하게 된다.[20] 베드로의 설교는 성경의 성취라는 주제에 흠뻑 잠겨서 예수의 메시지와 그분의 공적 경력을 요약했다. 그 설교는 예수의 끔찍한 죽음을 언급하는 데 주저하지 않았다. 그 설교는 예수의 부활과 승천을 기뻐했고, 사람들에게 회개하고 세례를 받으라고 촉구하는 것에서 절정을 이루었으며, 믿음으로 응답하는 모든 이에게 죄 사함과 성령의 은사를 약속했다. 그와 동시에 베드로는 예수께서 하셨던 것처럼 걷지 못하는 거지를 고쳐주며, 그분의 공적 사역을 이어갔다.[21] 예수께서 하셨던 것처럼 중풍병자를 고쳤고,[22] 예수께서 과부의 아들을 위해 하신 것처

---

15. 마태복음 4:17-19.
16. 마태복음 4:23, 강조 추가.
17. 마태복음 12:28.
18. 사도행전 2:22-36, 3:12-26.
19. 사도행전 4:8-12.
20. 사도행전 10:34-46.
21. 마가복음 10:46-47, 사도행전 3:1-10.
22. 마가복음 2:1-12, 사도행전 9:32-35.

럼 죽은 과부를 소생시켰고,[23] 예수께서 하셨던 것처럼 예루살렘 지도자들 앞에서 증언했다.[24]

누가는 교회의 메시지를 "하나님 나라와 메시아 예수의 이름에 관한 메시지"로 축약했다.[25] 그 메시지가 선포되고 그 귀한 사역이 이루어질 때, 사람들이 회개하고 믿으며, 많은 수가 '주께로 돌아온다.' 더욱이 세례와 치유, 온갖 억압에서의 구출, 무고한 사람들에게 자행되는 불의에 대한 고발, 그리고 인간의 권위가 아니라 하나님께 순종해야 한다고 권력자들에게 말하는 일들이 이루어진다. 교회는 하나님 나라 자체가 아니다. 하나님 나라는 예수의 치유의 승리를 통해 새로운 방식으로 세상을 다스리는 유일하신 참 하나님의 행위이다. 사람들은 예수를 따르는 이들의 설교와 기도, 강력한 치유 사역을 통해 이 새로운 현실에 속하게 되고, 그런 의미에서 '그 나라 안으로' 들어온다.

'잃어버린' 사람들에게 십자가를 전하는 일은 이 교회에서 이루어지고, 가난한 사람들을 위한 자비의 행위는 저 교회에서 이루어지리라는 생각은 여기서 찾아볼 수 **없다**. 하나님 나라를 진전시킨다는 것은 예수로부터 나온 복음, 예수에 관한 복음을 전파하는 것을 의미한다. 하나님 나라 사역은 예수께서 곤궁에 처한 개인들 사이에서 직접 하셨던 것과 같은 일을 계속하는 것이며, 자기 확신에

---

23. 누가복음 7:11-17, 사도행전 9:36-43.
24. 마가복음 14:53-65, 사도행전 4:1-21.
25. 사도행전 8:12.

찬 종교인들에게 도전하고, 억눌리고 잊힌 사람들에게 긍휼을 베풀고, 심판을 경고하고, 하나님의 관대한 용서를 믿으라고 권면하고, 정치권력의 전당에서 진리의 말을 전하는 것이다. 십자가에 못 박히고 부활한 왕이신 예수께서는 우리를 하나님 나라를 향한 충성과 하나님 나라의 행위로 부르시는데, 그 충성과 행위는 겸손한 십자가의 형태로 이루어지고, 거기서 새 창조의 생명이 터질 듯 넘쳐나는 것이다.

이렇게 십자가와 하나님 나라가 통합되면 하나님 나라를 바라보는 십자가 형태의 관점이 만들어지고, 그 관점이 삶의 모든 영역으로 흘러 들어간다. 하나님 나라는 창조주 하나님의 치유하고 구원하시는 주권이 예수의 죽음과 부활을 통해 영의 능력으로 역사하여 미래에 하늘과 땅의 완성을 이루는 것이다. 이 궁극적인 미래는 예수를 따르는 모든 이들이 십자가 형태로 감당하는 소명 안에서 현재에 선취된다. 그들은 여러 다양한 부르심 가운데 지금 여기에서 그 나라의 건설에 기여하고 있다.

3. 하나님 나라의 건설에 기여함

많은 사람들이 '하나님 나라 건설에 기여함'이라는 표현에 알레르기 반응을 보일 수 있는데, 이는 하나님 나라가 예수를 따르는 우리 자신의 소명을 통해 진전되거나 구현되거나 추진된다는 느낌을 받기 때문이다. 이 표현은 마치 우리 힘으로 지금 여기에서 하나님 나라가 이루어질 수 있다는 듯한, 지나치게 사신만만한 말로 들릴 수 있다. 따라서 몇 가지 단서를 달고 설명을 추가하는 것이 도움이 될 것이다.

첫째, 하나님 나라는 하나님이 건설하신다. 그 나라는 인간의 손으로 만들어지거나 건설되지 않는다. 하지만 그렇다 하더라도 하나님은 그분의 일을 그분이 세계에 부여하신 질서에 따라 정확히 그분의 피조물들, 특히 그분의 형상(image)을 반영하는 인간들을 통해 이루어지도록 하셨다. 이것이 바로 "하나님의 형상대로 지음 받았다"라는 말이 지닌 핵심적 의미이다. 하나님은 친히 창조하신 인간들을 통해 그분의 지혜롭고 창조적인 사랑의 임재와 능력이 그분의 세상에 반영되기를, 달리 표현하자면, '비치기'(imaged)를 원하신다. 하나님은 창조의 프로젝트와 새 창조에서 청지기로 일하도록 우리를 불러내셨다.

하나님의 통치에 피조물이 참여한다는 개념은 성경 이야기의 구조에 깊이 배어있고, 복음의 일부이며, 미래에 대한 하나님의 약속에서도 찾아볼 수 있다. 동산에서 아담의 임무는 창조세계를 다스리는 왕이자 그곳의 대제사장이 되는 것이었다.[26] 반역과 타락의 재앙에도 불구하고, 하나님은 여전히 인간을 그분의 창조세계의 관리자로 부르셨다. 이것이 시편 기자가 "주의 손으로 만드신 것을 [인

---

26. 창세기 1:26-29.

간들이| 다스리게 하시고 만물을 그의 발 아래 두셨"다는 사실을 찬양하는 이유이다.[27] 그 임무는 물론 예수의 높아지심에서 절정에 이른다. 왜냐하면 예수께서는 영화롭게 된 상태에서도 (그리고 정확히 그런 상태에서!) 인성을 유지하시고, 바로 인간으로서, 참 인간이자 참 하나님으로서 우주의 통치자로 계시기 때문이다. 사람들이 시편 8 편을 현재 하나님의 통치가 나타나는 통로이자 새 아담이신 예수께 적용한 것은 당연한 일이었다.[28] 하지만 그것이 전부가 아니다! 성경의 저자들에 따르면, 새 창조세계는 교회가 하나님의 새로운 세상에서 예수와 함께 통치하는 모습을 보여줄 것이다.[29] 하나님은, 그분께서 예수의 사역과 성령의 능력을 통해 인간들을 준비시키셔서 그들이 창조 프로젝트를 정상 궤도로 돌려놓는 일을 도우시고 다가올 시대에 창조세계의 완전함에 참여하게 하신다는 사실을 복음의 메시지 안에 담아 놓으셨다.

따라서 우리에게는 하나님을 대신하여 피조물을 다스린다는 인류의 소명이 있고, 지금 하늘에서 하나님 아버지의 공동 통치자로 높아지신 예수, 그리고 그 예수와 함께 새 창조세계를 다스리게 될 교회에 대한 약속이 있다. 그렇다면 하나님의 통치에는 피조물이 인간을 통해서 신적 다스림에 참여하는 것이 분명히 포함된다. 하나님이 세상을 바로잡으시고 새롭게 만드시는 일은 지금도, 다가올

---

27. 시편 8:6.
28. 고린도전서 15:27-28과 히브리서 2:5-9를 보라.
29. 디모데후서 2:1과 요한계시록 5:10, 22:5를 보라.

시대에도, 높아지신 예수와 그분의 충성스러운 신하들을 통해 일어난다. 따라서 우리의 노력으로 하나님 나라를 건설하려는 시도에 반대하는 것이 겸손하고 경건해 보일지 몰라도, 우리 주인께서 자원봉사자를 찾고 계실 때 초조하게 곁눈질하며 책임을 회피하는 방식이 될 수도 있다.

둘째, 우리는 하나님 나라의 최종적 나타남과 그 나라의 현재적 선취를 잘 구분해야 한다. 물론 하늘과 땅의 최종적인 결합은 하나님이 행하시는 최고의 새 창조 행위로서, 첫 창조를 제외하면 그에 대한 유일한 실제 원형은 바로 예수의 부활이다. 하나님은 홀로 그리스도 안에서 모든 것을, 실로 하늘과 땅에 있는 모든 것을 통합하실 것이다.[30] 그분께서 홀로 "새 하늘과 새 땅"을 만드실 것이다. 우리의 수고가 그 마지막 위업에 도움이 될 수 있다고 생각한다면, 그것은 자신을 속이는 일이요 그지없이 어리석은 일이 될 것이다.

그러나 우리가 복음의 부름에 순종하고 예수를 신실하게 따르고 성령이 우리 안에 거하신다면, 우리가 지금 할 수 있고 또 해야 하는 일은 하나님 나라 건설에 기여하는 것이다. 톰은 그의 책『하나님의 아들의 부활』을 마무리하면서 고린도전서 15장 58절을 매우 신중하게 언급했다. 이 구절에서 바울은 장차 부활이 있을 것이라는 사실을 부인하는 사람들에게 길고 다소 격앙되게 답변한 후 이렇게 말한다. "내 사랑하는 가족이여, 그러므로 단단히 서서 흔들

---

30. 에베소서 1:10을 보라.

리지 말고 늘 주의 일로 넘쳐나게 하십시오. 알다시피, 주 안에서 여러분이 하는 수고가 결코 헛되지 않을 것입니다." 이 말의 배경이 되는 이야기는 하나님이 모든 것을 예수의 발 아래 두고자 하신다는 것이다.[31]

그러나 지금은 '모든 것'이 그분의 발 아래 있는 모습이 보이지 않으므로, 교회는 예수의 우주적 주권을 위해 세상을 준비시키는 임무를 바쁘게 감당해야 한다. 우리는 예수의 부활이라는 새 창조의 생명에 연합되었기 때문에, 우리가 하는 일이 '무가치'하거나 '헛되지' 않음을 알고서 하나님 나라의 일에 헌신할 수 있다. 게다가, 이 부분이 더 결정적인데, 우리가 하는 일은 최종적인 새 창조로 이어지기 때문에 중요하다. 우리는 세상을 어설프게 손보다가 그곳을 떠나라는 부름을 받은 것이 아니다. 우리의 소명은 창조세계의 완성을 위해 그 세계를 관리하는 것이다. 우리는 절벽 아래로 떨어질 기계의 바퀴에 기름칠하는 것이 아니다. 곧 불 속에 던져질 위대한 그림을 복원하는 것이 아니다. 곧 파헤쳐져서 건축 부지가 될 정원에 장미를 심는 것도 아니다. 이 말이 부활만큼이나 믿기 어렵고 이상하게 들릴지 모르지만, 우리는 적절한 때에 하나님의 새로운 세상의 일부가 될 무언가를 성취하고 있는 것이다.

이것이 사실이라면 어떻게 될까? 그렇다면 사랑과 감사와 친절에서 나오는 모든 행위, 하나님의 사랑과 그분의 창조세계의 아름

---

31. 고린도전서 15:24-28, 히브리서 2:7-9. 물론 이 내용은 시편 8:6으로 거슬러 올라간다.

다움에 대한 기쁨에서 영감을 얻은 모든 예술 작품과 음악, 중증 장애 아동에게 읽기나 걷기를 가르치는 모든 순간, 죽어가는 환자를 돌보는 모든 행위, 난민을 위로하고 지원하는 모든 행위, 동료 인간을 위해 하는 모든 행위부터 창조 질서를 보존하고 아름답게 가꾸기 위한 모든 일, 성령이 이끄시는 모든 가르침, 복음을 전파하고 교회를 세우며 거룩함을 포용하고 구현하는 모든 행위, 마음의 소원을 아뢰는 모든 기도, 세상에서 예수의 이름을 존귀하게 하는 모든 예배에 이르기까지, 이 모든 것이 하나님의 부활의 능력을 통해 그분이 언젠가 이루실 새 창조에 포함될 것이다. 이것이 하나님 선교의 논리이다. 하나님은 예수의 부활과 함께 그분의 놀라운 세계를 재창조하기 시작하셨고, 하나님의 백성이 부활하신 그리스도와 그의 영의 능력 안에서 살아갈 때 재창조의 과정은 신비롭게 계속된다. 이것은 우리가 지금 그리스도 안에서 그 영의 힘으로 하는 일이 허비되거나 버려지거나 폐기되지 않는다는 뜻이다. 우리의 거룩한 수고는 오래도록 지속되어 하나님의 새로운 세상에서도 이어질 것이다. 사실 거기서 더욱 고귀해질 것이다.

이것이 실제로 정확히 무엇을 의미할지 우리는 모른다. 우리는 지금 이정표를 세우는 것이지, 이정표가 가리키는 곳에 도착해서 발견하게 될 광경을 사진처럼 보여주는 것이 아니다. 우리가 분명히 아는 것은 부활절 아침 예수께서 무덤에서 나오셨을 때, 온 땅을 위한 정의와 기쁨, 소망으로 가득한 하나님의 새로운 세상이 시작되었다는 사실이다. 또한 우리는 예수께서 그를 따르는 이들을 그 안에서 그의 영의 능력으로 살도록, 그래서 지금 여기서 새 창조의 사람들이 되어 하나님 나라의 표지와 상징들이 하늘에서처럼 땅에서도 나타나게 하도록 부르셨다는 것을 안다. 예수의 부활 및 성령이라는 선물은 우리가 현재 시대의 한가운데서도 하나님이 새롭게 하신 창조세계의 실제적이고 효과적인 표지들이 나타나게 하도록 부름 받았음을 의미한다. 우리가 하나님의 창조세계 안에서 쇄신의 역사와 표지들을 만들어내지 않는다면, 악이 그러하고 제국이 자주 그러하듯이, 결국 혼돈 및 죽음의 세력과 결탁하는 것이 되고 만다. 그러나 부정적인 것에 집중하지 말자. 긍정적인 것을 생각하자. 하나님의 완전히 새로운 창조세계에 대한 놀라운 소망에 동참하라는 현재의 부르심을 생각하자.

낯설지만 중요한 이 관념을 설명하기 위해 우리가 사용하고자 하는 이미지는 거대한 대성당의 한 부분에서 작업하는 석공의 모습이다. 건축가는 이미 전체 설계도를 머릿속에 넣어둔 상태에서 어떤 돌들을 어떤 식으로 조각해야 하는지 석공 팀에 지시를 전달했다. 작업반장은 해당 작업을 팀원들에게 배분한다. 한 사람은 특정 탑이나 포탑에 쓸 돌을 다듬고, 다른 사람은 삭막한 직선에 변화를 주는 섬세한 패턴을 조각하고, 또 다른 사람은 가고일(gargoyles)이나 문장(紋章)을 만들고, 또 다른 사람은 성인, 순교자, 왕이나 여왕의 동상을 만들 것이다. 물론 그들은 다른 이들이 각자의 작업을 하고 있다는 것을 어렴풋이 알고 있을 테고, 성격이 완전히 다른 여러 부서가 각기 다른 작업으로 바쁘다는 것도 알고 있을 것이다.

그들이 자신의 돌과 조각상을 완성하고 나면 최종 건물에서 그것들이 어디에 자리 잡게 될지 모른 채 작품을 넘겨줄 것이다. 그늘은 자신이 '맡은 부분'이 표시된 전체 건물의 완전한 설계도를 보지 못했을 수도 있다. 또한 자신의 작품이 제자리에 놓인 완성된 건물을 보지 못하고 죽을 수도 있다. 그러나 그들은 건축가를 믿을 것이고, 그의 지시에 따라 진행한 수고가 헛되지 않을 거라고 생각할 것이다. 그들은 성당을 건설하는 것이 아니라 성당의 건설에 기여하고 있다. 대성당이 완성되면 그들의 작품은 더욱 고귀하고 숭고해질 것이며, 석공작업장에서 그것을 깎고 다듬을 때보다 훨씬 더 큰 의미를 지닐 것이다.

우리가 하나님 나라 건설에 기여하기 위해 지금 하는 일은 하나님이 정하신 시간에 그 나라가 마침내 완성될 때 온전한 의미를 얻게 된다. 이것을 교회의 사명에 적용하면, 우리가 지금 여기에 그 나라의 표지를 세움으로써 하나님이 "모든 것이며 모든 것 안에 계"실 때, 곧 그분의 나라가 임하고 그분의 뜻이 "하늘에서처럼 땅에서도" 이루어질 때, 모든 것이 어떤 모습일지 미리 보여주어야 한다는 뜻이다. 새 창조의 백성은 그 나라의 경이와 아름다움을 바라보면서 강렬한 기시감을 느끼게 될 것이다. 한때 들었던 기도가 다시 떠오르고, 한때 보았던 긍휼의 행위가 다시 펼쳐지고, 한때 불렀던 노래가 온 사방에 울려 퍼지고, 이전에 들었던 예수에 대한 설교가 이제 살아 움직이고, 정의를 촉구하던 외침이 이제 응답되고, 이전에 들었던 것보다 훨씬 아름다운 사랑이 나타난 것 같이 느껴질 것이다. 우리가 하나님 나라 건설에 기여하는 이유는 우리가 왕을 위해 하는 일이 그분의 나라에서도 그대로 이어지기 때문이다.

4. 나는 왜, 어떻게 이 나라의 건설에 기여할까?

독자는 이 글을 읽고 이렇게 생각할 수도 있다. '나는 목사도 총리도 아니고, 전도사도 기업가도 아니야. 나는 다른 사람들이 하나님 나라 건설에 기여하는 것을 옆에서 지켜보고 필요할 때 박수 치는 것으로 만족해.' 물론 우리 모두가 목사로 안수를 받거나 하나님 나라의 전임 사역자로 부름 받은 것은 아니다. 우리는 계속 청구서를 지불해야 하고, 어린 자녀나 연로한 부모를 돌봐야 하며, 안식년이 허락되지 않는 일상의 삶을 살아가야 한다. 그러나 겸손을 가장한 무관심은 경계해야만 한다. 자신은 너무 하찮은 존재라 세상에 변화를 일으킬 수 없다는 식으로 말해선 안 된다. 하나님이 나보다 덜 배우고 불운한 사람들을 사용하시긴 했지만, 그래도 나는 쓰실 수 없을 거라고 간주해서도 안 된다. 하나님 나라에 기여하는 사람이 아니라 종교적 소비자에 머무르는 죄—그렇다, 여기에는 이 단어를 써야 마땅하다—에 빠지지 말라.

나이, 능력, 성별, 학력, 한계, 두려움, 인생의 단계, 자기 의심 같은 것들이 우리를 아무리 위축시킨다 해도 우리에게는 도래하는 하나님 나라에 기여할 만한 무언가가 있다. 우리의 죄를 깨닫게 하고, 영감을 주고, 평소에는 할 수 없었던 일을 해낼 수 있도록 힘을 줄 복석이 아니라면, 하나님이 우리에게 성령을 주신 다른 이유가 있을까? 주위에서 목격하는 이웃의 필요에 부담을 느끼라. 아직 끝나지 않은 위대한 선교의 과업이 머리에서 떠나지 않게 하라. 당신의 땅을 계속 망치고 있는 심각한 불의에 양심의 괴로움을 느끼라. 그런 다음 인생의 지금 이 시기에 당신이 할 수 있는 선에서 교회에서 도울 사역과 동역할 대의를 하나씩 선택하라. 톰의 경우 여러 교회 주일학교에서 가르쳤고, 대성당을 관할하고, 주교구를 감독하고, 신학대학에서 가르치고, 세계 성공회 공동체 내의 불화를 치유하기 위해 노력했으며, 개발도상국들을 짓누르는 갚을 수 없는 무지막지한 액수의 부채를 탕감하기 위한 희년 캠페인에 참여했다. 마이크는 기독군인회의 성경공부를 이끌었고, 군종병으로 일했고, 여러 청소년 그룹을 지도했고, 성공회 부목사로 잠시 일했으며, 종교의 자유와 도박 개혁을 위해 일했고, 여러 신학대학에서 강의했다. 우리는 이런 식으로 하나님 나라 건설에 기여하고 있다. 당신은 어떤가? 당신은 옥스퍼드, 오자크스, 오클라호마시티, 혹은 다른 어떤 곳에서 살든 당신이 사는 곳에서 무엇의 건설에 기여할 수 있는가?

주위를 둘러보라. 우리는 흥미로운 시대, 무섭고 위험하고 비극적이고 끔찍한 시대를 살아간다. 당신의 인생으로 무엇을 하려 하는가? 환한 스크린을 응시하는 일에 시간을 다 쏟을 것인가, 아니면 하나님의 새 창조세계에 울려 퍼지는 일을 할 것인가? 지금 세상에는 하나님 나라를 생각하는 기독교인이 그 어느 때보다 필요하다. 함께 모여 우크라이나의 가족들을 위해 시편 31편의 말씀을 읽고 기도할 친구를 찾아보라. 이스라엘 사람들과 팔레스타인 사람들 사이의 평화를 증진하기 위한 모임에 가입하라. 지역구 국회의원에게 이메일을 보내 가장 시급한 관심사를 전달하라. 당신이 사는 지역에서 중독에서 회복 중인 사람들을 가장 잘 지원하는 단체를 찾아 아낌없이 기부하라. 가족과 멀리 떨어져 사는 대학생의 멘토가 되어주라. 담임목사에게 그를 위해 어떻게 기도할지, 당신의 능력과 관심사를 고려할 때 어떤 부서에서 봉사하는 게 좋을지 물어보라. 두려움이 있는 곳에서 믿음을 발휘하고, 물질에 대한 애착 말고 사랑하는 것들로 마음을 채우라.

아마도 가장 큰 위협은 세속주의의 부상이나 교회가 텅텅 비는 일이 아니라, 여전히 교회에 남아 있는 사람들의 냉담함과 무관심일 것이다. 지나치게 자기중심적이고 부유한 사람들은 자신의 소셜미디어 필터버블 너머, 자신이 어울리는 사람들 너머, 앞마당의 경치 너머에는 관심을 기울이지 않는다. 소위 제자라는 수많은 사람들도 예수께 헌신한다고 말은 하지만, 사실 그들의 제자도는 불편하지 않은 선에서 그칠 뿐 어떤 희생도 감수하지 않는다. 그러나 예수께서는 우리 모두에게 와서 그분을 따르고, 세상의 싸구려 장신구를 버리고 힘든 일, 터무니없는 일, 불가능한 일을 하라고 명하신다. 그 이유는 단 하나 그분이 우리의 왕이시고, 우리와 함께 걸으시고, 우리가 지상에서 기울이는 노력에 성령의 에너지를 불어넣어 주시기 때문이다.

5. 공직 수행이 하나님 나라 건설에 기여할까?

우리가 고려해야 할 질문이 있다. '하나님 나라 건설에 기여하는' 소명이 공직을 수행하는 기독교인에게도 적용될 수 있을까? 물론 그 길에는 보람만큼이나 위험도 많다. 사람들은 공직에서 많은 것을 성취할 수 있다. 지방 의회, 주 의회 또는 연방 상원, 심지어 정부 부처에서 일하면서 많은 사람들에게 큰 유익을 줄 수 있다. 하지만 잘못된 결정을 내리거나 공익을 희생하고 정치적 편의를 도모할 경우, 많은 사람에게 해를 입힐 수도 있다. 뿐만 아니라 권력 그 자체를 목적으로 삼거나, 권력을 영향력, 지위, 부를 얻기 위한 수단으로 여기거나, 협잡과 부패의 기회로 보게 만드는 유혹도 있다. 고귀한 의도로 시작한 일이라도, 냉소적 태도나 탐욕으로 인해 그 의도가 무너지고 망가질 수 있다. 결국 시스템을 개선하는 것이 아니라 시스템의 허점을 이용해 이익을 챙기게 될 수 있다. 정치계에서 기독교인이 된다는 것은 "이리 떼 사이[의] 양"처럼 되는 것이다. 그러므로 "뱀처럼 영리하고 비둘기처럼 순결"해야 한다.[32]

이 모든 것은 하나님을 정치에 끌어들이지 않더라도 일어날 수

---

32. 마태복음 10:16.

있는 내용이다. 공직을 기독교인의 소명으로 이해하는 것은 분명히 다양한 남용으로 이어지기 쉽다. 하나님이 자기편이라고 주장하거나 자신만이 하나님이 승인하신 입장을 대변한다고 주장하는 사람은 누구나 위험한 땅, 어쩌면 살얼음판을 밟고 있는 것이다. 하나님은 그런 인간의 오만함에 조롱받지 않으시기 때문이다. 자신은 하나님과 특별한 관계에 있다면서 자신을 반대하는 도전자나 비판자들이 하나님을 반대하는 세력이라고 주장하는 것은 오만함 그 자체이다. 정치에서 하나님이 자기편이시기를 열망할 수는 있지만, 확실히 그렇다고 주장하거나 그것이 부인할 수 없는 사실이라고 뽐내서는 안 된다.

권력의 유혹과 하나님과 정치를 뒤섞을 위험을 제외한다면, 기독교적 신념이 깊은 남녀가 공직에 있는 것은 국가에 큰 도움이 될 수 있다. 우리는 다른 사람들 위에 군림하려 해서는 안 되고, 다만 기독교적 영향력으로 사회를 변화시키려고 노력해야 한다.[33] 우리 자유민주주의에 한 가지 결점이 있다면, 그것은 우리 정치 시스템이 농장이나 가게, 학교 한 곳 운영해 본 적이 없고 배 한 척 관리해 본 적이 없는 직업 정치인들을 끌어들인다는 데 있다. 그들 대부분은 애초에 유토피아적 이념에 이끌려 정치에 입문했다가, 유토피아가 생각처럼 도래하지 않으면 실용적인 권력 추구로 넘어간다. 기

---

33. 마가복음 10:42; 마태복음 13:33. Vincent Bacote, "A Kuyperian Contribution to Politics", in *Cultural Engagement: A crash course on contemporary issues*, ed. Joshua D. Chatraw and Karen Swallow Prior (Grand Rapids, MI: Zondervan, 2019), 237.

독교인 남녀 중에 자신의 신념에 확신이 있고, 인생의 고난을 경험했고, 공직을 목적이 아닌 수단으로 여기며, 한정된 특권보나는 공동선을 추구하고, 투명하게 행동하고 법치를 존중하며, 당파적 열광을 부추기기보다는 합의를 소중히 여기는 이들이 있다면, 그들은 하나님 나라 건설에 기여할 진정한 가능성을 가졌다고 말할 수 있다.

이 말에 누군가는 이렇게 반문할 수 있다. "정부는 '세속적'이어야 하지 않나요?" 대답은 분명하다. "네, 그래야 합니다." 문제는 세속주의가 대부분의 사람들이 생각하는 그런 것이 아니라는 데 있다.[34] 영국, 프랑스, 일본, 튀르키예, 중국, 미국에는 많은 세속주의가 존재하고, 그 종류도 다양하다. 세속주의는 종교의 공적 표현을 근절하고 종교를 믿지 못하게 하려 한다는 점에서 그 정신과 실행이 반종교적일 수 있다. 하지만 그런 세속주의만 있는 것이 아니다. 가장 훌륭하고 점잖은 의미의 세속주의는 신정주의(권력에 굶주린 성직자들이 유일하고 무오한 신적 계시의 통로라고 자처하는 것)와 정부의 종교 간섭을 막는 안전장치이다. 세속주의는 종교를 말살하려 드는 무신론 광신도들에게서 국가를 보호하는 것만큼이나 미친 물라(mullah)* 가 권력을 장악하지 못하도록 국가를 보호하는 역할을 한다. 일반

---

34. 다음을 보라. Michael F. Bird, *Religious Freedom in a Secular Age: A Christian case for liberty, equality, and secular government* (Grand Rapids, MI: Zondervan, 2022); Luke Bretherton, *Christ and the Common Life: Political theology and the case for democracy* (Grand Rapids, MI: Eerdmans, 2019), 227-257; and Jacques Berlinerblau, *Secularism: The basics* (New York: Routledge, 2022).

* 이슬람교의 율법학자.

적으로 서구의 자유민주주의 국가들은 국민에게 타인의 종교를 강요하지 않는 반면, 소수 종교에도 종교적 자유를 보장하는 포용적 세속주의 모델을 채택하는 방향으로 발전해왔다. 이런 틀 안에서는 광범위한 정치 참여가 가능해진다. 공직 봉사를 위한 어떤 종교적 시험이나 배제도 없기 때문이다. 세속 정부가 있는 자유주의 사회에서는 정부가 종교의 종류 및 유무와 상관없이 모든 사람을 대신하여 통치한다. 따라서 의회와 국회는 기독교인, 특정 유형의 기독교인, 비기독교인 등 인구학적 다양성을 반영하는 의원들로 채워질 수 있다.

그런데 이 말은 종교가 정치계에 목소리를 낼 수 없다는 뜻은 아니다. 교회와 국가의 분리에 대한 건강한 인식이 있더라도, 피통치자들은 공통의 합의에 호소하고 종교적 자원을 활용하는 식으로 국가가 종교의 종류 및 유무와 상관없이 모든 사람에게 유익을 주는 사회를 만들도록 촉구할 수 있다. 결국 정부는 법을 만들고, 법은 정책을 기반으로 하며, 정책은 가치를 기반으로 하고, 가치는 무엇보다 종교에 의해 형성된다. 그렇다면 종교가 있는 사람들이 투표하고, 정치에 대해 토론하고, 공직에 출마하고, 정부에서 봉사할 수 있는 한, 종교는 항상 정치의 장에서 목소리를 내게 될 것이다. 이것이 바로 제임스 스미스가 말하는 신앙과 정치 사이의 "거룩한 양면성"이다.[35]

---

35. James K. A. Smith, *Awaiting the King: Reforming public theology* (Grand Rapids, MI: Baker, 2017), 16.

종교적 고려사항을 정치 영역으로 가져올 수 없다고 말하는 것은 비현실적이고(사람들은 자신의 신념을 구획화할 수 없기 때문에), 불가능하며(교육과 자선 부문에서 볼 수 있듯이, 교회와 국가의 관계가 항상 명확하지는 않기 때문에), 불법적인(종교를 가진 사람들의 시민권을 박탈할 수 없기 때문에) 주장이다.[36] 다원주의적 민주주의에서 시민들은 종교적 전제를 바탕으로 자유롭게 정치적 설득에 참여해야 한다.[37] 실제로 민주적이고 다원적인 사회는 광장에서 들을 수 있는 영향력이 큰 여러 목소리들 사이에서 종교적인 목소리도 들리게 하고, 종교 공동체도 운신할 수 있는 여지를 만들어야 한다.[38] 윌리엄 윌버포스가 영국에서 벌인 노예제 폐지 운동과 마틴 루터 킹의 민권 운동은 세속적 정치 운동이라기보다는 종교적 운동이었다. 더욱이 대부분의 서구 국가가 기독교 유산에 기반을 두고 있으니 서구 의회에서 기독교적 목소리가 나오는 것은 놀라운 일이 아니다. 따라서 공적인 토론과 담론, 입법에 기독교적 가치가 직간접적으로 반영될 것이라고 예상해야 한다.

건강한 자유민주주의 국가는 기독교인의 목소리를 방해하지 않고 비기독교인의 목소리도 검열하지 않을 것이다. 정부에 대한 기독교의 영향력에는 한계가 있어야 하고 절대적이어서는 안 된다. 여기서 기억할 것이 있다. 기독교의 영향력이 지향하는 전체 목적

---

36. Amos Yong, *In the Days of Caesar: Pentecostalism and political theology* (Grand Rapids, MI: Eerdmans, 2010), 84.

37. 이것이 다음 책의 주요 논지이다. Jeffrey Stout, *Democracy and Tradition* (Princeton, NJ: Princeton University Press, 2005), esp. ch. 3.

38. Smith, *Awaiting the King*, 135.

은 기독교 패권주의(hegemony)의 추구가 아니라 신실한 기독교적 증언(witness)의 제시라는 점이다. 기독교 패권주의는 기독교인을 일종의 보이지 않는 지배 계급으로, 기독교를 공공의 동의를 요구하는 무언의 시민 종교로 취급한다. 그러나 이와는 대조적으로, 기독교적 증언은 노골적인 정치권력을 추구하는 정신이 아니라, 설득의 정신으로 제시된다. 여기서 '증언'이란 말이 의미하는 것은 제임스 데이비슨 헌터가 말한 일종의 '신실한 현존'을 공공기관에서 드러내는 것이며, 여기서 행사되는 권력은 모두 회복적이고 관계적일 뿐 어떤 수를 써서라도 권력을 쥐겠다는 욕심과는 관련이 없다.[39] 기독교 패권주의는 공포와 편견을 이용해 기독교를 이 땅의 공식 종교로 만들려고 애쓰는 반면, 기독교적 증언은 기독교인들이 설득과 도덕적 권위로만 무장하여 사람들의 마음과 생각을 얻으려 한다. 우리는 공유된 기독교 유산에 호소할 수 있고, 대중의 동의를 얻어 기독교적 가치를 성문화할 수도 있지만, 반대자의 종교나 종교의 결여를 문제 삼아선 안 되고 현대판 신성모독법이나 이단 재판을 요구해서도 안 된다.

---

39. James Davison Hunter, *To Change the World: The irony, tragedy, and possibility of Christianity in the late modern world* (New York: Oxford University Press, 2010) - 한국어판: 『기독교는 어떻게 세상을 변화시키는가』, 배덕만 옮김 (새물결플러스, 2014).

6. 종교에만 충실해야 할까?

1974년 9월, 마이클 램지 대주교는 새로운 우파 정권이 들어선 칠레를 방문했다. 그가 교회에서 설교하는 동안 무장 경비병이 밖에서 기다리고 있다가 교회를 나서는 「옵저버」 특파원에게 물었다. "설교에 정치 얘기가 들어 있던가요? 대주교는 영혼의 문제만 다뤄야 합니다. 정치는 우리 몫이니까요." 그는 마지막 발언과 함께 자기 팔 아래 있던 총을 두드렸다.[40] 램지는 소심한 사람이 아니었고 정치적 사안들에 대해 발언하는 것을 두려워하지 않았지만, 이 군인의 발언이 심란했던 것은 그의 말에 동의하는 기독교인이 많을 것이기 때문이었다. 서구 세계의 전반은 성(聖)과 속(俗)이 건널 수 없는 간극으로 나뉘어 있다는 계몽주의적 신념을 단단히 받아들였다. 이런 환경에서는 기독교인들에게 정치 문제에 참견하지 말고, 영적인 일에 충실하며, 경건한 격식을 지키는 데 집중하고, 종교적 감정은 혼자만 간직하라고 말하는 것이 타당해 보인다. 그러나 영적인 것과 세속적인 것을 분리하는 것은 성경은 물론이고, 대부분의 교회 역사와도 맞지 않는다.[41] 세속 정부는 지금도 하나님의 종이고, 따라서 신학적인 주제에 속한다. 교회의 존재 또한 공적 영역의 삶과 분리될 수 없고, 따라서 정치적이다.

---

40. Owen Chadwick, *Michael Ramsey: A life* (Oxford: Clarendon Press, 1990), 229.
41. 여기에 대해서는 다음을 보라. Wright, *History and Eschatology*, ch. 1. Smith, *Awaiting the King*, 34-35도 보라.

물론 이 모든 논의를 지배하는 것은 두 영역 신학 또는 두 왕국 신학이다. 이 신학은 모든 것을 성과 속으로 나누고, '영적'이고 '영원한' 영역과 '세속적'이고 '시간적'인 영역을 분할하려고 (종종 서투른 방식으로) 시도한다. 이러한 구분은 5세기 말 교황 젤라시우스 1세가 아나스타시우스 황제에게 보낸 편지에 다음과 같이 잘 표현되었다.[42] "황제 폐하, 이 세상을 다스리는 두 가지가 있는데, 그것은 사제들의 성별된 권위와 왕권입니다." 결국 비잔틴 황제 유스티니아누스 1세도 같은 생각을 고스란히 되풀이한다.

> 황제의 권위와 사제직은 구분된다. 전자는 인간사에 관여하고 후자는 하나님의 일에 관여하며, 이 둘은 긴밀하게 상호 의존하는 것으로 간주되지만, 적어도 이론적으로는 어느 쪽도 다른 쪽에 종속되지 않는다.[43]

그런데 이 구분은 교회사 곳곳에서 매우 다르게 전개되었다. 다음은 이 구분이 그렇게 완전하지도, 확정적이지도 않았음을 보여 주는 몇 가지 핵심적인 순간들을 아주 간결하게 요약한 것이다. 성스러운 것과 세속적인 것 사이의 관계는 깔끔하지 않고 모호했으

---

42. 다음 책에서 인용. *From Irenaeus to Grotius: A sourcebook in Christian political thought, 100-1625*, ed. Oliver O'Donovan and Joan Lockwood O'Donovan (Grand Rapids, MI: Eerdmans, 1999), 179

43. 다음 책에서 인용. *The Oxford Dictionary of the Christian Church*, ed. F. L. Cross and E. A. Livingstone, 3rd edn (New York: Oxford University Press, 1997), 916.

며, 왕과 교황들은 종종 서로를 이기려고 들었다. 4세기에는 가이사랴의 유세비우스가 콘스탄티누스에게 찬사를 바치고, 그를 하늘 주권자의 지상적 현현으로서 교회를 후원하고 보호하는 존재로 묘사했다. 그러면서 유세비우스는 교회를 황제에게 종속되고 아첨하는 조직으로 만들었다. 그러나 이것이 전부는 아니었다. 같은 세기에 밀라노의 암브로시우스는 테살로니키 학살에 관해 황제 테오도시우스 1세를 책망했고, 요하네스 크리소스토무스는 같은 황제가 교회 문제에 간섭하고 탐욕을 부리고 경쟁자를 학대했다고 책망했다.[44] 4세기의 이 감독들은 제국의 권세가 모든 것을 마음대로 하도록 내버려 두지 않았다.[45]

5세기에 아우구스티누스는 과거에 교회를 박해하던 자들과의 친교를 거부하는 도나투스주의자들과 그의 시대에 로마 제국이 무너지고 있다는 사실 사이에서 교회와 국가에 대한 견해를 정리해 나갔다. 그 결과로 아우구스티누스는 하나님의 도성과 인간의 도

---

44. 다음을 보라. Timothy D. Barnes, *Constantine and Eusebius* (Cambridge, MA: Harvard University Press, 2006); and J. H. W. G. Liebeschuetz, *Ambrose and John Chrysostom: Clerics between desert and empire* (Oxford: Oxford University Press, 2011).

45. 유세비우스, 암브로시우스, 크리소스토무스는 나란히 로마 황제에 대한 여러 태도를 보여준다. 유세비우스는 로마 황제가 기독교의 전파를 촉진하도록 하나님이 선택하신 그릇이라고 여겼다 (*Oration in Praise of Constantine* 16.4). 암브로시우스는 황제가 기독교적 가르침과 가치관을 증진해야 하지만, 그도 기독교적 규율을 따라야 한다고 믿었다(이런 믿음은 그의 *Letters*에 자세히 나와 있다). 크리소스토무스는 기독교인들이 지상의 도성보다는 천국에 속한다는 점과 로마 황제는 적그리스도가 오기 전의 필수적 단계라는 점을 강조하곤 했다(*Homily 16 on 2 Corinthians*와 *Homily 4 on 2 Thessalonians*). 우리가 지금 부각시키는 요점은, 교회 전체가 콘스탄티누스와 그의 후계자들에게 납작 엎드리고 전권을 위임했다는 오해가 널리 퍼져 있지만 실제로는 그렇지 않았다는 사실이다.

성이라는, 서로 교차하고 상호작용하는 두 도성을 대조하게 되었다. 하나는 거룩하고 선하며 참된 도성이고, 다른 하나는 육적이고 유혹적인 도성이다. 아우구스티누스의 하나님의 도성은 결코 인간의 도성을 개혁하거나 구속하지 않는다. 오히려 인간의 도성에 저항하여 그보다 더 오래 존속하려 한다.

역사의 흐름을 좀 더 따라가 보면, 교회가 지상의 왕을 신성하게 만든다는 중세의 관념과 마주하게 된다. 이를테면, 800년 성탄절에 교황 레오 3세는 샤를마뉴(Charlemagne)를 신성 로마 황제로 즉위시켰다. 그러나 이후 교회가 지상의 통치자에 대해 영적 권위를 갖는지, 또 왕이 왕국 내의 종교 문제에 대해 신성한 권리가 있는지를 놓고 논쟁이 벌어졌다. 11세기에는 교황 그레고리우스 7세와 독일의 하인리히 4세가 교황 권위의 범위와 한계를 놓고 극적인 대결을 펼쳤다. 중세 시대 교회와 국가의 관계는 단일하지 않았다. 교회가 국가에 저항한 순간도 있었고, 교회가 국가를 지원할 때도 있었다. 교회는 국가를 찬탈하려고도 했고, 국가 안에 국가를 만들려고 시도하기도 했다.

개신교 신자들로 넘어가 보면, 루터는 교회와 국가라는 두 왕국이 현세적 문제와 영적 문제를 다루기 위해 하나님이 정해주신 두 가지 도구라고 생각했다. 하지만 통치자가 교회 문제에 얼마나 간섭해야 하는지에 대한 그의 견해는 오락가락했다. 재세례파 신학자들은 교회와 국가의 분할을 옹호했고, 교회가 국가의 영역 및 영향력에서 분리되어야 한다고 강조했다. 개혁 교회는 성직자와 통치자는 서로를 상호 규율하는 존재라는 개념을 발전시켰다. 이 견해는 좋게 들릴 수도 있지만, 1648년 베스트팔렌 평화조약 이후에는 문제가 되었다. 이 조약 이후 새롭게 만들어진 국민 국가들에서는 종교적 관용의 원칙에 따라 교회와 국가의 관계를 느슨하게 만들 필요가 있었다.

'종교'라고 불리게 된 것을 삶의 나머지 부분들과 분리하려는 계몽주의의 기획은 교회와 국가의 분리를 엄격하게 규정한 미국 헌법 수정 제1조로 급진적으로 구체화되었다. 교회와 국가의 분리는 처음에 생각했던 것보다 유지하기가 더 어려웠다. '우리는 신을 믿는다'와 같은 모토를 미국 공화국의 원칙으로 받아들이길 열망하는 사람들이 있는가 하면, 똑같은 열정으로 그런 생각에 맞서는 이들도 있었기 때문이다. '영역 주권'에 대한 신개혁주의의 설명에 따르면, 예수께서는 각기 다른 대리자들을 통해 삶의 모든 영역의 주인이 되시고, 각 영역의 대리자들은 하나님 앞에서 책임을 진다. 영국의 급진 정통주의에서 기독교는 단순히 또 하나의 '주의'가 아니라 정치보다 상위에 있는, 의미의 메타세계(metaverse)에 가깝고, 기독교의 전례는 유해한 이념과 제도에 맞선 저항의 상징 역할을 한다.

필자들에게 시간이 좀 더 있었다면 정부에 대한 가톨릭 사회교리의 오랜 전통도 언급하고, 비잔틴 통치자와 성직자들 사이의 흥미로운 관계 및 교회와 국가로 화합의 '교향곡'을 이루려 했던 그들의 시도를 살피고, 기독교 사회주의의 기원을 추적하고, 해방신학, 오순절 정치신학 등도 깊이 살펴볼 수 있었을 것이다. 요점은 '황제

교황주의'와 '교회와 국가의 완벽한 분리'가 양자택일의 선택지였던 적이 없다는 것이다. 모든 시대의 모든 교회는 예수께서 "하늘에서" 만이 아니라 "땅에서도" "모든 권세"를 가지고 계신다[46]는 말이 각 시대에서 무엇을 의미하는지 분별해야 했고, 교회와 국가의 관계라는 관점에서 이 문제를 깊이 숙고하며 성속의 균형을 유지하고자 노력했다. 그 과정에서 교회는 신권정치를 추구하는 위협적 존재가 되지 않으면서 신학-정치적 증언을 하기 위해, "세상에 있으되" "세상에 속하지" 않는[47]다는 것이 무엇을 의미하는지 연구했다.

기독교인이 교회와 국가의 관계에 대해 어떤 입장을 선호하고 이끌리든, 어떤 상황에서도 그는 공적 증언을 포기하거나 정치적 입장을 회피해야 한다고 요구받지 않는다. 시민 종교에 알레르기 반응을 보이고 정부와의 협력을 몹시 싫어하는 아나뱁티스트와 메노나이트조차도 시민으로서 행동에 나서고 평화주의 및 빈곤 퇴치와 인종적 불의에 맞선 행동 등과 같은 일들은 옹호하라고 요청받는다. 공공 영역에서 신앙을 공적으로 드러내는 시도에는 물론 위험이 따르지만, 목소리를 내지 않는 일에도 위험이 따르기는 마찬가지이다. 정치는 불과 같아서 너무 가까이 다가가면 타버리고, 너무 멀리 떨어지면 얼어붙는다. 영국의 대주교 윌리엄 템플이나 미국의 신학자 라인홀드 니버 같은 사람들의 업적만 봐도 기독교인들이 당대의 정치적 상황을 더 나은 방향으로 해결하는 데 어떤 영

---

46. 마태복음 28:18.
47. 요한복음 17:14-16.

향을 미칠 수 있는지 알 수 있다. 거기다 노예제 폐지부터 원주민의 권리 옹호, 빈곤 퇴치와 환경 보호를 위한 행동에 이르는 온갖 대의를 지지한 기독교인들의 긍정적인 유산까지 고려한다면 결론은 분명하다. 설령 두 왕국이 있다고 해도,[48] 기독교인이 두 왕국 사이를 오가거나 그 가운데서 일하는 것이 금지된 것은 아니다. 우리는 '영적인 일'에만 충실해야 할 필요가 없다. 물론 우리가 정치에 관여하면 일부 정치 지도자들은 우리를 '참견쟁이 사제'나 '신을 끊임없이 들먹이는 골칫거리'라고 비난하고 나설 것이다. 그러나 예수께 헌신한다는 것은 때로는 참견하는 성가신 존재가 되기도 해야 함을 의미한다.

우리는 하나님 나라에 대한 소망을 현재의 프로젝트로 축소할 수 없다. 아직 예수의 통치가 시작되지 않았기 때문이다. 밧모섬의 요한은 "세상의 나라는 우리 주님과 그분의 메시아에게 넘어갔고, 그분이 영원무궁토록 다스릴" 날을 고대했는데, 그날은 제국의 괴물들이 저지른 악에 시달리던 그의 시대와는 거리가 멀어 보였다.[49] 또 히브리서 기자는 시편 8편을 묵상하면서 언젠가 만물이 예수께 복종할 것을 알았지만, "현재 상태에서 우리가 보는 것은, 만물이 그

---

48. 근래 나온 '두 왕국' 정치신학에 대한 최고의 해설은 다음을 보라. David VanDrunen, *Politics after Christendom: Political theology in a fractured world* (Grand Rapids, MI: Zondervan, 2020). 두 왕국 신학의 다양한 모델에 대한 논의와 이 모델들에 대한 비판으로는 다음을 보라. Benjamin B. Saunders and Simon P. Kennedy, "Characterising the Two Kingdoms and Assessing Their Relevance Today", *Calvin Theological Journal* 53 (2018): 161-173.
49. 요한계시록 11:15.

분께 복종하지 않는" 모습임을 인식했다.[50] 현재 우리가 할 수 있는 일은 어느 도시나 어느 마을에 머물든 "그 성읍의 평안을 구하고", 정부 같은 기관들이 바울의 가르침대로 하나님이 맡기신 정당한 행정 임무를 감당하게 하고, 봉사하라는 부름을 받을 때 요셉처럼 지혜롭게 이끌고, 요청을 받으면 다니엘처럼 권력에 조언하고, (훌다가 그랬던 것처럼) 통치자들에게 예언적 경고와 격려의 말을 전하고, 정치 지도자들을 위해 기도함으로써 평화로운 삶을 영위하고 우리의 경건함이 알려지게 하는 것이다. 우리는 다가올 하나님 나라의 구속의 능력, 생명, 아름다움, 기쁨을 전하면서 이 땅에 그 나라의 식민지를 만들 수 있지만, 그 과정에서 다음 사실을 늘 냉정하게 인식하고 있어야 한다. 우리는 새 창조세계에 대한 하나님의 주권을 장엄하게 드러내는 일에서 인간이 언약의 동역자가 되기를 원하시는 하나님의 뜻을 세상에 알리는 하나의 전초기지, 표지판, 광고판에 그칠 거라는 사실을 말이다.[51] 언제나 그럴 것이다.

그러므로 성경을 읽을 때 우리는 사람들이 성경에 투사하는 잘못된 이분법, 이질적인 범주, 무리한 전제들을 인식해야 한다. 복음을 세상적인 사회 개선 프로젝트로 축소할 수 없는 것은 분명하다. 그러나 복음은 아름답게 장식된 천국을 갈망하며 도피하려는 영혼을 위한 드라마도 아니다. 복음이 권력, 정치, 경제, 불의와 무관하

---

50. 히브리서 2:8.

51. 이 대목은 예레미야 29:7, 로마서 13:1-5, 창세기 41:37-57, 다니엘 2, 4, 5장, 열왕기하 22:14-20, 빌립보서 3:20-21, 디모데전서 2:1에 의거했다.

다고 가정하고 영적 도피의 길을 가는 것은, 선지자들의 증언, 예수의 가르침, 사도들의 증거와는 전혀 나른 판점을 받아들이는 일이다. 기독교인들이 '영적인 일'만 고수했다면, 윌리엄 윌버포스나 마틴 루터 킹은 없었을 것이다. 정의를 추구함으로 약동했던 그들의 삶이야말로 깊이 간직한 신앙의 표현이었음을 기억하라. 기독교인들이 공산주의와 권위주의에 맞서 행동하지 않았다면, 1989년 체코슬로바키아의 벨벳 혁명도, 루마니아의 크리스마스 혁명도 없었을 것이다.

7. 총체적인 하나님 나라 행동을 지지하는 논증

복음은 예수 그리스도를 믿고, 교회에 속하고, 하나님 나라 건설에 기여하라고 우리를 부른다. 우리가 그 역할을 제대로 수행한다면 십자가의 길을 걷게 될 것이다. 그리고 카이사르의 코앞에서 전체주의 체제라는 건축물에 도전하고, 하나님의 새 창조의 아름다움을 보여주고, 쾌락과 권력의 욕망에서 해방되어 하나님의 아들의 형상을 따라 진정 인간다운 삶을 이루는 다른 길이 있음을 보여주게 될 것이다. 우리는 죄로 황폐해지고, 죽음으로 피폐해지고, 절망에 사로잡히고, 독재자들에 의해 파괴되는 세상에서 "제사장 나라"[52]와 "왕 같은 제사장"[53]이 되어야 한다.

우리의 믿음은 세상의 우상에 대한 저항이다. 우리의 사랑은 이 악한 시대의 권세에 맞선 반란이다. 교회는 도덕적인 노인들을 위한 은퇴자 마을이 아니다. 교회는 하나님의 전신갑주를 입고 세상에 나가 하나님과의 화해를 전하고, 이웃을 사랑하고, 상처 입은 사람들의 마음에 선행의 씨앗을 뿌리고, 부패한 자의 채찍이 되고, 약자의 옹호자가 되는 예수의 군인들을 위한 신병훈련소 같은 곳이어야 한다. 우리는 예수께서 우리의 경배를 받기에 합당하심을 분명히 드러내는 방식으로 이런 일들을 수행한다. 참으로 이런 일들이야말로 우리가 그분의 발 앞에 엎드리는 예배의 행위이다.

이런 종류의 일을 하고, 이런 종류의 총체적인 사명에 참여하려면, 때때로 공공 신학의 활동을 수행해야 한다. 즉 변화를 이끌어내기 위해 정치적 논평을 하거나, 시위에 참여하거나, 공직에 출마해야 할 수도 있다는 말이다. 정치를 우리의 종교로 삼는 것이 현명하지 않다고 단언한다면, 신앙의 삶이 우리의 정치적 담론 및 입법부와 무관하다고 생각하는 것 역시 그만큼 어리석은 일이라고 말할 수 있다.

하나님 나라 건설에 기여해야 하는 우리의 책임에는 교회가 공식 통치자와 다양한 수준에서 상호작용해야 한다는 것도 들어 있다. 로마서 13장은 기독교인이 된다는 것이 무정부주의자가 되는

---

52. 표현이 조금 다르지만, 출애굽기 19:6, 요한계시록 1:6, 5:10을 보라.
53. 베드로전서 2:9.

것을 의미하진 않는다는 최소한의 입장을 명확하게 밝힌다. 창조주께서는 그분이 지으신 인간들이 사회적 관계 안에서 살기 원하신다. 그런데 그 사회적 관계에는 질서와 안정, 그리고 구조가 필요하다. 앞에서도 말했듯이, 하나님은 권위를 위임받은 인간의 다스림 아래에서 세상이 번영하도록 만드셨다.

이런 방식들 중에는 빌립보서 2장 10-11절의 함의를 온전히 풀어내는 것도 있을 것이다. 교회가 예수 그리스도께서 주님이심을 세상에 선언하라고 부름 받은 것이 사실이라면, 세상이 그런 선언을 뚜렷이 불편하게 여길 때가 있을 것이다. 권력자들이 그들의 책임을 상기해야 할 때가 올 것이고, 서구 세계가 후기 기독교의 국면으로 접어들수록 그 필요는 더욱 커질 것이다. 후기 기독교의 국면에서는 많은 사람들이 여전히 교회에 다녀도, 교회 출석과 우상숭배가 뒤섞여 이루어질 것이다. 우상숭배 행위는 숭배자 본인이 알아채지도 못할 만큼 광범위하게 일어날 것이다. 인간 통치자들은 창조주의 통치보다 이런저런 '세력'의 통치를 인정할 가능성이 높아질 것이다. 그리고 교회가 권력자들에게 이런 사실을 상기시키고 그들의 청지기 직분에 대해 책임을 묻는 임무를 감당하려 한다면, 교회는 주님과 동일한 혐의를 받고, 아마도 동일한 운명을 맞게 될 것이다. 그 시점이 되면 교회는 결단해야 할 것이다. 그때 신실하고자 마음먹고 입을 다물지도, 주저앉지도, 물러나지도 않는 사람들은 값비싼 대가를 치르게 될 것이기 때문이다. 만약 우리가 "우리는 사람이 아니라 하나님께 복종해야 한다"[54]라고 말하고 "세상을 뒤 엎는"[55] 모습을 보여준다면, 문화와 기업과 의회에서 특권적 지위를 누리는 카이사르, 카이저, 차르, 기술관료, 금권 정치가들이 불쾌감 을 직간접적으로 드러낼 것이다. 거기서 우리는 신앙의 진정한 자 질을 시험받게 될 것이 분명하다. 그들은 금으로 우리의 공모를 매 수하려 들거나, 아니면 예수와 그의 복음에 대한 흔들림 없는 충성 으로 불경건한 민간 권력을 자극한 대가를 치르게 할 것이다.

기독교인이 되고, 하나님 나라 건설에 기여하고, 게다가 기독 교인으로서 정치까지 하는 데는 여러 방법이 있다. 교회와 국가 사 이에서 어떤 노선을 [택하는 것이 옳다고] 생각하든, 현대 복음주의의 일 부 급진적인 분파에서 널리 인기를 얻고 있는 복음과 정치의 분리 로는 어떤 일도 할 수 없다는 것을 알아야 한다. 총기를 소지한 사 람들, 또는 더 나아가 우리의 메타데이터에 접근할 수 있는 사람들 에게 정치를 넘겨버릴 수는 없다. 복음의 정치적 함의를 건전하게 추구하려면, 정치 지도자들이 단순히 그들의 금고에 종교적 자본 을 쌓아두기 위해 우리의 신앙을 이용하는 것을 허용해서는 안 된 다. 그런 식으로 신앙을 이용하는 것은 특정 지도자에 대한 기독교 인들의 지지가 거래적 교환, 즉 기독교가 문화적 패권을 유지하게 해주겠다고 약속한 후보를 지지하는 것에 불과함을 의미한다. 물 론 정치가 가장 덜 나쁜 후보를 뽑고, 어떤 전투를 먼저 치러야 하

---

54. 사도행전 5:29.
55. 사도행전 17:7.

는지 전략적으로 선택하는 문제일 때도 있다. 그러나 기독교를 강력하게 만드는 일은 나라를 진정으로 기독교적으로 만드는 것과는 다르다. 우리의 목표는 복음을 전파하여 사람들을 믿음의 가족 안으로 이끄는 것이어야지, 정치 지도자들에게 영합하여 그들의 연단을 나눠 쓰도록 허락받는 것이 아니다. 기독교적 '가치'는 악용되기 쉬운 용어이기에 진부한 구호로 축소되어서는 안 된다. 기독교를 우대하겠다고 약속한다고 해서 정치가의 몰인격이 무마되거나, 가난한 사람들을 희생하여 부자들에게 혜택을 주는 정책이 정당화되는 것은 아니다. 기독교인에게 당신들 일에나 신경 쓰라고 말하는 사람들을 경계하자. 침묵이나 순응을 대가로 기독교인에게 권력과 특권을 제의하는 사람들을 거부하자.

우리는 하나님 나라가 하늘에서처럼 땅에서도 임하기를 기도한다. 우리 모두가 그 기도를 알려주신 분께 충실하려면, 그리고 그렇게 기도하고 그 기도대로 살았던 기독교의 첫 세대 사람들에게 충실하려면, 그 나라의 건설에 기여하고 그 나라를 위해 일하고 기도해야 한다. 우리는 더없이 진실하게 행함으로 국가의 잘못된 부분을 책망해야 하고, 국가가 우리의 말을 믿든지 믿지 않든지, 국가도 주 예수께 해명해야 할 책임이 있다는 사실을 상기시켜야 한다. 예수의 주권은 공포나 탱크로 세워지는 것이 아니라, 예수를 따르는 사람들이 가는 곳마다 맺는 영의 열매로 세워진다. 이러한 기도와 행동이 교회의 '프로그램'을 구성한다. 이러한 신학-정치적 비전이 예수를 따르는 이들이 세상에서 '행해야' 할 모든 일을 형성한다.

5장

복종과 전복 사이의 **교회**

1. 제국의 그늘 아래 있는 교회

1945년 일본제국이 항복했다는 소식이 전해지자 한 국가 지도자는 그에 대한 반응으로 시편 9편 5절을 인용했다. "[주께서] 이방 나라들을 책망하시고 악인을 멸하시며 그들의 이름을 영원히 지우셨나이다." 이 성경 구절을 인용한 정치 지도자는 영국 수상 윈스턴 처칠도, 자유의 프랑스 장군 샤를 드골도, 심지어 미국 대통령 해리 S. 트루먼도 아니었다. 그는 일본 점령에 맞서 군벌과 게릴라 전사들의 느슨한 연합을 이끌었던 중국 국민당 지도자 장제스(장개석)였다.[1]

장제스가 이 구절에 끌린 데는 분명한 이유가 있었다. 시편 9편은 하나님의 정의는 억압받는 자의 탄원을 무시하거나 악인의 번영을 허용하지 않고 악인에게 승리한다는 사실을 노래한다. 그리고 사악한 야망을 가진 모든 나라가 실패하는 이유를 말한다.

주님은 영원토록 다스리시며
심판하실 보좌를 견고히 하신다.
그는 정의로 세계를 다스리시며,
공정하게 만백성을 판결하신다.
_시편 9:7-8(새번역)

---

1. Tom Holland, *Dominion: How the Christian revolution remade the world* (New York: Basic, 2019), 12, drawing from Rana Mitter, *Forgotten Ally: China's World War II, 1937-1945* (Boston, MA: Houghton, Mifflin & Harcourt, 2013), 362.

불의와 불평등에 직면했을 때는 신앙인들은 물론이고, 신앙의 끝자락에 있는 사람들조차도 하나님이 도덕관념이 없는 부재지수 (不在地主)* 같은 분이 아니라는 데서 위안을 받는다. 오히려 하나님 은 창조와 언약의 하나님이시며, 창조와 언약에 신실하시기 때문에 '세상을 바로잡기' 원하신다.[2] 장제스의 종교적 신념은 불교와 유교 적 요소를 통합한 다소 절충적인 것이긴 했지만, 그럼에도 불구하 고 그에게 기독교는 매우 중요했고, 그가 일시적으로 부하 군인들 에게 체포된 '시안 사건'**과 같은 여러 국가적·개인적 위기를 극복 하는 데 도움이 된 것 같다. 기독교, 적어도 장제스가 관계하게 된 감리교 형태의 기독교는 그에게 2차 세계대전의 불안정한 시기를 이해하는 렌즈를 제공했다. 그 렌즈는 악한 제국들이 하나님의 공 의로운 심판으로 무너진다는 것이었다.[3]

교회가 우리 시대의 제국들과 어떤 관계를 맺어야 하는가는 참 으로 시급하고 절박한 문제이다. 그만큼 우리가 엄청난 사회적 격 변과 지정학적 불확실성의 시대에 살고 있기 때문이다. 일부 국가

---

2. 톰이 좋아하는 말이다! 이를테면 N. T. Wright, *Simply Christian: Why Christianity makes sense* (London: SPCK, 2006), 9를 보라 - 한국어판: 『톰 라이트와 함께하는 기독교 여행』, 김재영 옮김 (IVP, 2007).

3. 장제스와 기독교의 관계에 대해서는 다음을 보라. Bae Kyounghan, "Chiang Kai-Shek and Christianity: Religious life reflected from his diary", *Journal of Modern Chinese History* 3 (2009): 1-10.

* 땅을 소유하고 있지만 그 땅에 거주하고 있지 않은 사람

** 1936년 12월, 중국 시안에서 동북군 사령관 장쉐량이 공산군 토벌을 격려하러 온 장제스를 감금하 고, 내전 중단과 항일 투쟁을 요구한 사건. 장제스가 내전 정지, 공산당과의 공동 항일투쟁 등을 수 용하여 이듬해 제2차 국공 합작의 길이 열렸다.

와 동맹들은 쇠퇴하는 반면, 새로운 제국들이 부상하고 있다. 전쟁과 전쟁의 소문이 끊이지 않는 시대이다. 우리는 기후 재앙과 지속적인 경제 혼란이 점증하는 위협에 직면해 있다. 우리를 둘러싼 세계는 정치, 기술, 경제, 종교적으로 변화하고 있다. 이 모든 격변 속에서 우리는 교회가 신흥 제국, 기술관료제 정권, 내분에 시달리는 민주주의 국가들과 어떤 관계를 맺어야 하는가를 생각해야 한다. 세계가 독재와 느슨한 민주적 동맹의 양축으로 나뉘고 있는 대단히 불안정한 21세기 환경에서 교회의 사회적 행동과 정치적 지향은 무엇이어야 하는지 고민해야 한다. 기독교 신앙을 실천하려면 중국, 파키스탄, 미얀마, 베네수엘라, 핀란드, 미국 중 어디에 사는가에 따라 달라지는 위험과 유혹을 이겨내야 한다.

그래서 이번 장의 목적은 정치와 권력의 신학에 대한 예비 보고서를 작성하는 것이다. 이를 위해 우리는 교회와 국가 사이의 긴장을 지적하고, 기독교인들이 어떤 다양한 방식으로 전제적 국가권력에 대응해 왔는지 정리해 보고자 한다.

2. 기독교인은 국가 앞에서 어떤 자세를 취해야 할까?

신약성경에서 우리는 교회가 정치권력과 관계를 맺는 방식에 내재된 긴장을 볼 수 있으며, 이러한 긴장은 기독교의 처음 몇 세기까지 이어진다.

한편으로 교회는 세속 권력자들과 긍정적인 관계를 맺었다. 이런 관계는 사도행전 2장의 사도들이 "모든 사람의 호감을 얻었"[4]던 대목에서 볼 수 있다. 누가는 로마군 백부장과 천부장을 신앙의 모범으로 묘사하거나, 그 장교들이 사도들을 법 앞에서 공정하고 평등하게 대했다고 서술한다.[5] 바울은 에베소에 있는 동안 소아시아를 다스리는 로마의 고위 관리들과 좋은 관계를 맺었는데, 그들이 [위험을 감지하고] 바울에게 에베소 원형극장에 들어가지 말라고 경고해줄 정도였다.[6] 바울은 가이사랴에서 포로로 잡혀 있을 때 카이사르에게 호소했는데, 이는 자신에게 제기된 혐의가 무죄임을 카이사르가 밝혀줄 것으로 기대했기 때문이다.[7] 바울은 로마서를 쓰면서 모든 정부, 심지어 우상숭배와 불의를 일삼는 로마 제국까지도 하나님이 공의의 집행을 위해 임명하셨으며, 공직자는 하나님의 종이므로 우리가 그에게 복종하는 것이 마땅하다고 말했다.[8] 베드로도 소아시아의 신자들에게 황제와 황제가 임명한 총독을 비롯한 인간 제도를 따르며 복종하라고, 그것이 하나님의 뜻이라고 가르쳤다.[9]

2세기의 변증가였던 순교자 유스티누스는 황제가 기독교인을 제국의 충실한 시민으로 인정하는 일이 가능하다고 믿었기 때문에,

---

4. 사도행전 2:47.
5. 누가복음 7:1-10, 사도행전 10:21-27.
6. 사도행전 19:30-31.
7. 사도행전 25:11-12.
8. 로마서 13:1-7.
9. 베드로전서 2:13-17.

기독교인들을 대신하여 황제에게 바치는 논문을 썼다.[10] 테르툴리아누스조차도 기독교인이 카이사르를 종교적 의미에서 '주'라고 부를 수 없지만, 정치적 의미에서는 그럴 수 있다고 주장했다. 그들은 카이사르**에게** 기도하지는 않았지만, 그를 **위해** 기도하려 했다. 뿐만 아니라 그들이 그의 성공과 번영을 바랐다는 점에서, 그는 어떤 이교도들의 카이사르이기에 앞서 그들의 카이사르였다.[11] 그래서 성공회 성직자 리처드 후커(Richard Hooker)는『교회 체제의 법에 관하여(Laws of Ecclesiastical Polity)』에서 교회의 본질적 교리를 직접적으로 부정하는 사안이 아니라면, 교회는 국가의 권위와 법률에 따라야 한다고 주장했다. 후커에 따르면, 국가는 교회 건축과 같은 교회의 외부 업무를 규제하고 공적 예배의 적절한 수행까지도 보장할 권한이 있었다.

그러나 다른 한편으로, 기독교의 문헌에는 국가 당국과의 부정적인 관계도 나와 있다. 우선, 예수께서는 예루살렘 대제사장들의 요청에 따라 로마 총독의 지시로 십자가에 못 박히셨다.[12] 사도신경의 라틴어 본문은 예수께서 "본디오 빌라도 치하에서 고난을 받으셨다"(passus sub Pontio Pilato)라고 말하지만, "로마 제국 치하에서 고난을 받으셨다"(passus sub imperio Romano)라고도 말할 수 있다. 산헤드린이 사도들에게 예수에 대한 설교를 중단하라고 명령했을 때, 사

---

10. 유스티누스의『첫째 호교론(First Apology)』은 로마 황제 안토니우스 피우스를 독자로 상정했다.

11. Tertullian, *Apology* 30-4. 다음을 참고하라. Justin, *First Apology* 12; Origen, *Against Celsus* 8.73. 이것은 유대인들도 황제와의 관계에서 황제에 대해 채택한 타협적 입장이다.

12. 누가복음 23장, 사도행전 3:13, 4:27, 13:28.

도들은 "우리는 사람이 아니라 하나님께 복종해야 한다"라는 이유를 대며 거절했다.[13] "예수 그리스도는 … 모든 사람의 주님"이시고 예수는 "왕"이시라는 교회의 메시지에는 뭔가 전복적인 요소, 세상을 뒤엎는 어떤 것이 있었다.[14] 또한 서기오 바울처럼 자비롭고 신실한 총독이 있었던 반면, 유대인을 향한 헬라인들의 집단적 폭력을 외면한 갈리오나 바울을 감옥에서 풀어줄 마음은 있었지만 뇌물을 석방 조건으로 기대했던 벨릭스 같은 이들도 있었다.[15] 더욱이 세베대의 아들 야고보를 사형에 처하고, 나중에 예수의 동생 야고보까지 사형에 처한 것도 유대 당국이었다.[16]

전승에 따르면, 바울과 베드로 모두 네로가 지시한 로마 교회 박해의 일환으로 로마에서 순교했다. 고대의 기독교인 박해는 2세기에는 대개 돌발적이고 국지적으로 일어났지만, 3세기에는 지역 신들을 공경하지 않고 제국 숭배에 참여하기를 거부한다는 이유로 제국 전역에서 잔인한 방식으로 보복이 가해졌다.[17] 밧모섬의 요한이 로마 제국을 신성모독과 잔인함으로 가득하고, 탐욕으로 침을 흘리며, 바다에서 솟아난 괴물로 묘사한 것은 당연한 일이었다. 요한은 그 괴물과 그것을 숭배하는 자들이 하나님의 심판으로 멸망

---

13. 사도행전 5:29.

14. 사도행전 10:36, 17:7.

15. 사도행전 13:4-13, 18:12-16, 24:26.

16. 사도행전 12:1-2, Josephus, *Ant.* 20,200.

17. Wolfram Kinzig, *Christian Persecution in Antiquity*, trans. Markus Bockmuehl (Waco, TX: Baylor University Press, 2021)를 보라.

할 날을 고대하며 기도했다.[18] 재세례파의 슐라이트하임 신앙고백서(Schleitheim Confession)*를 작성한 미하엘 자틀러(Michael Sattler)는 기독교인들이 지상의 모든 영역에서 바빌로니아 및 이집트와 구별되어야 한다고, 다시 말해, 기독교인은 지상 영역이 아닌 하늘에 속한 시민이기 때문에 공직도 맡을 수 없다고 말했는데, 우리는 그 이유를 이해할 수 있다.

따라서 여기에 긴장이 있다. 곧 우리는 언제 카이사르에게 호소하며, 통치당국에 복종해야 할까? 또 언제 카이사르에게 인간의 권위가 아니라 하나님께 복종해야 한다고 말하며, 정부가 하나님의 심판을 받게 해달라고 기도해야 할까? 우리는 하나님이 세우신 정부에 불복종할 수 있을까? 그 불복종이 소극적·적극적 저항까지 이어질 수 있을까? 이제 이런 주제들로 넘어가 보자.

3. 불복종해도 괜찮을까?

폴리카르푸스는 2세기 중반 서머나(오늘날 튀르키에의 이즈미르)의 감독이었다. 서기 155/156년경, 그는 체포되어 경기장으로 끌려갔다. 거기서 스타티우스 쾨드라투스 총독은 그에게 카이사르의 수호신에게 맹세하고, 그리스도를 저주하라고 촉구했다. 그리고 그 말에

---

18. 요한계시록 13장, 20장.
* 재세례파의 첫 신앙고백서, 1527년.

따르지 않으면 야수에게 찢기거나 산 채로 화형당할 것이라고 경고했다. 폴리카르푸스는 딜레마에 빠졌다. 왜냐하면 그는 "우리에게 해가 되지 않는 한, 하나님이 임명하신 통치자와 당국에 적절한 존경을 표하라고 배웠"음을 인정했기 때문이다.[19] 그러나 신앙의 문제에서 강압에 직면하자, 그는 폭력과 처형의 위협을 받으면서도 그리스도를 부인하라는 로마 관리의 명령에 따르지 않기로 결심했다. 그는 이렇게 응수했다. "여든여섯 해 동안 나는 그분의 종이었고, 그분은 나에게 어떤 그릇된 일도 하시지 않았습니다. 그런데 내가 어떻게 나를 구원하신 왕을 모독할 수 있겠습니까?"[20]

그의 말에서 주목할 점이 있다. 즉 폴리카르푸스는, 총독이 비록 합법적으로 지상의 권위를 위임받은 합법적인 대리인이긴 하지만, 지금은 그가 예수께서 참으로 주권을 가지신 영역에서 그분의 주인 되심을 부인하길 요구하고 있음을 지적했다는 점이다.[21] 이러한 곤경에 직면한 폴리카르푸스는 신민에게 부당한 종교적 헌신을 요구한 정권에 복종하기보다는 순교를 택하여 국가 권위에 불복종하기로 결정했다. 폴리카르푸스가 이렇게 판단한 이유는 국가 권력이 해를 끼치거나 스스로 하늘의 특권을 가졌다고 생각할 정도로 오만해지면, 기독교인은 그런 국가 권력에 복종할 의무가 없기 때문이었다. 폴리카르푸스는 예수를 부인하길 거부하고, 예수께서

---

19. *Martyrdom of Polycarp* 10.2 (trans. M. Holmes).
20. *Martyrdom of Polycarp* 9.3 (trans. M. Holmes).
21. Nicholas Wolterstorff, *The Mighty and the Almighty: An essay in political theology* (Cambridge: Cambridge University Press, 2012), 15.

제자들에게 명령하신 대로 "고귀한 고백"을 행하는 방식으로 국가 권위에 불복종하는 쪽을 선택했다.[22]

국가에 대한 불복종이 실행가능해 보이긴 하지만, 로마서 13장 1-3절이 많은 기독교인들에게 미치는 지독한 의심은 여전히 남아 있다.

누구나 다스리는 권위에 복종해야 합니다. 알다시피, 하나님께 로부터 나오지 않은 권위가 없고, 기존 권위들은 다 하나님께서 그 자리에 두신 것입니다. 그러므로 권위에 반항하는 사람은 누구나 하나님께서 정하신 것에 저항하는 것이므로, 저항하는 이들은 심판을 자초할 것입니다. 통치자들은 선을 행하는 이들이 아니라 악을 행하는 이들에게만 두렵기 때문입니다.

바울은 하나님이 국가 권력자들을 그분의 종으로 임명하셨으니 그들에게 복종하라고 말했는데, 우리가 어떻게 그들에게 불복종할 수 있을까? 폴리카르푸스는 국가의 권위에 대한 복종의 원칙에 예외가 있음을 암시한 최초의 사람 중 하나이다.

로마서 13장 1-5절의 문제는 그 내용이 명료하다는 데 있다. 그것은 통치 권위에 복종하라고 분명하게 무조건적으로 촉구한다.[23] 하지만 여기서 바울이 한 말은 여러 측면에서 치열한 논쟁의 여지

---

22. 마가복음 8:38, 마태복음 10:32-33, 누가복음 12:8-9, 디모데전서 6:12-13을 보라.
23. Leander E. Keck, *Romans*, Abingdon New Testament Commentaries (Nashville, TN: Abingdon, 2005), 311.

가 있다. 과연 그의 말은 어떤 배경에서 나왔을까(유대에서 임박한 반란을 예감했을까?)? 그로부터 10년도 되지 않아 네로의 지시로 박해가 일어나 로마 교회가 황폐해지고 자신도 순교당할 줄 바울이 알았다면, 그의 마음이 바뀌었을까(대체 역사)? 게다가 서구 문명에서 이 구절을 수용하는 역사에도 문제가 있다(통치자들은 이 구절을 인용하여 기독교인 신민을 통제하려 했고, 기독교 혁명가들은 이 구절을 우회할 방법을 찾으려고 열심이었다). 어쨌든 다스리는 권위에는 복종해야 한다. 그들은 공의를 행사하도록 하나님이 임명하셨고, 존경과 조세를 받을 자격이 그들에게 있기 때문이다.[24]

베드로도 이와 비슷하게 기독교인은 "주를 위해 인간의 모든 제도에 복종"해야 한다고 강조했다. "최고 주권자인 황제이든, 악을 저지르는 사람을 심판하고 선을 행하는 사람을 칭찬하라고 황제가 파송한 총독이든 마찬가지이다." 그것이 "하나님의 뜻"이고, 그 뜻은 "황제를 존중하는" 데까지 확장된다.[25] 이것은 다스리는 권위에 복종하고, 그 권위를 존중해야 한다는 분명한 요구였다. 그러나 이 권고에는 로마서 13장 1-5절과는 달리 어느 정도 단서가 달려 있다. 정부는 신적 존재가 아닌 '인간의' 조직이라는 것이다. 기독교인은 통치 당국의 노예가 아니라, '자유인'이고 '하나님의 종'이다. 기

---

24. 다음을 보라. Michael F. Bird, Romans, *The Story of God Bible Commentary* 6 (Grand Rapids, MI: Zondervan, 2016), 441-450; Michael F. Bird, *An Anomalous Jew: Paul among Jews, Greeks, and Romans* (Grand Rapids, MI: Eerdmans, 2016), 245-251; N. T. Wright, "Romans", in *New Interpreter's Bible*, ed. L. E. Keck (Nashville, TN: Abingdon, 2002), vol. 10, 715-723.
25. 베드로전서 2:13-17.

독교인은 황제와 그의 대리인들을 예배하는 것이 아니라 '존중'한다. 따라서 기독교인들은 로마의 신들에게 제사를 드리거나, 황제의 수호신에게 향을 바치거나, 노예처럼 가신(家神)에게 제물을 바칠 필요가 없었다.[26] 물론 신자들의 성향과 본능은 통치 당국에 복종하고 존경심을 표하는 것이다. 기독교인은 모범적인 삶을 살아감으로써 황제뿐 아니라 하나님께도 봉사한다. 토마스 슈라이너는 이렇게 주석을 달았다. "그러나 정부가 악한 일을 지시하거나 신자들에게 하나님을 예배하지 말라고 요구한다면, 하나님의 종인 신자들은 복종을 거부해야 한다."[27]

바울과 베드로가 제시한 복종과 순종의 권고는 일반적인 원칙일 뿐, 모든 시대, 모든 장소, 모든 상황에서 적용해야 할 규칙은 아니라는 점을 기억해야 한다. 정부는 하나님이 공동선을 위해 정하신 제도이다. 이 점에는 헬라인, 로마인, 유대인 모두가 대체로 동의했다. 철학자 플루타르코스는 "통치자는 인간을 돌보고 보존하기 위해 신을 섬긴다"라고 썼다.[28] 잠언에서도 하나님이 이렇게 선언하신다. "내 도움으로 왕들이 통치하며, 고관들도 올바른 법령을 내린다. 내 도움으로 지도자들이 바르게 다스리고, 고관들 곧 공의로 재판하는 자들도 올바른 판결을 내린다."[29] 유대인 현자 벤 시라

---

26. Travis B. Williams and David G. Horrell, *1 Peter: A critical and exegetical commentary*, International Critical Commentary, 2 vols (London: T&T Clark, 2023), 728-729.

27. Thomas R. Schreiner, *1 & 2 Peter and Jude*, Christian Standard Commentary (Nashville, TN: Holman, 2020), 144.

28. Plutarch, *To an Uneducated Ruler* 3.

29. 잠언 8:15-16(새번역).

크는 "세상의 모든 왕권은 주님의 손안에 있는 것, 주님께서는 때를 따라 적당한 통치자를 세우신다"라고 말했다.[30] 유대 역사가 요세푸스도 "하나님의 뜻이 아니면 통치자는 그 직분을 얻을 수 없다"라고 썼다.[31] 요한복음의 예수께서 빌라도 앞에서 침묵을 지키시자, 빌라도는 다음과 같은 서늘한 위협으로 예수를 나무랐다. "내게 당신을 풀어줄 권한도, 십자가에 못 박을 권한도 있는 줄 모르시오?" 이 말에 대해 예수께서는 (이전 장에서 보았듯이) 이렇게 대답하셨다. "만약 위로부터 주어지지 않았다면, 당신은 나에 대해 어떤 권한도 갖지 못했을 것이오." 이 지상의 행정장관은 앞으로 하나님의 심판에 직면하게 된다. 하나님이 주신 권한에는 책임이 따르기 때문이다.[32] 정부는 하나님이 제정하신 일반은총의 한 형태이고, 인간 통치자들은 통치를 받는 사람들을 위해 정의를 집행하고 안보와 복지를 제공하도록 임명된 자들이다. 하지만 거기서 그치지 않는다. 정부는 얼마나 잘 통치하느냐에 따라서 평가를 받고, 이 시대와 다음 시대에 책임을 지게 될 것이다.

그런데 정부가 기독교인에게 느부갓네살 신상에 제물을 바치거나 도미티아누스 황제에게 절하고 경배하라는 등의 신앙에 어긋나는 요구를 한다면 어떻게 해야 할까? 정부가 우리의 양심이 허락하지 않는 일을 긍정하거나 행하도록 강요한다면 어떻게 해야 할까?

30. 집회서 10:4.
31. Josephus, *War* 2, 140.
32. 요한복음 19:10-11.

장 칼뱅은 이 문제를 잘 알고 있었고, 이에 대해 많은 말을 남겼다. 그는 국가의 관리에게 복종하는 일이 "우리를 하나님을 향한 순종에서 멀어지게 해서는 안 되며, … 하나님을 거스르게 하는 명령을 내린다면 무시해야 한다"라고 썼다.[33] 또한 "군주가 하나님을 섬기고 예배하는 일을 금지하고, 신하들에게 우상숭배로 자신을 더럽히도록 명령하고, 하나님을 섬기는 것과 반대되는 온갖 가증한 일에 동의하고 참여하기를 원할 때, 그는 군주로 대접받거나 어떤 권위도 부여받을 자격이 없다"[34]라고 기록했다. 칼뱅이 우려한 대상은 신민들에게 가톨릭 미사에 참석하도록 강요하거나 개혁 교회에 특정 전례를 강요하는 가톨릭 군주였다. 우리는 칼뱅의 논지를 이 시대의 약탈적 세속주의와 유해한 이교주의에 비추어 새롭게 숙고할 필요가 있다. 칼뱅은 국가에 대한 복종이 결코 전면적이거나 무제한적인 것이 아님을 제대로 파악했다. 이 분야에 대한 칼뱅의 발언은 이 정도만 소개해도 충분할 것이다.

그렇다면 기독교인이 정부에 불복종하는 것이 가능할까? 두 가지 이유에서 '그렇다'라고 대답할 수 있다. 첫째, 군주이든 통치자이든 지상의 어떤 기관도 절대적인 권위를 가지고 있지 않다. 국가의 권위는 불가침의 **지위**(position)가 아니라, 하나님께 바치고 국민을 위해 행하는 봉사의 **수행**(performance)이다. 그렇다면 정부의 권위는 하나님의 의로운 기준에 부합하며 통치 방식에 대한 국민의 동의

---

33. Calvin, *Institutes* 4. 20. 32.
34. Calvin, *Lectures on Daniel* 6. 22.

를 얻어 수행하는 것을 조건으로 성립한다고 말할 수 있다.[35] 둘째, 정부는 공동선을 위해 하나님이 세우신 소식이므로 우리는 원칙적으로 정부에 복종해야 하지만, 그렇다고 모든 통치자가 선한 것은 아니다. 모든 경우에 무조건 정부에 복종해서는 안 된다. 정부가 종교의 자유를 방해하거나, 불법적으로 행동하거나, 자국민에게 해를 끼치는 경우에는 더욱 그렇다.[36]

우리는 하나님이 정부를 통해 질서를 이루시고, 적법한 권위를 통해 세상의 모든 측면이 지혜롭게 다스려지기를 원하신다고 분명히 말할 수 있다. 그러나 권위를 얻게 되면 통치의 소명을 왜곡하고 싶은 유혹을 받게 되고 그에 대한 책임이 따르게 된다. 즉 통치자가 하나님이 주신 지위를 남용하면 그분의 문책을 당하게 되는 것이다. 잔혹행위, 불의, 탐욕을 저지르는 통치자들은 자신의 직책을 내세우면서 하나님이 그들의 악한 행위를 지지하신다고 말할 수 없다. 그때 그들은 지위의 정당성을 상실하게 된다. 오직 선한 정부만이 하나님이 맡기신 권위를 주장할 수 있기 때문이다. 따라서 하나님은 정부를 통해 질서를 이루시지만, 그렇다고 모든 개인 통치자를 임명하시는 것은 아니라고 보아야 한다.[37] 기독교인은 국

---

35. Wolterstorff, *The Mighty and the Almighty*, 47-52, 116.

36. Chrysostom, *Homilies on Romans 24*; John Milton, *Defence of the People of England*, section 3. Martin Hengel (*Christ and Power* [Philadelphia, PA: Fortress, 1977], 35)은 이렇게 썼다. "요구되는 것은 맹목적이고 불합리한 굴종이 아니라 의식적이고 (따라서 정신을 바짝 차리고 비판적인) 복종이다."

37. Lee C. Camp, *Scandalous Witness: A little political manifesto for Christians* (Grand Rapids, MI: Eerdmans, 2020), 116. 같은 생각을 John Chrysostom, *Homilies on Romans 23*에서도 볼 수 있다.

가의 권위에 대해 "우리는 사람이 아니라 하나님께 복종해야 한다" 라고 응수하며, "왕의 명령을 두려워하지 않는 것"이 옳은 태도인 경우도 있다.[38]

4. 피 흘리기까지 불복종하라?

그렇다면 문제는 기독교인들이 불법적 권위에 대한 시민 불복종에 머물지 않고, 적대적인 정부에 맞서 폭력까지 동원하는 적극적인 저항으로 나아갈 수 있느냐이다. 느부갓네살처럼 신성모독적인 왕에게 다음과 같이 말하는 것은 합당한 일이다.

> 만일 그럴 것이면 왕이여 우리가 섬기는 우리 하나님이 우리를 극렬히 타는 풀무 가운데서 능히 건져내시겠고 왕의 손에서도 건져내시리이다. **그리 아니하실지라도** 왕이여 우리가 왕의 신들을 섬기지도 아니하고 왕의 세우신 금 신상에게 절하지도 아니할 줄을 아옵소서[39]

그러나 마카비 가문이 셀레우코스 왕조에 대항하여 봉기한 것처럼 행동하는 것은 전혀 다른 문제이다. 셀레우코스 왕조는 안티

---

38. 사도행전 5:29, 히브리서 11:23.
39. 다니엘 3:17-18(개역한글), 강조 추가.

오쿠스 4세 에피파네스를 통해 유대인의 생활 방식을 뿌리 뽑고, 예부살렘 성전을 이교도 신전으로 바꾸려 했다. 마카비 봉기는 유대 율법을 중심으로 결집하여 셀레우코스 왕조에 대항해 일으킨 반란으로서 "너희를 학대한 이방인들에게 복수하고 율법이 명하는 것을 잘 지켜라"는 모토를 내걸었다.[40] 당신은 통치의 불의나 폭정에 직면할 때 뭐라고 말하겠는가? "하나님이 원하신다면 우리를 구원하시겠지만, 그리 아니하실지라도 나는 당신을 섬기느니 차라리 고통을 받겠다"라고 말하겠는가, 아니면 깃발이나 십자가나 총을 들고 "이교도들에게 받은 대로 고스란히 갚아주라"고 외치겠는가?

시민 불복종은 어디까지 허용될까? 정부가 종교적 문제에서 우리를 좌지우지하려고 할 때 평화적인 불복종에 임하는 것은 무방하지만, 정부가 자국민이나 먼 곳의 사람들에게 악을 저지르거나 해를 끼치면 어떻게 해야 할까? 이 주제에 대해 칼뱅은 학대 앞에서도 시민 불복종의 길을 가기를 매우 꺼려했다.

> 만약 야만적인 군주가 우리를 잔인하게 괴롭힌다면, 욕심 많고 무자비한 군주가 탐욕스럽게 약탈한다면, 나태한 군주가 우리를 방치한다면, 불경건하고 신성모독적인 군주가 경건을 지키는 우리를 괴롭힌다면, … 그런 악을 바로잡는 것은 우리가 할 일이 아니며 우리에게 남은 일은 왕의 마음과 왕국의 변화를 손에 쥐

---

40. 마카베오상 2:68.

고 계신 주님의 도움을 구하는 일뿐임을 명심하자.[41]

칼뱅은 "걷잡을 수 없는 폭정을 바로잡는 것은 주님께서 갚아주실 일"이므로 하나님의 백성에게 남은 선택지는 "복종하고 고난을 당하는 것"뿐이라고 주장했다.[42] 그의 입장은 신자들이 압제에 맞서 열심히 기도하고 최선의 상황을 바라야 한다는 것이다. 그러나 기독교인이든 다른 종교집단이나 민족집단이든 "너희의 존재가 불법이다"라고 선언하는 '부당한 압제' 앞에 서게 될 때, 그것이 정말 최선의 방법일까?[43] 어떤 식으로든 방어하지 않고 고통을 그냥 당해야 할까?

칼뱅의 입장은 폭군 살해에 강력히 반대했던 더 광범위한 기독교 전통을 반영한다. 솔즈베리의 요하네스는 폭군도 하나님의 사역자라고 가르쳤다. 이 말대로 훈족의 왕 아틸라는 한 주교를 만났을 때 자신을 '하나님의 채찍'이라고 소개했다. 주교는 그를 하나님이 임명하신 총독으로 여기고 환영하며 교회의 문을 열어주었다. 그러나 아틸라는 그 주교를 순교자로 만들었다. 요하네스는 그 주교가 "감히 하나님의 채찍을 거부할 수 없었다"라고 말했다. "그는 하나님의 귀한 아들이 채찍에 맞았고 주님 외에는 그분을 채찍질할 권세가 없다는 것을 알았기 때문이다."[44] 많은 주교와 신학자들

---

41. Calvin, *Institutes* 4.20.29.

42. Calvin, *Institutes* 4.20.31.

43. Tertullian, *Apology* 4.

44. John of Salisbury, *Policraticus* 4.1. 다음 책에서 인용. *From Irenaeus to Grotius: A sourcebook*

은 사울이 "피비린내 나는 살인자"였지만, 다윗조차도 기회가 있을 때 사울 왕을 살해하지 않았다고 지적했다.[45] 하나님은 파라오(바로), 느부갓네살, 키루스(고레스), 다리우스(다리오), 카이사르 같은 폭군을 일으켜 당신의 목적을 이루게 하셨다. 폭군을 제거하는 방법은 인내와 기도였다.[46]

그리 놀랄 일은 아니지만, 후대의 많은 개신교도, 특히 프랑스 위그노와 영국 청교도들은 반란을 수용하기를 꺼려하는 칼뱅의 태도를 답답해했고, 결국엔 그것이 실행 불가능한 일이라고 생각하게 되었다.[47] 결국 많은 개신교도는 적법한 권위, 정의롭고 경건하게 행동하는 권위에만 복종해야 한다고 결정했다. 따라서 폭정으로 하나님과 국민 모두의 적이 된 불법적인 정부에 맞서 적극적이고 폭력적으로 저항하고자 하는 것은 정당한 욕구였고, 그렇게 저항하는 것이 의무였다.

이러한 견해의 선례가 있었다. 토마스 아퀴나스는 권위가 불법적일 수 있는 두 가지 경우를 제시했다. 첫째, 폭력적인 찬탈로 권위를 얻은 경우였다. 둘째, 폭력적이고 불법적인 방식으로 권위가 행사된 경우였다. 아퀴나스는 키케로가 폭군 율리우스 카이사르를

---

in Christian political thought, 100-1625, ed. Oliver O'Donovan and Joan Lockwood O'Donovan (Grand Rapids, MI: Eerdmans, 1999), 282-283.

45. 사무엘상 24:1-7, 사무엘하 16:8.

46. John of Salisbury, *Policraticus* 8.18-20. 다음 책에서 인용. *From Irenaeus to Grotius*, ed. O'Donovan and O'Donovan, 294-296.

47. Wolterstorff, *The Mighty and the Almighty*, 74-82.

죽인 브루투스를 정당화했던 일을 사례로 들었다.[48] 아퀴나스는 폭군의 제거는 '사인'(私人)이 아니라 원로원, 즉 귀족회의체 같은 '공적 권위'가 맡는 것이 낫다고 보았고, 이 견해는 큰 영향력을 행사하게 된다.[49] 존 위클리프는 하나님이 폭군을 임명하신다면 폭정의 죄가 하나님 탓이라는 말이 된다고 결론내리고, 이는 신성모독적인 명제가 될 것이라고 주장했다. 위클리프가 볼 때, 폭군은 호세아 8장 4절에 나오는 "그들이 왕들을 세웠으나 내게서 난 것이 아니다"라고 했던 왕들과 같은 존재였다.[50]

따라서 종교개혁 이후에는 「폭군에 대항할 자유의 변호(Vindiciae contra tyrannos)」(1579)와 같은 작품이 등장한다. 익명의 프랑스 위그노 작가가 스테파누스 유니우스 브루투스라는 필명으로 쓴 이 책자는, 시민의 천부적이고 양도할 수 없는 권리를 침해한 군주는 통치권을 상실했다고 보아야 하며, 국민은 필요한 경우 그런 통치자에게 저항하고, 그를 무력으로 제거할 권리를 가진다고 주장했다. 새뮤얼 러더퍼드가 17세기에 집필한 소책자 『법이 왕이다(Lex, Rex)』(1644)는 기독교인이 억압적인 정부에 무조건 절대 충성을 바쳐야 한다는 생각에 이의를 제기했다. 러더퍼드는 로마서 13장 1-7절을 신

---

48. Thomas Aquinas, *Commentary on the Sentences* 44.2.2. 다음 책에서 인용. *From Irenaeus to Grotius*, ed. O'Donovan and O'Donovan, 328-330.

49. Thomas Aquinas, *On Kingship* 1.6. 다음 책에서 인용. *From Irenaeus to Grotius*, ed. O'Donovan and O'Donovan, 334.

50. John Wycliffe, *Civil Lordship* 1.1. 다음 책에서 인용. *From Irenaeus to Grotius*, ed. O'Donovan and O'Donovan, 492.

학-정치적으로 해석하여 폭압적 통치에 대한 저항, 심지어 폭력적인 저항도 정당화될 수 있음을 알렸다.[51] 존 밀턴은 「영국 국민 변호론(Defence of the People of England)」(1651)을 써서 왕권신수설을 거부하고, 왕권과 폭정을 구분하고, 법은 왕으로부터 오지만 자유는 하나님으로부터 온다고 선언하며, 통치자에게 복종하라는 바울의 발언은 적법한 통치자에게만 적용된다고 설명했다. 로마서 13장 1-7절에 대한 이와 유사한 주장은 미국 혁명 전야에 애국파 성직자들이 성경 해석과 휘그주의*의 인간 자유관과 영국 왕실에 대한 음모론을 결합하여 제시한 데서 드러난다. 이에 반해 충성파** 성직자들은 영국 정부는 정당하게 임명된 하나님의 지상 대리자이고, 혁명이 아니라 존경의 대상이라고 주장했다.[52]

우리는 폭압적 정부에 맞선 폭력 저항의 찬반 논증과 관련하여 두 가지 다른 사례를 언급할 수 있다.

첫째, 1920년대 멕시코에서 일어난 '크리스테로 봉기'(Cristero Rebellion)이다. 이는 가톨릭 농민들이 가톨릭을 탄압하거나 아예 없

---

51. Ryan McAnnally-Linz, "Resistance and Romans 13 in Samuel Rutherford's *Lex, Rex*", *Scottish Journal of Theology* 66 (2013): 140-158을 보라.

52. 다음을 보라. Gregg L. Frazer, *God against Revolution: The loyalist clergy's case against revolution* (Lawrence, KS: University Press of Kansas, 2018), 45-51; Gary L. Steward, *Justifying Revolution: The American clergy's argument for political resistance, 1750-1776* (Oxford: Oxford University Press, 2021).

* 1678-1859년까지 존재했던 영국 정당 휘그당은 절대왕정보다 의회주의를 선호했고, 노예해방과 참정권 확대를 주장했다. 휘그당의 휘그주의는 미국 독립혁명에 영향을 주었고, 초기 애국파 활동가들은 자신을 휘그라고 부르기도 했다.

** 영국 왕실을 지지하던 세력으로 왕당파라고도 한다.

애려 했던 카예스(Callas) 정권에 맞서 무기를 들고 일어난 사건이었다. 멕시코 정부는 교회와 학교를 강제로 폐쇄하고 공공장소에서 성직복 착용을 금지했다. 수백 명의 사제를 살해하고, 수천 명의 사제를 추방했으며, 교회 건물을 불태웠다. 저항의 움직임에는 평화적인 방식과 비평화적인 방식이 모두 있었다. 크리스테로는 무장 농민들을 뜻했고, 그들은 여러 마을에 주둔한 연방군을 공격하여 여러 차례 군사적 승리를 거두었다. 결국 반성직자법과 반가톨릭 정책은 폐지되거나 완화되거나 시행되지 않았고, 평화 협정이 체결되었다. 크리스테로 봉기가 군사적으로 얼마나 성공적이었는지, 봉기가 없었더라도 반가톨릭 조치들이 철회되었을지에 대해서는 논란이 있다.[53]

둘째, 동유럽에서 공산주의를 무너뜨리는 데 교황 요한 바오로 2세(1978-2005)가 한 역할이다. 크라코프의 주교였던 카롤 보이티와(Karol Wojtyla, 요한 바오로 2세의 본명)는 폴란드 공산당이 볼 때 무해하고 비이념적인 성직자였다. 그러나 그가 1978년에 교황이 되고 나서 지지했던 연대운동은 유럽, 특히 그의 조국 폴란드에서 공산주의 독재 정권을 서서히, 그러나 확실하게 망가뜨렸다. 물론 다른 지정학적 요인들도 작용했지만, 요한 바오로 2세는 동유럽 사람들에게 민주주의와 자유를 가져다주는 데 주도적인 역할을 했다. 탱크나 총 없이 일어난 혁명이었다. 한번은 교황이 바르샤바에서 미사

---

53. David C. Bailey, *¡Viva Cristo Rey! The Cristero Rebellion and the Church-State conflict in Mexico* (Austin, TX: University of Texas Press, 2021)를 보라.

를 집전하면서 소련의 지배하에 있던 폴란드의 독립을 촉구하며 폴란드 국민에게서 그리스도를 빼앗을 수 없다고 신언했는데, 군중은 거기에 화합하여 이렇게 노래했다. "우리는 하느님을 원합니다. … 우리는 하느님을 원합니다." 소련과 동구권을 무찌른 것은 폭력이 아니라, "협상, 대화, 진리에 대한 증언 등 모든 수단을 동원하여 적의 양심에 호소하고 그 안에서 인간의 존엄성에 대한 공통의 감각을 다시 일깨우려는 노력"이었다.[54] 이처럼 요한 바오로 2세뿐 아니라 마틴 루터 킹, 간디를 비롯한 수많은 사람들이 비폭력 저항을 지지하는 논거를 보여주었다.

폭력의 가능성을 허용할 수 있다거나 하나님이 그것을 승인하셨다고 간주하는 것만으로도 도덕적으로 우려스러운 지점으로 들어선다. 외국 침략군에 맞선 정당한 전쟁을 지지하는 합당한 논증은 존재하지만, 자국의 정부 지도자와 동료 시민을 상대로 한 폭력적인 반정부 혁명을 정당화하는 논리는 훨씬 빈약하다. 자국민을 상대로 무기를 들거나 폭도의 힘을 사용하는 것은 윤리적 지뢰밭에 들어서는 일이다. 예수께서는 "눈에는 눈"이라는 원칙을 거부하시고, "누가 네 오른쪽 뺨을 치거든 반대쪽 뺨을 돌려 대라"고 말씀하셨다.[55] 바울도 "악을 악으로 갚지 말라"고 가르쳤다.[56] 악으로 악에 맞서면 끝없는 소용돌이가 만들어져서 그 길에 있는 모든 것과 모

---

54. *Centesimus Annus* (1991), §23.
55. 마태복음 5:38-39.
56. 로마서 12:17.

든 사람을 파괴하기 때문이다. 비폭력 운동이 폭력적 운동보다 성공하는 경우가 많다는 순전히 실용적인 이유를 제시할 수도 있다.[57]

전투적 저항과 비시민적 불복종(uncivil disobedience)의 윤리는 복잡하고 논란이 많은 것으로 악명이 높다.[58] 존 롤스 같은 정치 이론가들은 '거의 정의로운'(nearly just) 상태라는 기준을 충족하지 못하는 권력에 맞선, 전투적이고 비시민적인 저항을 용인했다.[59] 체코의 가톨릭 정치철학자이자 반공주의 활동가인 토마시 할리크는 이렇게 썼다.

> 폭력 앞에서 물러서는 것은 있을 수 없다. 우리는 무고한 사람들을 보호하고 지켜야 한다. … 악을 멈출 가망이 있다면 **자기 뺨**만 돌려 댈 수 있을 뿐, 다른 사람의 뺨을 갖다 댈 수는 없다. 그들의 뺨은 보호받아야 한다.[60]

캔디스 델마스 또한 시민들이 비시민적 불복종에 참여할 의무가 있다고 주장하는데, 이 불복종의 특징은 "은밀함, 회피, 폭력, 공격성"이다.[61] 비시민적 불복종에는 합법적 및 불법적인 반대 의사

---

57. Erica Chenoweth and Maria J. Stephen, *Why Civil Resistance Works: The strategic logic of nonviolent conflict* (New York: Columbia University Press, 2011)를 보라.

58. 다음 책의 유용한 논의를 참고하라. Jason Brennan, *When All Else Fails: The ethics of resistance to state authorities* (Princeton, NJ: Princeton University Press, 2019).

59. John Rawls, *A Theory of Justice* (Cambridge, MA: Harvard University Press, 1971), 367-368.

60. Tomáš Halík and Gerald Turner, *I Want You to Be: On the God of love* (Notre Dame, IN: University of Notre Dame Press, 2019), 117.

61. Candice Delmas, *A Duty to Resist: When disobedience should be uncivil* (Oxford: Oxford

표현, 청원, 파업, 보이콧, 폭동, 내부 고발, 사적 제재, 사보타주, 극단적으로는 혁명까지 포함될 수 있다.[62] 델마스는 여기에다 사실 비폭력적 불복종이 더 바람직하고, 가장 덜 해로운 선택지를 추구해야 하며, 다른 사람들의 권리와 공동선을 고려해서 행동해야 한다는 단서를 붙인다.[63]

그런데 여기에 딜레마가 있다. 델마스는 이 비시민적 불족종의 명령을 불법적이고 권위주의적인 정부뿐만 아니라 이민자와 소수자, 심지어 동물을 부당하게 대하는 민주적이고 자유주의적인 정부에도 적용한다는 것이다.[64] 이렇게 되면 어떤 불의가 비시민적 불복종의 마땅한 대상인가 하는 어려운 문제 앞에 서게 된다. 낙태에 찬성하거나 반대하는 판사의 집을 표적으로 삼아야 할까? 총기 폭력에 찬성하거나 반대한다는 이유로 예배당을 총기 폭력의 표적으로 삼아야 할까? 폭력을 행사해서 '파업불참' 노동을 강제로 없애야 할까? 도박 중독 피해자가 카지노에서 슬롯머신들을 때려 부숴야 할까? 택시운전사가 자기를 실업자로 만든 우버 기사들의 차량을 파손해도 될까? 채식주의 활동가들은 정육점에 불을 질러야 할까? 비시민적 불복종은 공익과 시민권을 옹호하기 위해서만 수행되어야 하며, 특정 이익집단의 이익이나 사익 추구의 수단이 되어서는 안 된다. 또한 불복종은 정부가 자국민과 타국민에게 가하는 해악

University Press, 2018), 44.

62. Delmas, *A Duty to Resist*, 127-128.

63. Delmas, *A Duty to Resist*, 49, 88.

64. Delmas, *A Duty to Resist*, 135, 175.

의 정도에 따라 수위를 조정해야 한다. 이상적으로 정의로운 정부는 없기에, 롤스의 표현처럼 '거의 정의로운' 정부라면 함부로 비시민적 행동을 해서는 안 된다.

부당한 법률과 불의한 정부를 구분하는 것이 도움이 될 수 있다.[65] 정부는 대부분 정의롭고 공정하며 공평할 수 있지만, 여전히 청원과 저항과 불복종을 부르는 부당한 법률을 제정할 수도 있다. 부당한 법률이라고 해서 모두 극한의 시민 불복종으로 대응해야 하는 것은 아니다. 불의한 정부라도 폭력이나 군사 쿠데타보다는 민주적 절차에 따라 몰아내는 것이 더 낫다. 우리에겐 법률의 부당성을 판단하고, 정부의 수행 능력을 전체적으로 평가하고, 모든 선택지의 결과를 숙고하고,[66] 효과적이면서도 상응하는 조치로 불의에 대응할 수 있는 기준이 필요하다. 일부 지역에서는 단호하고 평화적인 권리 옹호 활동이 성급한 폭동보다 나은 결과를 가져올 수 있다. 기독교의 가르침은 정부가 일부 사안에서 불완전하거나 불의하다 해도 그에 대한 국민의 기본적 태도는 복종과 존중이라고 단언한다. 시민 불복종은 부당한 법률을 겨냥해야 하며, 비시민적 불복종은 폭력적인 권위주의 정부를 향해서만 시행해야 한다.

---

65. Benjamin Saunders, *The Crisis of Civil Law: What the Bible teaches about law and what it means today* (Bellingham, WA: Lexham, 2024), 149-150.

66. 데이비드 반드루넨(David VanDrunen, *Politics after Christendom: Political theology in a fractured world* [Grand Rapids, MI: Zondervan, 2020], 356)은 지혜롭게 이렇게 밝힌다. "[독재자] 바티스타를 타도하면 카스트로가 들어설 수도 있다. 국왕 샤(Shah)를 몰아내면 호메이니가 들어설 수도 있다. 혁명은 그것이 바로잡고자 했던 불의를 압도하는 거대한 고통을 양산할 수 있다."

정부가 뼛속까지 폭압적일 경우에 시민들은 그 폭정의 정도에 따라 다양한 저항의 수난을 고민하게 된다. 이 문제로 씨름하다 보면, 1930년대에 디트리히 본회퍼가 겪었던 것과 같은 트릴레마 (trilemma)에 직면하게 된다. 본회퍼는 다음의 세 가지 선택지 중 하나를 택해야 했다. 미국에 남아 미국 정부가 나치 독일에 강경한 태도를 취하도록 로비할 것이냐, 인도로 가서 간디와 함께 평화주의를 공부할 것이냐, 아니면 독일로 돌아가 고백교회에 합류하고 (결국) 아돌프 히틀러 암살 음모에 가담할 것이냐? 이 고민에 쉬운 답변이 있다고 누가 말할 수 있겠는가?

사실 기독교인들은 군주제, 과두제, 독재, 술탄제, 자유민주주의, 부족 연맹 등 모든 종류의 정부 아래에서 폭력적 저항 없이 살아남을 수 있었고, 심지어 번영하기까지 했다. 우리는 차 가격의 규제와 미국 식민지에서 토지를 소유한 상류층의 야망이 영국의 권위에 대항한 미국 혁명을 정당화했다고 생각하지 않는다. 미국의 [영국] 식민지들이 미국 독립 전쟁을 정당화하는 데 활용했던 것과 동일한 방식으로 로마서 13장 1-5절에 대한 해석을 활용하여, [이후 남북전쟁에서] 남부동맹은 미 연방정부와 노예해방에 맞선 반란을 정당화했다.[67] 우리는 모든 비시민적 저항이 [폭정의 정도에] 비례해야 하며, 합법적이고 정당한 국가권력과 불법적이고 부당한 국가권력

---

67. 미국혁명과 남북전쟁에서 성경이 정치적으로 어떻게 쓰였는지에 대해서는 다음을 보라. Kaitlyn Schiess, *The Ballot and the Bible: How Scripture has been used and abused in American politics and where we go from here* (Grand Rapids, MI: Brazos, 2023), 21-52.

을 구분하는 기준이 있어야 한다고 주장하고 싶다. 더욱이 폭력에 폭력으로 저항하면, 지금 어떤 정권을 상대하든 다음 정권은 그보다 더 억압적이게 되는 악순환이 만들어질 위험도 있다. 시민 불복종이 반드시 폭력적일 필요는 없다. 전복적인 특성만 있으면 된다. 즉 부당한 권력 행사를 유지하거나 연장하려는 당국의 능력을 저지, 방해 또는 파괴할 수만 있으면 된다.[68]

그러나 다시 말하지만, 우리는 전체주의 정부가 휘두르는 채찍을 등짝에 맞아본 적이 없고, 한밤중에 가족 중 누군가가 비밀경찰에 끌려간 적도 없으며, 정부 정책을 비판했다는 이유로 구금된 적도 없고, 정치적 의견을 검열받은 적도 없고, 눈앞에서 교회가 불타는 것을 본 적도 없고, 유배를 당한 적도 없고, 대중에게 인기가 있다는 이유로 야당 지도자가 처형되는 것을 목격한 적도 없다. 그런 일들이 벌어진다면, 우리는 자국에서 불의한 전체주의 정권을 상대로 정당한 전쟁을 벌일 근거가 생겼다고 확신할 수 있을 것이다. 따라서 네로와 같은 과대망상증 환자를 상대해야 할 때, 뉘른베르크의 나치 치하에서 살아야 할 때, 나그푸르의 힌두 극단주의 정부를 상대해야 할 때, 이슬람 테러리스트들이 나자프 같은 이라크 도시를 점령할 때는 비시민적 저항 및/또는 전투적 저항이 허용될 수도 있을 것이다. 케냐 성공회 대주교 데이비드 기타리의 말처럼,

---

68. Joseph Pierce and Olivia R. Williams, "Against Power? Distinguishing between Acquisitive Resistance and Subversion", *Geografiska Annaler: Series B, Human Geography* 98 (2016): 171-188.

"독재 정권과 싸우기 위해 무기를 드는 것은 원하는 정치적 변화를 이룰 수 있는 다른 모든 수단이 실패했을 때만 수행해야 한다."[69] 1950년대 마우마우 봉기* 당시 영국이 케냐에서 저지른 야만적 행위를 아는 사람에게는 이 말이 특히나 묵직하게 다가올 것이다.[70] 그러나 대부분의 경우 폭력과 혁명은 답이 아니다. 폭정과 불의에 반대할 때는 평화적인 비폭력을 표준으로 삼아야 한다.

물론, 이렇게 말해도 한 가지 질문은 고스란히 남는다. 우리는 누구에게 저항해야 할까?

---

69. David Gitari, "You Are in the World but Not of It", in *Christian Political Witness*, ed. George Kalantzis and Gregory W. Lee (Downers Grove, IL: InterVarsity Press, 2014), 217.

70. Caroline Elkins, *Imperial Reckoning: The untold story of Britain's gulag in Kenya* (New York: Henry Holt, 2005)를 보라.

* 마우마우는 영국의 식민 통치에서 벗어나기 위해 독립운동을 벌인 케냐의 무장투쟁 단체이다. 8년간 30만 명이 참가한 마우마우 봉기에서 4만 명이 사망하고 1만 명의 감금 피해자가 발생했다.

6장

**오늘날의 권세에
저항하는 교회**

1. 우리는 누구에게 저항해야 할까?

지금까지의 내용을 요약해보자. 우리는 기독교인들이 국가와 복잡한 관계를 맺고 있고, 정부 지도자들에게 정치적 환심을 사려는 모습과 예수의 이름으로 정치적 골칫거리가 되는 상태의 양축 사이에 존재한다는 것을 살펴보았다. 그리고 정부는 공공의 정의와 안전과 복지를 위해 하나님이 세우신 조직이지만, 불의한 법에 불복종하고 불의한 정부에 저항하는 것은 허용된다고 결론내렸다. 불복종과 저항은 가급적 평화적인 방법으로 이루어져야 하지만, 극단적인 경우에는 폭압적인 정부에 맞서 정당한 전쟁으로 나아갈 수 있는 문이 살짝 열려 있다. 이제 우리는 기독교인들이 어떤 유형의 불의한 정부들에 대해 저항할 수 있는지 살펴보고자 한다. 이것 역시 간단하지 않다. 논란의 여지가 많고 도덕적 지뢰밭과도 같은 문제이다. 이제 소개할 내용은 불의한 정부의 유형을 모두 다루는 것은 아니고, 2020년대의 현안과 관련된 내용을 선별적으로 살피는 사례연구이다.

2. 전체주의에 저항해야 한다

전체주의는 파시즘, 공산주의, 신정주의 등 다양한 형태로 나타난다. 현재 파시즘은 주로 독일의 잊을 수 없는 역사와 나치의 발

흉으로 인해 특히 악명을 떨치고 있다고 해도 무방하다. 문제는 파시즘이 1차 세계대전과 대공황이라는 특수한 조건에서 발생한, 20세기 전반의 특정한 사회정치적 현상이라는 점이다. '파시스트'라는 경멸적 표현은 지나치게 남용되고 과도하게 적용된 나머지 이제는 사실상 무의미한 단어가 되었다. 오늘날 '파시스트'는 '나쁜 사람들'과 동의어에 가깝다. 브렉시트에 찬성한 투표자, 폴란드의 가톨릭 신자, 대중 영합적인 정치 지도자, '젠더 비판적' 레즈비언, 베네수엘라의 정부 비판자에 이르기까지 '파시스트'는 온갖 사람을 지칭하는 데 쓰인다. 이 용어를 폐기해야 하나 싶은 생각이 들 정도이다.

그럼에도 불구하고 우리는 불만을 무기로 삼고, 군국주의를 중시하고, 인종적 편견을 이용하며, 국가의 모든 문제는 큰 몽둥이를 든 선동가가 해결할 수 있다고 믿는 파시스트 같은 정권을 경계해야 한다.[1] 그런 정권은 중동, 아프리카, 아시아, 유럽, 남미에서 볼 수 있으며, 반공주의 입장이나 서구기업의 이익에 우호적인 성향 때문에 서구의 지지를 받기도 한다.

그러나 파시즘에 관해 가장 이해하기 어려운 것은 아마도 그것이 사람들에게 정말로 매혹적이었다는 점일 것이다. 우리는 1930

---

1. '파시즘'(Fascism)이라는 단어는 '다발'을 의미하는 라틴어 '파스키스'(fascis)에서 유래했고, 파스키스는 도끼를 포함한 막대기 다발로 고관의 권력을 상징하는데, 이는 에트루리아 문명에서 비롯된 것이다. 이 상징을 고대 로마가 계승했고, 이후 무솔리니가 이끄는 이탈리아의 국가 파시스트당이 채택했다. 파시즘은 극우 권위주의적 초국가주의의 한 형태로서 독재 권력과 모든 반대 세력에 대한 강제적인 억압, 그리고 엄격한 사회 규율과 정부의 경제규제를 특징으로 한다고 정의하는 것이 가장 적절할 것이다.

년대에 독일에 살았더라도 자신은 대중을 따라 나치 정권에 열광하거나 동조하지 않았을 거라고 생각하고 싶어 한다. 그러나 과연 우리가 나치즘에 알레르기 반응을 보이거나 적극적으로 반대했을까? 나치즘이 매력적이었던 이유는 의회의 교착 상태를 즉각적으로 해결하고, 경제적 혼란을 종식시키고, 1차 세계대전 이후 서구 열강이 독일에 부과한 엄청난 배상금과 굴욕적인 조건에 굴복하지 않겠다고 약속했기 때문이다. 나치즘은 난데없이 나타난 이질적인 정치 이념이 아니었다. 나치즘이 성공했던 것은 사람들이 믿었거나 믿고 싶어 했던 것을 구현했기 때문이다.[2] 나치즘은 다원주의 과학을 우생학 같은 유사 과학과 결합하고, 루터교의 일부 측면과 니체 철학의 여러 요소, 바그너의 음악, 북유럽 신화, 반유대주의 음모론, 수비학(數祕學), 이상화된 남성성, 민족주의, 군국주의, 반공주의에다 고대 유물의 마력에 대한 믿음까지 아우르는 대단히 절충적인 세계관이었다. 누구나 그 중 무언가에는 매력을 느낄 만했다! 나치즘은 과학적이고 영적이고 진보적이고 효과적이며, 세계에 필요한 신유형의 문명으로 보였다. 게다가 하나의 철학으로서 내적으로 철저한 일관성을 갖추고 있어서 많은 사람에게 자명해 보였기에 유럽 전역에서 지지자를 끌어모을 수 있었다.[3]

파시즘과 공산주의는 많은 차이가 있지만, 둘 다 사람들이 국가

---

2. Jacques Ellul, *Jesus and Marx: From gospel to ideology* (Grand Rapids, MI: Eerdmans, 1988), 4 - 한국어판: 『기독교와 마르크스주의』 곽노경 옮김 (대장간, 2012).

3. Peter J. Hass, *Morality after Auschwitz: The radical challenge of the Nazi ethic* (Minneapolis, MN: Fortress, 1988), 13-14, 99.

와 최고 지도자의 손에 쥐어준 절대 권력에 의존한다는 점은 주목할 만하다. 실세로 티머시 스나이더는 동유럽을 피페히게 만든 파시즘과 공산주의를 권위주의 독재라는 한 가지 현상의 일부로 이해해야 한다고 주장했다.[4] 토마시 할리크는 우리가 파시즘의 악행에 충격을 받고 거기에 줄곧 집착하는 탓에 공산주의의 악행에 대해서는 간과하는 경향이 있다고 견해를 밝힌다.

> 나치즘과 홀로코스트, 라틴아메리카와 그곳에서 일어난 해방운동, 서구 제국들의 악행에 대해서는 상당한 신학적 성찰이 있었지만, 반인류적이고 권위주의적인 악몽인 공산주의와의 대결에 대해서는 신학적 관심이 상당히 적었다.[5]

공산주의 지도자 스탈린과 마오가 살해한 사람들의 수는 히틀러, 콩고의 벨기에 왕 레오폴, 아르헨티나 군사 정권이 죽인 사람들의 합보다 훨씬 더 많다. 하지만 서구인들의 생각 속에서는 히틀러와 파시즘이 여전히 인간 악의 결정적 상징으로 자리 잡고 있다.

공산주의와 관련해서는 기독교와 마르크스주의가 놀라울 정도로 유사한 메타 서사를 가지고 있다는 점을 주목하지 않을 수 없다. 창조, 타락, 죄, 구세주, 구원, 파루시아(재림), 완성으로 이루어진

---

4. Timothy Snyder, *Bloodlands: Europe between Hitler and Stalin* (London: Basic, 2022) - 한국어판: 『피에 젖은 땅』 함규진 옮김 (글항아리, 2021).

5. Tomáš Halík, *Patience with God: The story of Zacchaeus continuing in us* (New York: Doubleday, 2009), 60 - 한국어판: 『하느님을 기다리는 시간』 최문희 옮김 (분도출판사, 2016).

기독교 이야기는 원시 사회, 자본의 발명, 노동자 착취, 프롤레타리아, 프롤레타리아 혁명, 공산주의 유토피아 사회로 구성된 마르크스주의 이야기와 유사하다.[6] 게다가 기독교의 사회적 관심사와 마르크스주의 이념 사이에는 분명한 접점이 있다. '능력에 따라 일하고 필요에 따라 분배하라'는 마르크스주의의 구호는 노동자와 농민의 유토피아를 향해 나아가는 역사의 필연적인 힘에 대한 추론을 바탕으로 한 것이 아니다. 그것은 가난한 사람들에 대한 기독교적 관심, 정의라는 기독교적 덕목, 모두를 위한 공동의 보물창고로서의 땅과 도시 개념을 유물론적이고 산업적으로 전유한 것이었다. 히브리 성경, 예수의 가르침, 사도들의 윤리, 교부들의 사회적 비전에는 가난한 사람들과 억압과 불의에 대한 관심, 내세에 하나님이 하실 급진적 권력 재편에 대한 관심으로 가득 차 있다. 예루살렘 교회 초기에 신자들은 모든 재산을 "공동으로" 소유했고,[7] 사도 바울은 기근의 시기에 고린도 교인들에게 그들의 풍요를 예루살렘 교회와 나누어 "균등하게 하라"고 요청했다.[8]

실제로 대 바실리우스(Basil the Great)의 「사회 정의에 관하여(On Social Justice)」는 당대의 불의에 대한 고발이며, 니사의 그레고리우스의 유명한 설교[9]도 노예제도가 하나님의 율법과 자연법에 위배

---

6. Ellul, *Jesus and Marx*, 42.

7. 사도행전 2:44-45, 8:13-14.

8. 고린도후서 8:13-14.

9. Gregory of Nyssa, *Hom. Eccl. 4. Gregory of Nyssa: Homilies on Ecclesiastes: An English version with supporting studies*, ed. S. G. Hall (Berlin: De Gruyter, 1993), 72-74를 보라.

된다고 혁신적으로 주장했다. 두 신학자는 노예제 폐지론, 사회주의, 해방운동, 마르크스주의 교리가 얼마나 많은 기독교의 유선사를 담고 있는지 보여준다. 우리는 다름 아닌 하나님의 어머니가 사회 혁명의 필요성을 옹호했다고 주장할 수도 있다. 마리아의 찬가(Magnificat)는 하나님 나라가 가져오는 권력의 역전을 노래하기 때문이다. "통치자들을 왕좌에서 끌어내리시고, 비천한 사람들을 땅에서 일으켜 주셨습니다. 그분은 굶주린 사람들을 땅의 기름으로 배부르게 하셨지만, 부자들은 먹을 것도 주지 않고 내쫓으셨습니다."[10] 그렇다면 마르크스는 메시아가 가져올 정의에 대한 유대인의 비전을 기본적으로 표현하되 하나님 없이 표현한 것이라고 할 수 있었다.

메시아를 따르는 사람들의 주장은 완곡하게나마 마르크스주의자처럼 들릴 수 있다. 둘은 가난하고 취약하며 억압받는 사람들이 불필요한 고통과 다양한 불의에 노출되게 하는 악(내재적 악이거나 산업적 악이든, 우주적 악이거나 집단적 악이든)을 공통적으로 우려하기 때문이다. 이것은 기독교 사회주의 전통이 생겨난 이유를 설명해 준다. 이 전통은 17세기 영국의 '디거스'(Diggers)*로부터 19세기 기독교 민주 사회주의자들, 더 나아가 20세기 가톨릭 해방신학자들에게까지 이른다.[11] 마르크스는 자칭 유물론자이자 무신론자였지만, 이처럼 "묘하

---

10. 누가복음 1:52-53.
* 영국 청교도 혁명 때 평등주의 성향이 가장 강했던 단체. 황무지를 개간하여 토지를 공유하는 공동 사회를 만들고자 했으나 크롬웰의 탄압으로 해산되었다.

게도 한때 교부들이 그랬던 것처럼 세상을 선과 악의 우주적 세력들 간의 전쟁터로 보는 경향이 있었다."[12] 실제로 17세기부터 21세기까지 이신론자와 무신론자들이 제도종교에 맞서 내놓은 항의를 살펴보면, 고대 세계의 비전 및 가치관과 명확히 대비되는 기독교적 유전자의 증거가 잘 드러난다.

하지만 우리는 기독교의 사회적 가르침과 마르크스주의의 유사성에 분명한 한계가 있다는 데 유의해야 한다. 마르크스주의에는 다양한 종류가 있지만, 모든 마르크스주의 정권은 가난한 사람들을 빈곤에서 벗어나게 한다는 목표를 달성하는 데 항상 실패한다. 마르크스주의자들은 결국 총과 강제수용소로 자국민을 억압한다. 뿐만 아니라 평등을 외치지만 결국 어떤 사람들이 다른 사람들보다 더 평등한 결과가 만들어진다. 『동물농장』과 『1984』에 실린 조지 오웰의 공산주의 비판은 우리가 결코 잊어선 안 되는 중요한 교훈을 담고 있다. 무엇보다도 공산주의는 폭압과 이어져 있다. 많은 이들이 공산주의 정권 치하에서 살았던 사람들과 친구가 되었는데, 따스한 기억과 호감과 애정을 가지고 그 정권에 대해 말하는 경우는 찾기 어려울 것이다. 그들은 그 정권을 회상할 때 흔히 두려움

---

11. 브라질의 가톨릭 대주교 에우데르 카마라(Hélder Pessoa Câmara)는 이런 유명한 말을 했다. "가난한 사람들에게 먹을 것을 주면, 사람들은 나를 성자라고 부른다. 가난한 사람들이 왜 먹을 것을 얻지 못하느냐고 물으면, 사람들은 나를 공산주의자라고 부른다."

12. Tom Holland, *Dominion: How the Christian revolution remade the world* (New York: Basic, 2019), 457 - 한국어판: 『도미니언: 기독교는 어떻게 서양의 세계관을 지배하게 되었는가』, 이종인 옮김 (책과함께, 2020).

과 혐오감과 트라우마를 느낀다.

공산주의의 아이러니한 점은 너무나 기독교적인 동시에 충분히 기독교적이지 않다는 것이다.

공산주의는 한편으로 지나치게 기독교적이다. 그들은 기독교 종말론의 과잉실현을 추구한다. 폭력적인 혁명을 통해 하늘의 정의를 땅으로 가져와 "꼴찌들이 첫째가 되고, 첫째들이 꼴찌가 되는"[13] 상황을 만들려고 한다는 점에서 그렇다. 이러한 공산주의 유토피아는 마르크스가 말한 대로 "독재적 침해"[14]에 의해서만 만들어질 수 있으므로, 낙원으로 가는 길은 지옥의 동굴을 여럿 통과하게 된다. 우리는 "[소련의] 하르코프 대기근과 [캄보디아의] 킬링필드는 무신론자들이 인간 완성이라는 가장 고상한 이상을 실현하기 위해 저지른" 사건임을 잊어서는 안 된다.[15]

반면에 공산주의는 전적 타락의 교리가 없기 때문에 충분히 기독교적이지 않다. 마르크스주의에서 악은 자본가들과 부르주아들과 공장주들이 하는 일일 뿐, 공산주의자들의 마음에도 악이 살아 있다는 것은 인정하지 못한다. 마르크스주의 지도자들은 "우리는 오류를 저지를 수 없으므로 절대 권력을 얼마든지 행사할 수 있다"라고 믿는다.[16] 바로 이 부분 때문에 알렉산드르 솔제니친은 『수용

---

13. 마태복음 20:16(새번역).

14. Manifesto of the Communist Party, February 1848, ch. 2: https://www.marxists.org/archive/ marx/works/1848/communist-manifesto/ (2023년 9월 28일 검색).

15. Charles Taylor, *Sources of the Self: The making of modern identity* (Cambridge, MA: Harvard University Press, 1989), 519 - 한국어판: 『자아의 원천들』, 권기돈·하주영 옮김 (새물결, 2015).

16. *Centesimus Annus* (1991), §44.

소군도』에서 다음과 같이 썼다. "선악을 가르는 경계선은 국가와 국가, 계급과 계급, 정당과 정당 사이를 지나가는 것이 아니라 각 인간의 마음속, 모든 인간의 마음속을 가로지른다."[17]

그러므로 우리는 권위주의 정권을 정당화하려 들거나, 권위주의 정권에 협력하거나, 기독교를 재해석하여 권위주의 교리에 맞추려 하는 기독교 지도자들을 경계해야 한다. 몇몇 악명 높은 사례가 있다. 첫째, 독일의 성서학자 발터 그룬트만(Walter Grundmann)은 열성 나치 당원이었고, '게르만 기독교인'(Deutsche Christen)의 주요 멤버였다. 그는 『갈릴리인 예수와 유대 민족(Jesus der Galiläer und das Judentum)』이라는 책에서 예수가 갈릴리 출신이고, 갈릴리는 '이방인의 갈릴리'로 알려진 곳이라고 주장했다.[18] 그러므로 예수는 유대인이 아니라 반유대적 아리아인인데, 유대파 기독교인들이 복음서를 위조하고 그의 이방인 신분을 은폐했다고 결론내린다. 그것만으론 부족했는지, 그는 전후 독일에서 동독 슈타지(비밀경찰)의 정보원이 되어 동서독의 신학자들을 감시했다. 둘째, 중국 신학자 C. S. 송은 마오 주석의 문화대혁명이 성령의 운동이라고 주장했다.[19] 송은 서구 식 민주의와 서구 중심적 사고방식에 비판적이었을 뿐만 아니라 하나

---

17. Aleksandr Solzhenitsyn, *The Gulag Archipelago* (New York: Harper & Row, 1975), vol. 2, 615-616 - 한국어판: 『수용소군도』, 김학수 옮김 (열린책들, 1995).

18. 마태복음 4:15에서 가져옴.

19. C. S. Song, "New China and Salvation History: A methodological inquiry", in *SouthEast Asia Journal of Theology* 15 (1974): 52-67. 이 논문에 대한 비판은 다음을 보라. Simon Chan, *Grassroots Asian Theology: Thinking the faith from the ground up* (Downers Grove, IL: InterVarsity Press, 2014), 21-22.

님이 아시아 문화를 통해, 심지어 공산주의를 통해 내재적으로 일
하셔서 아시아에 하나님 나라를 이루고자 하신다고 상정했다. 그
렇게 함으로써 송 목사는 인류 역사상 가장 폭력적이고 야만적인
탄압 중 하나인 문화대혁명에 종교적 정당성을 부여했다. 서구의
식민 지배 강대국들이 북아시아 및 남아시아 사람들을 억압했다는
사실을 부인할 수는 없지만, 공산주의 정권과 군부 정권은 유럽의
어떤 식민 지배 정권보다 자국민을 훨씬 더 공포에 떨게 했다.[20]

그렇다면 이제 군부 독재와 마르크스주의 독재에 맞서 싸운 기
독교 지도자들의 사례에 주목해 보자. 마르틴 니묄러(Martin Niemöller)
와 디트리히 본회퍼 같은 독일 고백교회의 지도자들이 자연스럽게
떠오를 것이다. 엘살바도르의 오스카 로메로 주교는 1980년에 미
사를 집전하던 중 우익 암살단에 의해 살해되었다. 공산주의 정권
아래에서 동유럽 기독교인들이 당한 역경을 고발한 리처드 웜브란
트(Richard Wurmbrand)의 『그리스도를 위한 고난(Tortured for Christ)』과 같은
고전 서적을 읽어볼 필요도 있다.[21] 보다 최근에는 국가 박해의 도
가니 속에서 교회와 국가의 관계에 대한 자신만의 신학을 구축한
중국의 왕이 목사의 글을 참고할 필요가 있다. 실제로 이 목사는
경찰 심문관에게 이렇게 말했다.

---

20. Ellul, *Jesus and Marx*, 58도 보라.
21. Matthew Heise, *The Gates of Hell: An untold story of faith perseverance in the early Soviet
Union* (Bellingham, WA: Lexham, 2022)도 보라.

나는 영원히 지속될 권력에 대해 말하고 있습니다. 그러나 이 권력은 이 시대의 땅이나 칼이나 온갖 권위를 요구하지 않습니다. 오히려 기꺼이 자신을 낮추고 지상의 칼과 권위에 복종합니다. 오늘날 지상 권력을 사용하여 이 영원한 권력을 억압하려는 이들에게 성경은 그 최종 결과를 이미 밝혀놓았습니다. 역사의 주인공은 시진핑이 아니라 그리스도입니다.[22]

폭정에 맞서 용감하게 신앙을 고백하고 종교의 자유를 옹호한, 기독교 전통에 속한 모든 이들의 용기를 기억하고 기념하고 그로부터 배우자.[23]

3. 기독교 민족주의에 저항해야 한다

기독교 민족주의는 기독교인과 비기독교인 모두에게 위험하다. 물론 이것은 '기독교 민족주의'가 무엇을 의미하느냐에 달려 있다. 기독교가 이 나라나 저 나라 유산의 일부라는 개념에는 아무런 문제가 없다. 기독교는 영국과 호주의 헌법과 문화가 형성되는 데 좋

22. Wang Yi, *Faithful Disobedience: Writings on Church and State from a Chinese house church movement*, ed. Hannah Nation and J. D. Tseng (Downers Grove, IL: InterVarsity Press, 2022), 184.

23. 다음 책도 추천한다. Timothy Snyder, *On Tyranny: Twenty lessons from the twentieth century* (London: Crown, 2017).

은 방향으로 기여했고, 국가와 교회는 교육, 의료, 목회적 돌봄을 제공하는 데 있어 공동선을 위해 협력할 수 있나. 잉글랜드 교회처럼 공식적으로 설립된 교회가 존재해야 하는지에 대해서는 약간의 논란이 있을 수 있다. 여기에 대해선 영국에 국가가 공인하는 교회가 있더라도 상당한 정도의 세속주의, 종교적 다원주의, 다문화주의가 여전히 건재한다는 점을 서둘러 지적하고 싶다. 필자인 우리가 기독교 민족주의라는 악에 대해 경고하는 것은 정부가 시민 종교(외형적이고 그저 문화적 형태의 기독교)와 결합된 기독교의 패권을 강제할 수 있는 위험 때문이다. 다시 말해, 기독교인들이 국가로부터 특권을 부여받고, 기독교가 진정한 신앙 감정의 일부가 아니라 애국심의 외형적 표현이 되는 것이 위험하다는 것이다.

기독교세계에는 기름 부음 받은 기독교 지도자, 즉 기독교 제국을 통치하는 기독교인 황제가 필요하다는 생각은 콘스탄티누스 이래로 존재해 왔고, 지금까지도 지속되고 있다. 실제로 상당히 최근에 영국의 한 저명한 신학자는 엘리자베스 2세 여왕의 서거에 대해 이런 트윗을 올렸다. "여왕은 사실상 세계의 여왕이었다. … 어쩌면 기독교세계의 황제라는 꼭 필요한 역할이 이제 영국 군주제에 맡겨졌는지도 모른다."[24]

우리 필자들은 엘리자베스 2세 여왕을 기념하는 데는 찬성하지만, 여왕이나 여왕의 후계자인 찰스 3세를 '기독교세계의 황제'로

---

24. John Milbank, Twitter, 9 September 2022: https://twitter.com/johnmilbank3/status/1568177131967991808 (accessed 11 September 2023년 9월 11일 검색).

떠받들어야 하는지에 대해서는 여전히 확신이 서지 않는다. 그런 행태는 가이사랴의 유세비우스가 취한 아첨꾼에 가까운 입장이 될 위험이 있다. 그는 천사와 군대 모두가 콘스탄티누스 황제를 "주인 이자 주님, 왕"으로 칭송했다고 주장했다.[25] 이런 식의 왕직의 기독 교화는 도널드 트럼프 미국 대통령이 '새로운 고레스'라고 주장한 사람들의 모습과 그리 다르지 않다. 많은 트럼프 지지자들은 그의 외설적이고 저속한 행동에도 불구하고 하나님이 미국을 다시 위대 하게 만들기 위해 트럼프를 기름 부어 세우셨다는 생각을 내세웠 다. 하나님이 페르시아 왕 고레스를 불러 바빌로니아에 유배된 유 대인들을 해방시키신 것처럼 말이다.[26]

현명하고 자비로운 기독교 지도자의 통치 아래서 산다면 당연 히 행복할 것이다. 똑똑하고 유능한 요셉을 책임자로 둔 파라오 밑 에서 사는 것도, 다니엘처럼 지혜로운 사람의 조언을 경청하는 느 부갓네살에게 투표하는 것도 행복한 일일 것이다. 마르틴 루터도 어리석은 기독교인보다는 현명한 이슬람교도의 통치를 받고 싶다 고 말했다. 그렇다고는 해도, 교회 같은 기관을 보호하는 정도를 넘 어서서 교회의 예배를 다른 사람들에게 적극적으로 강요하기 위 해 왕이나 대통령이 필요하다고 주장하는 것은 결국 시민적, 종교 적 자유를 파괴하는 결과를 가져올 것이다. 그런 입장은 하나님이

25. Eusebius, *Speech for Thirtieth Anniversary of Constantine's Accession* 1. 다음 책에서 인용. *From Irenaeus to Grotius: A sourcebook in Christian political thought*, 100-1625, ed. Oliver O'Donovan and Joan Lockwood O'Donovan (Grand Rapids, MI: Eerdmans, 1999), 60.
26. 이사야 45:1-13.

정의와 심판을 위해 정부를 사용하실 뿐 아니라, 기독교인이든 아니든 모든 사람이 기독교적 기준에 따라 살도록 강요하기 위한 정치적 검으로 정부를 쓰신다는 생각을 반영한다. 그러나 그런 생각은 위험하다. 어떤 지도자를 "여호와의 기름부음 받은 자"[27] 또는 새로운 "고레스"[28]로 여기는 것은 한 사람에게 위험천만하게 많은 종교적 자본을 투자하는 일이기 때문이다. 그런 자리에 있는 사람은 결국 너무나 인간적이고, 부패에 취약하고, 타락으로 가득 차 있고, 권력의 유혹에 쉽게 넘어가는 모습을 보이기 십상이다. 토니 블레어는 2001년 9월 11일이 지나고 나서 세계를 활보하고 있는 '악'에 대해 말했다. 그는 마치 그것이 전혀 새롭고 예상치 못한 문제인 양 반드시 처리하겠다는 결연한 의지를 표명했고, 자신의 정책과 리더십으로 악을 정복할 수 있다고 말했다. 우리는 그의 호언장담이 어떤 결과를 낳았는지 알고 있다.

그러한 지도자들에게 종교적 찬사와 지지가 더해지면, 그들에 대한 비판은 아무리 타당한 것이라도 반역이나 신성모독으로 취급되는 결과를 피할 수 없다. 영국 의회는 이라크와 전쟁을 벌이자는 토니 블레어의 위험하고 부적절한 요청을 미국 상원 못지않게 열렬히 지지했다. 상상 속의 '기독교 제국'을 떠받치는 지도자들을 메시아로 여기는 것은 사회적 자유를 끔찍하게 해치는 결과를 초래하고, 그런 식으로 교회가 지상 권력과 너무 밀접하게 동맹을 맺으

---

27. 시편 2:2 참조.
28. 이사야 45:1.

면 교회 자체의 증언이 갖는 진실성까지 손상될 수 있다. 기억하자. 성경에는 왕의 권위와 종교적 권위를 함께 보유한다고 주장하는 사람, 즉 자신이 대통령이자 제사장이라고 주장하는 사람을 가리키는 특별한 칭호가 있는데, 바로 '적그리스도'이다. 그런 사람은 그리스도의 역할을 자처함으로써 그리스도를 대적하게 된다. 그리스도만이 홀로 메시아적 왕이시자 대제사장이시기 때문이다.[29]

지금까지 우리가 살펴본 기독교 민족주의는 상상할 수 있는 모든 면에서 나쁘다. 기독교 민족주의는 다른 종교를 믿거나 종교가 없는 사람들의 권리를 약화시키기 때문에 관용적인 사회를 이루는 데 도움이 되지 않는다. 기독교 민족주의의 귀결은 진실한 신앙과 깊은 제자도가 아니라 피상적인 기독교이다. 정치 지도자들은 결국 유권자들의 환심을 사기 위해 자신이 종교적인 사람인 것처럼 가장하게 된다. 기독교는 전쟁, 이민, 소득 불평등, 의료 및 기타 무수히 많은 문제와 관련된 비기독교적인 정책과 행동을 정당화하는 데 쓰이게 된다. 악마도 예수 앞에서 성경을 들먹일 수 있다는 사실을 기억하자.

기독교 민족주의의 또 다른 문제는 어떤 유형의 기독교가 최고가 되어야 하느냐이다. 미국에서 많은 침례교 신자들이 기독교 민족주의의 지지자로 나서는 것은 당혹스러운 일이다. 침례교도들은 17세기에 영국 제도(諸島)의 종파주의를 피해 미국으로 건너온 사람

---

29. 특히 다음을 보라. Oliver O'Donovan, *The Desire of the Nations: Rediscovering the roots of political theology* (Cambridge: Cambridge University Press, 1996), 203, 214-215.

들이기 때문이다. 그들이 영국을 떠난 것은 침례교인들 및 기타 비국교도 신자들이 종교적 신념의 문제에서 박해와 차별, 회유를 받았기 때문이다. 그들은 정부의 간섭 없이 신앙을 실천하기 위해 미국으로 건너갔다. 우리 모두 알다시피 기독교에는 다양한 교파가 있다. 그러면 기독교 민족주의 국가에서는 어떤 교파가 최고가 되어야 할까? 성공회일까? 그래서 모든 사람에게 유아 세례를 강요하고, 예배 시간에 공동기도서만 쓰게 하고, 39개조 신조의 준수를 요구하고, 대영제국을 지상의 '예루살렘'과 동일시하여 "하나님, 국왕 폐하를 지켜주소서"라고 하늘에 간구하는 찬송가를 부르게 해야 할까? 하지만 감리교든, 장로교든, 오순절파든 최고의 교파 자리에 오르면 결과는 마찬가지가 될 것이다. 그들도 다른 모든 사람들에게 **자기들이 믿는 형태의** 기독교를 강요하거나 거기에 특권을 부여할 가능성이 있으니 말이다. 종교의 자유는 기독교인을 다른 기독교인으로부터 보호한다. 그리고 기독교인에게 종교의 자유를 주려면, 기독교가 아닌 타종교에도 자유를 주어야 하지 않을까? 기독교인을 위한 종교의 자유가 논리적으로 함의하는 바는 종교의 종류나 유무에 관계없이 모든 사람에게 종교의 자유를 부여해야 한다는 뜻이다.

기독교 민족주의의 또 다른 결점은 정부가 종교를 규제하게 만든다는 점이다. 기독교세계에서는 왕이 기독교 교리를 수호하고 기독교의 도덕적 가르침을 보호하는 것을 정상적인 일로 여겼다. 서기 600년경, 세비야의 이시도르가 "세속 권력은 종교의 규율에 복종하며" 세속 군주는 "그 권력을 교회의 규율을 강화하는 데 쓸 수 있다"라고 주장한 것도 이 때문이다.[30] 12세기에는 토마스 아퀴나스가 이렇게 말했다.

그러므로 왕의 의무는 공동체가 하늘의 복을 누릴 수 있도록 그들의 선한 삶을 보장하는 것이다. 하늘의 복을 누리는 데 보탬이 되는 것은 명령하고, 그와 반대되는 일들은 가능한 한 금지함으로써 말이다.[31]

칼뱅의 생각도 이와 비슷했다. 군주와 통치자는 종교와 도덕을 증진하고 보호해야 하기 때문에 섭정의 역할은 "하나님을 향한 외적 예배를 소중히 여기고 보호하며, 건전한 경건의 교리와 교회의 지위를 수호하는 것"이라고 보았다.[32]

---

30. Isidore of Seville, *Sentences* 3.51. 다음 책에서 인용. *From Irenaeus to Grotius*, ed. O'Donovan and O'Donovan, 208.

31. *St Thomas Aquinas: Political writings*, trans. and ed. R. W. Dyson (Cambridge: Cambridge University Press, 2002), 53.

32. Calvin, *Institutes* 4.20.2; followed by Turretin, *Institutes of Elenctic Theology* 3.316-336. 『웨스트민스터 신앙고백서』(The Westminster Confession of Faith) 23.3 (1647)의 선언에 따르면, 통치자는 "교회의 통일과 평화가 보존되게 하고, 하나님의 진리가 순수하고 온전하게 보전되게 하고, 모든 불경건한 것들과 이단들을 억제하고, 예배와 권징에 있어서 모든 부패한 요소와 악습을 예방하고 개혁하며, 하나님의 모든 규례가 정당하게 결정되고 집행되며 준수되도록 적절한 조치를 취하는 것이 위정자의 권한이요 또한 의무이다." 통치자에게는 이 일을 더 효과적으로 수행하기 위하여 "종교 회의들을 소집하고 거기에 참석할" 권한이 있다. 전 세계 많은 장로교회들은 이 대목을 수정하여 세속 권력이 그들의 종교회의에 대해 그런 권한을 부여하지 못하도록 했다. 흥미롭게도 『웨스트민스터 신앙고백서』를 본으로 삼아 작성된 1689년 런던침례교신앙고백서가 통치자에게 침례교회에 대한 그런 권한을 부여하지 않는다는 점이 눈에 띈다.

문제는 정부를 기독교의 보증인으로 여기는 노선을 취하면, 정부가 종교 문제에 대해 판결하고, 신학적 논쟁을 해결하고, 이단 재판을 하게 된다는 것이다. 정부가 이단자를 체포하고, 설교자 면허를 발급하고, 신학교를 규제하고, 안식일 준수를 강요해도 될까? 마르틴 루터는 적어도 활동 초기에는 "이단은 검으로 난도질하거나 불로 태우거나 물에 빠뜨려 죽일 수 없는 영적인 문제"라고 인식했다.[33] 또 영국의 철학자 존 로크가 말했듯이, "우상숭배 교회를 억압할 권한을 위정자에게 주면서 그 권한이 결국 언제 어디서든 정통 교회를 진압하는 데 쓰이지 않게 할 수 있을까?"[34] 다양하고 다원적인 사회에서는 정부가 한 종교에 특권을 주지 않고, 종교를 이유로 사람들을 처벌하지도 않는 것이 현명할 것이다. 정부가 종교 문제에 간섭하지 않고 심판 노릇을 하지 않을 때, 종교는 가장 자유롭다. 그러므로 어느 정도의 세속성, 즉 신정통치를 막고, 자유로운 종교 활동을 가능하게 하며, 종교에서 양심의 자유를 허용하는 상태가 기독교 민족주의보다 훨씬 낫다.

개신교 형태의 기독교 민족주의는 에라스투스주의[35]로 이어질 수 있는데, 이 입장을 따른 개신교 정부는 종교를 규제하여 순수하고 공적으로 받아들일 만한 상태로 유지시키려 했다. 또 가톨릭 방

---

33. Martin Luther, *Temporal Authority* 502-503.

34. John Locke, *A Letter Concerning Toleration* (London, 1689), 34.

35. 에라스투스주의(Erastianism)는 종교의 문제에서도 국가가 교회보다 우위에 있다는 정치적 신조이다. 이 입장은 16세기에 나왔고, 국가에 대한 교회의 종속을 지지했던 스위스 신학자 토마스 에라스투스의 이름에서 유래했다.

식으로 표현된 기독교 민족주의는 성직자 지배적 통합주의[36]로 향하는 경향이 있는데, 이 입장은 국가가 승인한 종교 생활의 정화와 교황의 권위에 세속 정부가 종속되는 상황을 기반으로 한다. 그런데 이런 기독교 민족주의는, 역사와 유산이 혼합되어 특정 국가에서 고대 후기부터 사회 구조의 일부로 자리 잡고 결국 사회적 풍경이 되어 버린 '공인된 교회'(established churchs)와는 구별되어야 한다. 여기서 잉글랜드 교회나 스웨덴 교회를 떠올릴 수 있다. 이 교회들은 세간의 평판과는 달리 '콘스탄티누스적'이거나 '신정통치적'인 기관이 아니다. 역사적으로 많은 교회가 정부와 긴밀하고 협력적인 관계를 유지해 왔고, 지금도 계속 그렇게 하고 있음을 증언하는 정도이다. 물론 교회가 공인된 지위를 가지면 시민 종교 또는 문화적 기독교가 될 위험이 있기는 하지만, 그것은 다만 해당 국가에서 기독교 선교가 크게 성공을 거둔 대가 정도로 봐야 할 것이다. 우리의 요점은 교회와 국가를 나누는 벽이 있는 나라에 살든, 공인된 교회가 존재하든, 국가가 종교를 규제하고 국교에 반대하는 이를 처

---

36. 가톨릭 정치사상에서 '통합주의'(Integralism)라고 알려진 입장은, 이상적 국가는 가톨릭의 원리들에 따라 다스려지는 국가이고, 교회는 사회의 통치에 직접적 역할을 해야 한다는 이론을 상정한다. 가톨릭 통합주의는 18세기와 19세기에 기독교세계의 쇠퇴와 국민국가들의 발흥 이후 사라진 교회와 국가(또는 교황과 왕)의 통합을 회복하는 것을 전제로 한다. 이 문제와 관련해 가톨릭 사상에는 긴장이 있다. 한쪽에는 종교의 자유를 긍정하는 제2차 바티칸 공의회의 문서 「인간의 존엄성(Dignitas Humanae)」(1965)이 있고, 다른 한쪽에는 19세기 후반과 20세기 초의 교황들이 국사에서조차 '그리스도를 왕으로' 여겼던 방식이 있는데, 이를테면 비오 11세의 회칙서한 「처음의 것(Quas Primas)」(1925)이 대표적 문서였다. 가톨릭적 통합주의에 대한 비판으로는 다음을 보라. Kevin Vallier, *All the Kingdoms of the World: On radical religious alternatives to liberalism* (New York: Oxford University Press, 2023).

벌하는 것은 그 나라 시민들의 예배의 자유에 도움이 안 된다는 것이다. 더욱이 종교를 이용해 사회적, 민족적 동질성을 만들어내면 편견을 승인하고 사악한 행위자의 손에 종교를 무기로 쥐어 주는 결과가 따라올 수밖에 없다.

기독교 민족주의는 인종적 우월감을 조장하거나 인종 간의 긴장을 부추기기도 하는데, 기독교가 '백인성'과 연계될 때 특히 그렇다. 하나의 종교가 지배적인 국가에서 그 종교는 일반적으로 특정 민족 집단에서 지배적인 경향을 보인다. 따라서 종교적 특권은 특정 민족의 패권 및 정치기구들과 융합된다. 예를 들어, 말레이시아는 무슬림 말레이계 인구가 지배적인 국가이다. 태국은 불교를 믿는 타이족이 다수를 차지한다. 그러나 기독교는 민족 종교가 아니다. 기독교는 민족적 정체성의 종교적인 표현이 아니라 세계 종교이다. 월터스토프가 주장하듯이, 교회에는 로마인들이 포함되지만, 모든 로마인이 포함되는 것은 아니다. 따라서 교회는 로마인의 것이 아니다. 교회는 슬라브족을 포함하지만, 슬라브족 전부를 포함하지는 않는다. 따라서 교회는 슬라브족의 것이 아니다. 마찬가지로 교회는 미국인을 포함하지만 모든 미국인을 포함하지는 않으므로, 교회는 미국의 것이 아니다. 교회는 영국인을 포함하지만 모든 영국인을 포함하지 않으므로, 영국의 것이 아니다.[37] 교회는 계급, 카스트 제도, 민족적 구분을 허물어 하나님의 백성이 모든 부족, 방

---

37. Nicholas Wolterstorff, *The Mighty and the Almighty: An essay in political theology* (Cambridge: Cambridge University Press, 2012), 112.

언, 민족 집단, 국가 출신의 사람들로 이루어지게 한다. 종교에 대한 국가의 간섭과 민족적 동질성을 요구하는 기독교 민족주의는 세계 교회의 다민족적 본질을 위협한다.

끝으로, 기독교 민족주의가 미국만의 현상이 아니라는 점을 기억해야 한다. 유럽, 아프리카, 아시아, 남미, 심지어 호주에도 나름의 기독교 민족주의가 존재한다. 오늘날 가장 치명적인 형태의 기독교 민족주의는 아마도 러시아에서 볼 수 있을 것이다. 크렘린궁과 러시아 정교회가 맺고 있는 부정한 동맹은 진정한 황제교황주의라고 할 수 있다. 러시아 정부가 유럽의 다른 지역들과 미국에서 지지를 이끌어낼 수 있었던 것은 기독교 민족주의에 대한 공감에 호소했기 때문이고, 성소수자 문제와 관련된 문화 전쟁 이슈에 지지자들의 관심을 노골적으로 집중시킬 수 있었기 때문이다. 여기서 우리는 몇 가지 괴로운 질문을 던져야 한다. 검은 모자를 쓰고 수염을 기르고 향을 피우는 키릴 총대주교는 미국의 '도덕적 다수 운동'의 설립자 제리 폴웰과 같은 부류일까? 블라디미르 푸틴(전 KGB 장교)과 그가 지시한 우크라이나 침공이 조지 H. 부시(전 CIA 관리)와 파나마 침공보다 더 합법적일까? 공정하게 말하자면, 우리는 두 사람이 완전히 똑같다고 보진 않는다. 우리는 언제든 푸틴보다는 부시를 택할 것이다. 그러나 미국의 제국주의와 러시아의 침략 사이에는 당혹스러운 유사점이 있다. 미국 정치계의 극우파가 미국의 우크라이나 지원에 비판적이거나 푸틴을 기독교 제국의 수호자라

고 부르며 아첨하는 일이 별로 놀랍지 않다.[38]

기독교 민족주의가 빈곤한 상태인 이유는 십자가 없는 하나님 나라를 추구하기 때문이다. 그들은 자비 없는 승리를 노린다. 하나님의 사랑의 힘보다는 하나님의 힘의 사랑을 칭송한다. 우리는 예수께서 자신을 "왕 삼으려는" 사람들을 거부하셨고, "열두 군단의 천사들"을 불러 왕이 되는 일도 거부하셨음을 기억해야 한다.[39] 예수께는 하나님 나라를 이루기 위한 군대나 무기, 기갑부대가 필요하지 않다. 따라서 우리는 기독교 민족주의가 노골적으로 정치적이고 민족 중심적이며 불경한 시도에 기독교적 외피를 씌운 것일 뿐임을 알고 거기에 저항해야 한다.

4. 시민 전체주의에 저항해야 한다

또 다른 위험은 연성 권위주의가 '진보'를 가장하고 서서히 꾸준히 침투하는 것이다.[40] 필자들이 염두에 두고 있는 것은 국가가 개인의 믿음, 신념, 양심, 종교를 가능한 한 많이 규제하려고 할 때 별

---

38. Katherine Kelaidis, Holy Russia? *Holy War? Why the Russian Church is backing Putin against Ukraine* (London: SPCK, 2023), 114-117을 보라.

39. 요한복음 6:15, 마태복음 26:53.

40. 이어지는 내용은 주로 다음 책의 요약이다. Michael F. Bird, *Religious Freedom in a Secular Age: A Christian case for liberty, equality, and secular government* (Grand Rapids, MI: Zondervan, 2022), 85-94.

어지는 일이다. 이것은 자율적인 삶의 형태들이 국가의 끊임없는 감시와 의도적인 과잉 규제로 부식되는 체제이다.[41] 우리에게 이러한 위험을 경고하는 것이 몇 가지 있다.

① 법의 지배와 법 앞의 평등보다는 여러 '정체성'의 위계질서를 강조하여 시민들 간의 관계 문제를 해결하려는 모습.

② 모든 사람을 '억압자' 또는 '피억압자'라는 이분법적 구도로 양분하는 도덕적 추론 방식의 채택.

③ 종교적, 문화적 차이를 수용하기보다는 맞춤형 '평등' 개념을 동원한 법적 처리를 선호.

④ 국가를 더 이상 도구적 선으로 여기지 않고 삶의 모든 측면을 관할하는 궁극적 권력으로 생각하며, 국가의 진보적 비전에 따라 사회를 포괄적으로 혁신하고자 하는 움직임.

다시 말해, 반대할 수 있는 권리 및 이념적 다양성의 가치와 공적 토론의 필요성을 중시하지 않고, 뜻대로 좌우할 수 없는 종교는 용인하지 않는 진보적 탈자유주의의 질서를 우리 필자들은 우려한다.[42] 이런 정치적 입장에서 국가는 끊임없이 변화하는 정치적 진보주의의 물결에 부합하는 범위에서만 자유를 허용한다. 우

---

41. Luke Bretherton, *Christ and the Common Life: Political theology and the case for democracy* (Grand Rapids, MI: Eerdmans, 2019), 37.

42. Rex Ahdar and Ian Leigh, *Religious Freedom in the Liberal State*, 2nd edn (Oxford: Oxford University Press, 2013), 17-19; Jeffrey Stout, *Democracy and Tradition* (Princeton, NJ: Princeton University Press, 2005), 299.

리가 우려하는 진보적 탈자유주의 국가는 언론의 자유, 정치적 다원주의, 개인주의, 다인종 평등에 대한 자유주의의 신조를 거부하고, 보편적 인간 경험과 민족적·계급적 분열의 치유라는 사회주의적 이상도 거부한다. 일부 정치적 진보주의는 자유주의 없는 해방주의적 입장이고, 카스트 제도를 종식시키기는커녕 오히려 재창조하는 탈식민지 시대의 프로젝트이다. 사람을 법 앞에 평등한 개인으로 대해서는 안 되고 특정한 성적·민족적 정체성이 표현된 존재로 취급해야 한다고 주장하는 공격적 집단주의는 위험하다. 이런 집단주의에 빠진 국가는 국가의 우상과 살아 있는 성인(聖人)들에게 종교적 에너지를 쏟고, 국가의 서사에 반대하는 이들을 처벌하고,[43] 국가와 그 체제를 제외한 모든 곳에서 억압을 찾아내고, 역사를 집단 정체성들이 끊임없이 영속적으로 갈등하는 서사로 다시 쓰고, 민족적·성적 다양성을 옹호하지만 이념적 다양성은 배제한다.[44]

중도 좌파의 서구 민주주의 국가들은 보보크라시(bobocracy), 즉 '보헤미안 부르주아'(bohemian bourgeois)에 의한 통치로 변할 위험에 처해 있다.[45] 이들 '보보'들은 주로 정치, 언론, 영향력 있는 전문직에

---

43. 이 글을 쓰고 있을 때, 호주의 퀸스랜드 정부는 임상의와 의료 전문가들에게 "공공의" 실제 "건강과 안전"보다 안전에 대한 "대중의 확신"에 우선권을 부여하도록 강제하게 될 법률을 제안하고 있다. 다시 말해, 정부는 성 정체감 장애 치료나 백신과 관련된 위험에 대해 현 정부가 말하는 내용과 일치하지 않는 내용을 말하는 의료전문가들에게 벌금을 부과할 수 있게 하겠다는 것이다. 이것은 정부가 최고의 의학적 실천과 조언을 의료단체와 보건 전문가들에게 맡기지 않고 의학을 의도적으로 정치화하려는 사례이다.

44. Yascha Mounk, *The Identity Trap: A story of ideas and power in our time* (London: Penguin, 2023)을 보라.

45. David Brooks, *Bobos in Paradise: The new upper class and how they got there* (New York:

종사하는 백인, 부자, 중상층 엘리트로 구성되고, 독특한 진보적 가치관을 가지고 있다. 이들은 종종 노동자 계급과 그들의 취미와 독실함, 가부장적 지도자보다 대중영합적인 지도자들에게 이끌리는 그들의 성향에 깊은 적개심을 드러낸다.[46] 보보들이 일으킬 수 있는 위험은 공허한 미덕을 과시하는 큰 정부 그 이상이다. 그들이 만드는 정부는 인간이 된다는 것의 의미를 재정의하고 시민과 국가의 관계를 재정의하는, 급진적이고 사회정치적인 프로젝트에 의식적으로 집중한다.

많은 정치적 진보주의자들은 기독교를 **가장 큰** 적으로 간주한다. 그래서 그들은 기독교 공동체, 기독교 기관, 기독교의 문화적 영향력과 도덕적 비전이라는 어둠을 배경으로 하여, 종교를 넘어선 그들의 계몽주의가 밝게 빛나기를 바란다. 기독교의 영향력을 제거하는 유일한 방법은 각종 제도를 세속적 도덕성에 맞게 재편성하고, 종교의 자유의 범위를 좁히고, 종교 자체에 대해 강제 정화를 시도하고, 역사, 헌법, 심지어 가정과 같은 고유의 틀을 해체하는 것이다. 결국 진보 정치의 비전은 미국의 정치 철학자 스티븐 마세도(Stephen Macedo)가 **시민 전체주의**(civic totalism)라고 부른 것에 해당하는데, 이런 입장에서는 국가가 전권을 부여받고 공적이든 사적이든

Simon & Schuster, 2001)를 보라 - 한국어판: 『보보스』, 형선호 옮김 (데이원, 2001).

46. 다음 두 책을 보라. Paul Embery, *Despised: Why the modern left loathes the working class* (Cambridge: Polity, 2020); and Matthew Goodwin, *Values, Voice and Virtue: The new British politics* (London: Penguin, 2023). 두 책 모두 주로 영국의 상황에 적용되지만, 더 넓은 영어권 및 유럽의 정치무대에도 얼마든지 번역될 수 있다.

가능한 한 국민생활의 많은 부분을 규제하려고 한다.[47]

시민 전체주의의 전신은 개인의 권리가 국가의 목적에 종속되고, 시민을 특정한 틀에 맞춰 육성해야 할 필요성을 헌법상의 자유보다 앞세우는 다양한 정치 모델에서 찾을 수 있다.[48] 현대적 형태의 시민 전체주의에 가장 크게 기여한 인물은 철학자이자 교육 이론가인 존 듀이일 것이다.[49] 그는 국가가 과학적 정보를 바탕으로 온갖 문제에 대해 포괄적인 진리 주장을 하는 공공 도덕을 승인해야 한다고 보았다. 그런 도덕은 공적 영역과 사적 영역을 포괄한다는 의미에서 광범위할 것이다. 그것은 국가 교육 제도에 기반을 둘 것이고, 교회의 국가 종속을 요구할 것이며, 심지어 전통 종교를 해체하여 종교적 에너지가 국가 발전이라는 목표에 투입될 수 있게 할 것이다. 결국 듀이의 정치적 기획이 구상한 것은 마세도가 말한 "진보적 민주주의 종교"를 중심으로 통합된 사회였다.[50]

시민 전체주의의 핵심 신조는 공공기관이 최고의 위치에 있고, 시민 사회는 국가의 결정에 따라 자유가 부여, 변경, 취소되는 법률상의 의제로 축소된다는 것이다. 게다가 공적 영역과 사적 영역의 구분은 점점 더 줄어든다. 그 결과 사생활은 인위적으로 구축된 것

---

47. Stephen Macedo, *Diversity and Distrust: Civic education in a multicultural democracy* (Cambridge, MA: Harvard University Press, 2003).

48. William A. Galston, *Practice of Liberal Pluralism* (Cambridge: Cambridge University Press, 2005), 23-40.

49. Macedo, *Diversity and Distrust*, 139-145.

50. Macedo, *Diversity and Distrust*, 142.

으로 취급되고, 양도할 수 없는 특권을 가진 난공불락의 경계로 더이상 간주되지 않는다. 정치적 진보주의자들은 국가의 건강은 사적 가치와 공적 가치의 융합에 달려 있고, 정부는 "종교적 신념을 포함한 국민의 가장 깊은 신념을 자유주의 공화국에 알맞은 방향으로 바꾸어 갈 수 있는 능력"을 가져야 한다고 본다.[51]

결과적으로, 시민 전체주의에서 종교는 위험한 것으로 간주된다. 종교는 국가와 국가가 제시하는 공공선의 비전이 아닌 다른 것에 궁극의 개념을 부여하기 때문이다. 헤롯이나 네로 같은 폭군 또는 현대의 비슷한 독재자들은 사람들이 경의를 표하는 "또 다른 왕"에 대한 소문을 들을 때 항상 분노에 사로잡힌다.[52] 시민 전체주의자들이 생각하는 종교의 위험성은, 경쟁적인 사회적 비전과 대안적 도덕을 만들어, 시민의 충성심을 인간 행동에 대한 국가의 목표에서 멀어지게 하고, 특정 형태의 종교를 국가의 야망에 적대적인 것으로 만드는 데 있다.[53] 시민 전체주의도 종교를 허용하긴 한다. 하지만 그것은 국가가 공인한 종교이거나, 더 정확하게는 정치가 **바로** 종교이다.

신을 믿지 않는 시대에도 여전히 신들은 존재한다. 하지만 사

---

51. Macedo, *Diversity and Distrust*, 43.

52. 마태복음 2:1-10, 사도행전 17:7.

53. 피터 라잇하르트(Peter Leithart, *Against Christianity* [Moscow, ID: Canon Press, 2002], 136)는 이렇게 썼다. "교회가 등장하자마자, 기민한 정치가는 세상 정치가 더 이상 유일한 선택지가 아니게 되었다는 것을 분명히 알아본다. 어떤 도시든 교회가 들어오면 그 도시의 성벽 안에 도전자가 생긴 것이다."

람들의 종교적 에너지와 예배의 성향은 정치 영역으로 옮겨간다.[54] 시민 전체주의자들이 송교가 없는 이유는 송교적 헌신을 표현할 새로운 수단을 찾았기 때문이고, 그들은 자신들의 방식에 다른 사람들도 의무적으로 참여해야 한다고 믿는다.[55] 따라서 시민 전체주의에서는 "종교 영역에서 인정될 수 있는 진리를 제한하는, 기본적 시민 가치에 대한 합의"로 지배체제를 보호하려고 한다.[56] 이런 맥락에서 독일 철학자 위르겐 하버마스는 "신자들의 의식"을 "현대화"하여 "세속 공동체의 법이 지닌 개인주의적이고 평등주의적인 성격"을 묵인하고 수용하도록 강제해야 한다고 주장했다.[57] 이것은 이성의 한계 안에 있는 종교 정도가 아니라, 종교가 어떻게 존재하고, 무엇을 믿으며, 어떻게 행동해야 하는지를 설정하는 진보주의적 비전의 한계 안에 있는 종교이다.

우리가 지금까지 설명한 완전한 의미에서 '시민 전체주의'로 명확하게 진단할 수 있는 국가나 관할권은 존재하지 않는다. 하지만

---

54. 프랑스의 정치 철학자 베르나르앙리 레비(Bernard-Henri Lévy, *The Testament of God* [New York: Harper & Row, 1980])는 "정치적인 것에 대한 숭배"(p. xii)와 "정치라는 종교"(p. 21)에 대해 오래전에 경고했다.

55. 레비(*The Testament of God*, 35)는 이렇게 말한다. "사실, 통념과 달리 진짜 신정주의자들은 언제나 다른 곳에서 모집된다. 신을 예배하는 자들이 아니라 신을 살해하는 자들 중에서 나온다. … 마르크스와 니체는 그리스도를 처형했으되, 오로지 그를 보다 온전히 실현하고, 모든 곳에서, 새로운 인간의 몸에서, 역사의 종말의 폐허나 영원회귀의 폐허 위에서, 그를 부활시키고자 그렇게 했던 것으로, 그들 역시 신정주의자였다. 독일과 이탈리아의 테러분자들은 '신도, 주인도 없다'라고 외치지만, 더 거룩한 신, 더 신성한 주인의 이름으로, 그들의 희생자들의 살에 그 법조문을 문신처럼 새기고 기관총으로 새기는 미신적 법의 이름으로 그렇게 외치는 것이니, 그들 또한 신정주의자들이다."

56. Macedo, *Diversity and Distrust*, 37.

57. Jürgen Habermas, 'Intolerance and Discrimination', *International Journal of Constitutional Law* 1.1 (2003): 2, 6.

사람들이 그런 방향으로 나아가고 싶어 한다는 것을 확실히 보여주는 문화적 인물과 정치적 수사는 섬뜩할 만큼 많다. 내일이라도 당장 사회를 지상의 유토피아로 만들고자 하는 전체주의적 비전을 구현하기 위해 무제한의 권력을 갖고 싶어 하는 정치 지식인 집단을 상상하는 것은 어렵지 않다. 서구 민주주의 국가들이 아시아, 아프리카, 라틴아메리카 국가들에 비해 정부 주도의 종교 차별을 점점 더 많이 행하고 있고, 종교의 자유에 대한 국제 기준을 고의적으로 약화시키고 있다는 것 또한 당혹스럽지만 입증 가능한 사실이다. 이것은 세속적 정통주의에 따라 종교의 자유를 축소하거나 재정의하려는 시도이다.[58] 슬프게도 보보들의 탈자유주의적 정신은 시민 전체주의 또는 그와 매우 유사한 것을 채택하여 국가의 독보적 우위를 확립할 것을 요구한다. 그렇게 해서 국가가 공적 및 사적 영역을 지배하고, 양심을 억압하며, 자기 견해를 덮어놓고 주입하고, 심지어 종교까지 바꿀 수 있게 되기를 바란다.

자기가 옳다고 너무나 확신한 나머지 시민들을 흥분시켜 분노와 숭배의 광란으로 몰아넣는 국가는 섬뜩하다. 제국의 이름과 진보를 내세우고 자기가 '역사의 옳은 편'임을 증명하기 위해서라면 얼마든지 통제하고 강요하고 살해해도 된다고 생각하는 국가 역시

---

58. Jonathan Fox, *Thou Shalt Have No Other Gods before Me: Why governments discrimi nate against religious minorities* (Cambridge: Cambridge University Press, 2020). 이 책은 1990년부터 2014년 사이에 183개국의 종교적 소수파에 대한 연구를 기반으로 한다. 다음 책도 보라. Steven D. Smith, *The Rise and Decline of American Religious Freedom* (Cambridge, MA: Harvard University Press, 2014).

섬뜩하다. 레비는 이렇게 경고한 바 있다.

> 내가 그 무엇보다 두려워하는 것은 국민을 동원하고 국민의 마
> 음에 불을 지르고 스스로 생각할 수고를 덜어주다가 어느 맑은
> 날 몽유병자 같은 그들을 영광의 길이자 강제수용소의 길로 이
> 끄는 국가이다.[59]

탈자유주의적 진보주의는 (자유주의적 가치인) 관용과 개인의 권리
를 강조했던 존 로크나 토머스 페인의 저작을 읽어본 적 없는 사람
들에게 (진보적 의제를 절대시하게 만드는 데 영향을 끼치는) 세속적 유형의 청교
도주의로 변질될 위험이 있다.[60]

특이한 점은 서구의 진보와 보수 사이의 '문화 전쟁'이 실은 탈
기독교세계라는 맥락에서 벌어지는 기독교 사상의 내부 논쟁이라
는 것이다. 많은 기독교인들이 보수 대 진보라는 정치적 이분법에
깔끔하게 들어맞지 않는 것도 그 때문이다![61] 우리가 논쟁하는 주

---

59. Lévy, *The Testament of God*, 36-37.

60. Andrew Doyle, *The New Puritans: How the religion of social justice captured the Western world* (London: Constable, 2022)를 보라. 이 책은 진보적 사회정의 운동에 대한 신랄한 비판서이다. 우리가 이 책의 주장에 동의하는 것은 아니지만, 이 책은 소위 사회정의 운동들의 종교적 본질과 그들이 자기네 사회변화의 비전을 실행하기 위해서라면 시민권을 내어줄 의향이 있음을 보여준다.

61. 그러므로 우리는 1980년의 클라우스 보크뮐(Klaus Bockmuehl)의 경고에 주의해야 한다. "오늘날 복음주의는 사회적 책임을 인식하게 될 때 우파든 좌파든 당대의 흐름에 순응해서는 안 된다. 그 대신 회개와 회심이 있어야 한다. 그래야 개인과 사회의 삶에서 지배적 요소로서 하나님을 이해하고 받아들이게 된다. 오늘날의 복음주의는 이념적 의존 상태를 버리고 성경에 영향을 받은 사회윤리를 만들어내야 한다. Klaus Bockmuehl, *The Challenge of Marxism: A Christian response* (Downers Grove, IL: InterVarsity Press, 1980), 165.

제가 환경 보호든, 식민지 시대의 유산이든, 여성의 자기 몸에 대한 자율성이든, 유색인종에 대한 경찰의 잔혹 행위든, 성소수자의 권리든, 이 모든 것은 구체적으로 기독교 세계관에서 비롯된 관심사들이다. 피해자가 신성한 지위를 갖는다는 생각의 원천은 이슬람, 힌두교, 불교, 러시아 혁명이 아니다. 그 생각은 성찬, 십자고상, 새벽에 받는 세례만큼이나 기독교에서 나왔다. 사실 소위 '사회 정의의 전사들'은, 공공 도덕에 대한 특정한 비전으로 사회를 정화하고, 왕실(영국)이나 백악관(미국)을 압박하여 '교회'의 영적 권위를 받아들이게 하려고 시도한다는 점에서 16세기 청교도들과 공통점이 많다. 여기서 '교회'를 #흑인목숨도소중하다, #멸종반란 (ExtinctionRebellion)*, #미투 같은 사회운동으로 바꿔보면 옷만 갈아입었을 뿐 본질이 같음을 알 수 있다. 이러한 운동들의 주체는 피해 예방, 불의 종식, 두려움 제거라는 내용에 근거하여 자신들이 신성한 사명을 받았다고 여기는데, 여기서 이 운동들의 기독교적 특성이 잘 드러난다. 동성애자나 트랜스젠더 이웃을 사랑하는 것, "정의가 강물처럼 흐르게 하라"고 외치는 것, "그분의 이름으로 모든 억압이 그치리라"**고 노래하는 것, 자신이 창조세계/지구와 맺은 언약 안에 존재한다고 믿는 것 등은 더없이 기독교적인 일이기 때문이다.

톰 홀랜드는 우리 문화의 중심에 있는 도덕 논쟁이 사실 보수와

---

* 영국에 본부를 둔 기후활동 단체.
** 성탄 찬양 '오 거룩한 밤'의 한 구절.

진보가 각기 다르게 해석한 기독교 윤리 사이에서 벌어지고 있다고 수장한다. 문제는 문화 선생의 보수 진영만 자기주장이 기독교의 문법 안에서 작동한다고 인식한다는 점이다. 세속적인 문화전쟁(Kulturkampf)은 사실 특정한 기독교적 개념을 다른 기독교적 개념으로 비판하는 일이라는 점에서 매우 역설적이다. G. K. 체스터턴의 다음과 같은 불평도 같은 맥락에서 이해할 수 있다. "현대 세계는 미쳐버린 오래된 기독교의 미덕들로 가득 차 있다. 그 미덕들은 서로에게서 고립된 채 홀로 방황하고 있기 때문에 미쳐 버렸다."[62] 권리를 말하고 불의를 혐오하는 서구 자유주의는 기독교의 '탕자'로서 물려받은 재산을 '질서가 무너진 사랑들'(disordered loves)에 허비하면서도 부모로부터 물려받은 것이 없다고 주장한다.[63] 세속 국가가 예수께서 가르치신 사랑과 정의의 이상을 실현하는 데 태생적으로 무능한 이유는 바로 그런 이상들을 예수 없이 달성해야 한다고 믿기 때문이다. 이는 참으로 희극적인 아이러니가 아닐 수 없다. 그러나 강대상에서 열변을 토하는 설교자도, 무종교인 교수도 모두 예수와 그분의 복음이 만든 분화구에서 나온 존재이고, 도덕적 나침반을 조정하려고 시도하는 것이다.[64] 진보주의자들은 우리 모두가 기독교 혁명을 내면화했다는 것과 그들이 인정하고 싶든 아니

---

62. G. K. Chesterton, "The Suicide of Thought", in *G. K. Chesterton: The Dover reader* (New York: Dover, 2014), 271.

63. James K. A. Smith, *Awaiting the King: Reforming public theology* (Grand Rapids, MI: Baker, 2017), 17, 112, 201.

64. O'Donovan, *Desire of the Nations*, 212를 보라.

든 우리 모두 나사렛 예수와 그를 따르는 이들의 윤리를 나름대로 응용하고 있다는 것을 이해할 필요가 있다.[65]

탈자유주의 진보주의자들은 야만인(교육을 못 받고 종교가 있거나 시골에 서 살며 진보적이지 않은 사람들)으로부터 마을(정치적 권리와 자유)을 구한답시 고 마을을 불태워서는 안 된다는 것을 배워야 한다. 표현, 결사, 양 심, 종교의 자유를 제한하여 개탄스러운 특정인들이 그런 자유를 행사하지 못하게 막으려는 시도는 결말이 좋지 않을 것이다. 물론 정치적 경쟁 세력의 자유를 제한하는 일은 근사하게 느껴지겠지만, 그건 어디까지나 자신의 정치적 부족이 권력을 영구적으로 유지할 때나 가능한 애기이다. 다른 정치적 부족, 즉 사악하고 국수주의적 이며 노골적으로 비민주적인 부족의 수중에 정치권력이 넘어갈 경 우, 그런 식으로 자유를 제한한 일은 도리어 자신을 괴롭히는 결과 로 돌아올 것이다. 그때 그들은 국가권력의 제한과 시민의 일반적 인 자유를 원하게 될 것이다. 정부는 권력 분립, 입법부의 견제와 균형, 그리고 우리가 가장 우려하는 정당이나 사람이 권력을 획득 하고 행사할 경우를 대비하여 법률을 제정할 필요가 있다.

시민 전체주의의 대안은 목소리 큰 소수의 지속적 분노보다 더 안정적이고 지속적인 것에 뿌리를 둔 건전한 인권과 책임 개념이 다. 그런데 기독교인들에게 '인권'과 같은 개념을 포함한 공동선은

---

65. 이것이 Holland, *Dominion*의 주된 논지다. Smith(*Awaiting the Kingdom*, 93-94)도 주목하라. 스 미스는 '정치신학'의 과제가 "후기 근대의 자유주의 사회에다 그 종교적 신학적 유산을 다시 들려주 는 것"이라고 믿는다.

종교적 공백 상태에서 작성된 일시적인 '사회 계약'에 의해 규정되는 것이 아니다. 오히려 제이미 스미스가 지적한 것처럼, "정의와 사회의 올바른 질서를 위한 지표와 기준은 일반적이고 보편적이며 '자연적인' 규범이 아니라, 하나님이 이스라엘 및 교회와 맺으신 언약 관계 안에서 펼쳐진, 계시된 성경 이야기"이다.[66] 그런 지표는 서구 문명에 대한 도덕적 주석의 일부이고, 인권을 명시한 역사적 문서들에 깊이 새겨져 있다. '세계인권선언'(1948)은 이러한 권리를 명시하고 있으며, 교황 요한 바오로 2세는 이 인권이 "인류의 도덕적 진보의 길에 있는 진정한 이정표"라고 말했다.[67] '시민적 및 정치적 권리에 관한 국제규약'(1966) 역시 생명권, 종교와 양심의 자유, 표현의 자유, 집회 및 결사의 자유, 투표, 정당한 법적 절차, 법 앞의 평등에 대한 인권을 명시하고 있다. '역사의 옳은 편에' 있다는 자기 확신을 내세우며 이의를 허용하지 않는 특정 진보집단이 이런 인권을 축소, 부정 또는 폄하할 수 있다는 생각은 물리쳐야 한다. 물론 종교의 자유와 언론의 자유에도 한계가 있다. 하지만 자유민주주의의 자유주의를 유지하려면, 기본권에 대한 제한은 항상 일정한 한계 내에서 이루어져야 한다.[68]

---

66. Smith, *Awaiting the King*, 60.

67. John Paul II, Address to the 34th General Assembly of the United Nations, 2 October 1979, para. 7: https://www.vatican.va/content/john-paul-ii/en/speeches/1979/october/documents/hf_jp-ii_spe_19791002_general-assembly-onu.html (2023년 9월 28일 검색).

68. 국제법에서 이런 원리는 인권을 일시적으로 제한하거나 수정할 수 있는 기간과 범위를 다룬 '시라쿠사 원칙'에 나와 있다. 자신이 "역사의 옳은 편에 있다"고 상상하는 어리석음에 대해서는 다음을 보라. N. T. Wright, *History and Eschatology: Jesus and the promise of natural theology* (Waco,

다문화적인 자유민주주의 사회에는 갈등이 있기 마련이지만, 즉 공동선에 대한 다양한 견해, 정치적·경제적 문제에 대한 다양한 해결책, 성(性) 및 임종 문제에 대한 격렬한 논쟁이 있겠지만, 모든 갈등의 해결책은 공평하고 너그럽고 비례적인 방식으로 다양성 안에서의 차이를 관리하는 것이다. 같은 맥락에서 캐나다의 한 지방 법원은 다음과 같이 선언했다.

> 차이를 인정하고 수용하지 않는 사회는 자유롭고 민주적인 사회가 될 수 없다. 자유롭고 민주적인 사회는 시민들이 보복의 두려움 없이 자유롭게 생각하고, 의견을 달리하고, 토론하고, 기존 견해에 이의를 제기할 수 있는 사회이다. 이 사건[트리니티 웨스턴 대학교 대 브리티시컬럼비아주 법률 협회]은 관용과 자유주의의 이름으로 행동하는 선의의 다수가 견제를 받지 않으면 그 자체로 편협하고 비자유적인 방식으로 소수에게 자신의 견해를 강요할 수 있다는 것을 보여준다.[69]

보보들의 시민 전체주의적 야망은 파시스트나 공산주의 정권의 그것처럼 노골적으로 대결적이지는 않다. 하지만 차이와 반대라는 개념을 받아들이지 못하는 엘리트 계급의 태도는 노동 계급의 불

TX: Baylor University Press, 2019), ch. 3, esp. 85-87.

69. *Trinity Western University v. The Law Society of British Columbia*, 2016 BcCA 423 (CanLII), #193, http://www.canlii.org/en/bc/bcca/doc/2016/2016bcca423/2016bcca423.html (2023년 9월 11일 검색).

충함에 대한 불안, 신앙을 가진 사람들에 대한 반감, 비판자들을 침묵시키려는 절박한 욕구와 결합하여 불실한 연성 권위주의로 발전할 수 있다. 그리고 그런 권위주의는 오웰이 경고한 전체주의로 쉽게 변형될 수 있다. 시민 전체주의자들은 국가, 가족, 종교, 개인을 자신들의 이념 아래 종속시키려 한다. 이에 단호히 맞서 교회는 예배와 증언의 자유를 옹호하는 과정에서 다른 사람들의 자유도 옹호해야 한다.[70] 로라 알렉산더는 "국가의 목적은 국민의 행복을 증진하는 것이며, 이를 위해 질서와 보호, 물질적·사회적 재화를 제공함으로써 국민이 상당히 안정된 삶을 영위하고, 선하고 의미 있는 목적을 추구할 수 있게 하는 것"임을 인정하면서도 다음과 같은 중요한 단서를 덧붙인다.

> 국가 자체는 추구해야 할 궁극적 목표가 아니고, 사람들이 최고의 충성을 바칠 만한 궁극적 권위도 아니다. 국가가 자체의 이익을 증진하고 주권을 휘두르는 것은 여전히 더 높은 도덕적 차원에서 비판의 대상이 된다.[71]

예수를 왕으로 찬양하는 사람들은 "궁극적 [중재자]라고 주장하는" 국가나 계급을 늘 의심스럽게 바라볼 것이다.[72] 따라서 기독교

---

70. *Centesimus Annus* (1991), §45.

71. Laura E. Alexander, "Christian Realism and the State as Idol: Feminist and Postcolonial Critique and Christian Realist Theology in an Interdependent World", *Political Theology* 22 (2021): 682.

72. Smith, *Awaiting the King*, 79.

인들은 자신뿐 아니라 다른 사람들도 보호하기 위해 일어서야 한다. 레즈비언이든 무슬림이든 한 집단의 시민적 자유에 대한 위협은 모든 사람의 자유에 대한 위협임을 잘 알기 때문이다.

5. '되살아나는' 제국들에 대한 복음의 '저항'

교회는 나이지리아나 니카라과에 있든, 우즈베키스탄이나 미국에 있든, 불의와 억압, 폭정에 대응하고 '산 위에 있는 동네'가 되라는 소명에 어떻게 부응할지 분별하기 위해 노력해야 한다. 이는 교회를 사회적 활동조직으로 축소하거나 특정 정치세력과 긴밀히 동조하게 하려는 것이 아니다. 그보다 우리가 직관적으로 진실이라고 알고 있는 것, 즉 하나님이 세상을 바로잡으신다는 복음적 신념이 강하면 강할수록 악을 결코 용인하지 않을 것임을 확인하는 작업이다. 따라서 인종차별과 불법적 토지몰수에 저항하고 도박업계의 로비스트에 휘둘리는 정부와 부패, 검열에 저항할 때, 우리는 통치 기관에 복종할지 반대할지, 시민 불복종으로 대응할지 비시민적 불복종으로 대응해야 할지 물어야 한다. 이것은 학문적인 질문이 아니라 전 세계 많은 지역의 기독교인들이 '지금 당장 눈앞에서 결정해야 할' 문제이다. 일례로, 곽푸이란이 묘사한 다음의 내용을 생각해 보라. 홍콩 정부의 억압적 조치에 서로 다른 방식으로 대응한 홍콩의 기독교인들의 상황이다.

기독교인들은 교회, 공공장소, 정부 건물 앞에서 기도 모임을 조직했다. 공공 시위와 달리 종교 집회는 경찰의 간섭으로부터 더 많은 보호를 받으며, 주최자가 집회 허가를 신청하지 않아도 공공장소에 모일 수 있다. 기독교인들은 찬송가를 부르고 도시를 위해, 정부 관리와 선출직 대표자들을 위해 기도했다. 기독교 찬송가인 '찬양 드리세 주님께'는 시위 초반부에 기독교인과 비기독교인이 함께 부르는, 시위자들을 하나로 묶어주는 노래로 떠올랐다. 시위대의 행진 경로에 있는 일부 교회는 문을 열고 시위대를 환대했다. 그러나 교회와 국가의 분리를 믿고 기독교인은 당국에 복종해야 한다고 생각하는 기독교인들도 있었다. 많은 복음주의 교회가 전도를 최우선 과제로 여기면서 정치에 관여하기를 원하지 않았다. 이렇게 여러 의견이 나뉘면서 지역 교회와 교단들이 분열했고, 일부 교인들은 시위에 대한 교회의 대응에 불만을 품고 지역 교회를 떠났다.[73]

그렇다면 시민의 기본 자유를 부정하고, 우상숭배와 불의를 조장하고, 반인류 범죄를 아무렇지도 않게 저지르는 정부의 그늘 아래에서 우리는 어떻게 살아가고 사랑하고 기도하고 일하며 예수 그리스도를 따를 수 있을까? 그에 대한 답변은 믿음이 우리의 저항이며, 저항에는 전염성이 있다는 것이다. 더욱이 이것은 사랑을 통해 역사하는 믿음, 행동하는 믿음, 악을 행하는 세력보다 더 높은

73. Kwok Pui-Lan, *Postcolonial Politics and Theology: Unraveling empire for a global world* (Philadelphia, PA: Westminster John Knox, 2021), 126.

힘에 대한 믿음이다. 악인을 심판하고 악인의 보좌를 부수실 하나님에 대한 믿음이다.

이 믿음이 실제로 어떻게 나타나는지 살펴보자. 교회, 즉 예수 그리스도의 길을 따르기로 결심한 이들이 무엇에 찬성하는지 세상에 알려져야 하지만, 때로는 무엇에 반대하는지도 알려져야 한다. 기독교인인 우리는 파시스트와 공산주의자들에 반대한다. 우리는 억압받는 사람들, 이를테면, 용감한 홍콩 시민들, 우크라이나인들과 연대해야 한다. 그들은 권위주의 국가들이 폭정을 일삼거나 무력으로 공격할 때 어떻게 저항할지 양심의 판단에 따라 정한다. 우리는 기독교 민족주의에 반대한다. 미국 및 그 외 다른 곳에서 그리스도의 이름을 함부로 들먹이며 민족주의, 백인 우월주의, 시민 종교를 혼합하는 정치적 운동에 맞서야 한다. 우리는 시민 전체주의에 반대한다. 국가주의적 프로젝트에 우리의 자유를 넘겨주지 않을 것이고, 한 정체성의 권리를 다른 정체성에 종속시키지 않을 것이다. 우리는 법 앞에서 모든 사람의 평등이 보장될 것을 요구한다. 기억하자, 가장 큰 악을 저지르는 이들은 자기가 하는 일이 악하다고 믿는 이들이 아니라, 자기가 하는 일이 정의롭다고 생각하는 자들이다! 예수를 따르는 이들은 자신의 도덕적 정당성을 지나치게 확신하는 이들이 뿜어내는 증오 앞에서 기도하고 항의하고 거룩한 저항을 펼쳐야 한다. '안보'라는 미명 아래, 또는 한 종족이나 종교적 다수파를 기쁘게 한답시고 부농, 성소수자, 가톨릭 신자, 유대인, 팔레스타인인, 메스티조*, 난민, 심지어 기독교인들까지 말살하고 박해하려는 자들에게 맞서야 한다.

예수께서는 위대한 해방자이시다. 예수께서는 "포로 된 사람들에게 해방을 선포"하러 오셨다.[74] 우리가 "진리를 알고" "진리가 [우리를] 자유롭게" 하는 일을 위해 오신 것이다.[75] 바울은 "우리가 자유를 누리게 하시려고 메시아께서 우리를 자유롭게 하셨다!"[76]라고 말했고, "주의 영이 계신 곳에는 자유가 있다!"[77]라고 말했다. 나치 정권 기간에 청년기를 보냈고 동서냉전 시기에 신학적으로 성숙하게 된 독일 신학자 에른스트 케제만은 "지구상에는 수많은 주인이 있고, 그들은 모두 복종을 요구한다"라고 지적했다. 하지만 십자가에 못 박히신 나사렛 사람 예수께서 제자들에게 "주신 선물은 기독교인의 자유이며, 우리는 그분이 주신 그 선물과 은혜로 살아간다. 기독교인의 자유는 그것이 하늘에서 완성되기 전에 우리가 이 땅에서 그 자유를 증명할 것을 요구한다." 그 자유는 다른 이들을 향한 사랑과 우리가 어떤 주인을 섬기고 어떤 주인에게 저항하는가의 선택으로 증명된다. 결국,

> 자유의 부름은 이미 울려 퍼졌다. 그것은 우리가 있는 자리에서,
> 우리의 인간성 안에서, 이 세상 속에서 우리 각 사람을 부르고

---

74. 누가복음 4:18(새번역).
75. 요한복음 8:32. O'Donovan, *Desire of the Nations*, 146, 151을 따름.
76. 갈라디아서 5:1.
77. 고린도후서 3:17.
* 스페인인과 북미 원주민의 혼혈인.

있다. 그 부름에 응답한 결과는 자유로운 이들의 공동체이며, 따라서 새 창조의 새벽이다.[78]

---

78. Ernst Käsemann, *Jesus Means Freedom* (Philadelphia, PA: Fortress, 1969), 155-156.

7장

공포와 분열의 시대에서
자유주의와 사랑

1. 교회와 국가 재검토

빈센트 베이코트는 정치신학이 기본적이면서도 중요한 두 가지 질문에 답하려 한다고 지적한다. 즉 "공적 영역에서 기독교인의 신실함이 존재할 수 있을까?" 그리고 "만일 정치가 시민으로서의 삶을 의미한다면, 기독교인으로서 어떤 도시, 주, 국가, 그리고 세계의 시민이 된다는 것은 무엇을 의미할까?"이다.[1] 참으로 기독교인들은 이 두 질문과 씨름해야 마땅하고, 당연히 다양한 방식으로 이 질문에 답해야 한다. 먼저, 재세례파와 성공회는 기독교인이 공직에 몸담을 수 있는지의 여부에 대해 생각이 전혀 다르다. 필자인 우리는 이 질문에 대해 주저 없이 긍정적인 대답을 내놓았다. 사실 기독교 신앙은 공동선을 추구하는 공적 신앙이 되어야 하는데, 그러자면 우리는 사적·공적으로 선을 행하고, 선을 만들고, 선을 구축하기 위해 노력해야 한다. 두 번째 질문에 답하자면, 우리는 지역사회, 주, 국가, 나아가 세상을 위하는 기독교인이 되어야 한다. 문제는 세상이 어렵고 위험한 곳이라는 거다. 경제적 격변과 격렬한 전쟁, 적나라한 정치적 분열로 인해 2020년대의 세상은 1930년대 이후 그 어느 때보다 어렵고 위험한 곳이 되었다. 따라서 기독교인이 국가와 어떤 관계에 있는지 정확히 알아내려면 몇 가지 사항을 더 살펴볼 필요가 있다. 정치신학에서 우리는 다음과 같이 질문해야 한다.

---

1. Vincent E. Bacote, *The Political Disciple: A theology of public life* (Grand Rapids, MI: Zondervan, 2015), 14.

① 하나님의 권위는 국가의 권위와 어떤 관계가 있는가?

② 기독교인은 어떤 유형의 국가를 지지해야 하는가?

③ 기독교인은 자신이 속한 국가의 '다양성 안에서의 차이'를 어떻게 관리해야 하는가?

2. 하나님의 권위와 국가의 권위

국가는 무슨 권위로 이런저런 일을 하는 것일까? 누구에게 묻느냐에 따라 완전히 다른 답이 나온다. 왕권신수설부터 프롤레타리아 독재, 그리고 그 사이의 다양한 선택지까지 온갖 답변이 있다. 신학적인 관점에서 보면, 정부는 하나님으로부터 정당성을 얻는다고 추론할 수 있다. 하나님은 천지를 만드시고, 왕과 제국을 세우시고, 신성한 섭리를 통해 정부 업무를 지휘하시며, 우리에게 일반은총의 한 요소로 정부를 허락하시는 분이다. 이 책의 앞부분에서 살펴본 바와 같이, 사도 바울과 베드로 모두 하나님이 주신 국가의 권위와 국가에 복종해야 할 필요성을 인정한다.

누구나 다스리는 권위에 복종해야 합니다. 알다시피, 하나님께로부터 나오지 않은 권위가 없고, 기존 권위들은 다 하나님께서 그 자리에 두신 것입니다. 그러므로 권위에 반항하는 사람은 누구나 하나님께서 정하신 것에 저항하는 것이므로, 저항하는 이들은 심판을 자초할 것입니다. 통치자들은 선을 행하는 이들이 아니라 악을 행하는 이들에게만 두렵기 때문입니다.

다스리는 권력을 전혀 두려워하지 않으려면 선한 일을 하십시오. 그러면 칭찬받을 것입니다. 알다시피, 권력이란 여러분과 여러분의 선을 위한 하나님의 일꾼입니다. 그러나 여러분이 악을 행한다면 두려워하십시오. 권력이 공연히 칼을 지닌 것이 아닙니다. 알다시피, 권력은 하나님의 일꾼으로, 악을 행하는 사람들에게 하나님의 진노를 집행하는 정의의 도구입니다. 그러므로 단지 징벌을 피하기 위해서만이 아니라 양심 때문에도 반드시 복종해야 합니다.

여러분이 조세를 내는 것도 바로 이 때문입니다. 관리들은 하나님의 대리인이 되어 바로 이 일에 힘을 기울입니다. 그러므로 그들 각자에게 내야 할 것을 납부하되, 조세를 걷는 이에게는 조세를 납부하고, 관세를 걷는 이에게는 관세를 납부하십시오. 두려워해야 할 이를 두려워하십시오. 존경해야 할 이를 존경하십시오.

_로마서 13:1-7

주를 위해 인간의 모든 제도에 복종하십시오. 최고 주권자인 황제든, 악을 저지르는 사람을 심판하고 선을 행하는 사람을 칭찬하려고 황제가 파송한 총독이든 마찬가지입니다. 알다시피, 이것이 하나님의 뜻입니다. 그분은 여러분이 바르게 처신하여 어리석고 무지한 사람들을 잠잠하게 만들기를 바라십니다. 자유인으로 살되(물론 여러분의 자유를 악을 숨기는 가리개로 쓰지 마십시오!), 하나님의 종으로 사십시오. 모든 사람을 존경하십시오. 가족을 사랑하십시오. 하나님을 경외하십시오. 황제를 존중하십시오.

_베드로전서 2:13-17

핵심을 말하자면, 거의 모든 정부가 무정부 상태보다는 낫다. 하나님은 인류 공동체에 복지, 안전, 질서, 정의를 가져다주시고자 인류에게 정부를 선물로 주셨다.[2] 정부가 제 역할을 잘 수행할 때 자유가 번성하고, 평화가 지속되며, 정의가 구현된다. 마을이든 전체 사회든 거대 도시든, 공동체에는 집단적 통치체제가 필요하다. 그것이 없으면 우리의 삶은 무법천지로 떨어지고, 무법천지에서는 항상 힘이 정의가 된다. 칼뱅이 말한 것처럼, 정부의 역할은 "만인을 위한 공공의 안전과 평화를 제공하는 것"이요, "통치 지역의 안정을 유지하고, 가만히 있지 못하는 자들의 선동으로 인한 동요를 억제하고, 힘에 억눌린 사람들을 돕고, 악행을 처벌하는 것"이다.[3] 이것이 국가에 복종해야 하는 이유이다. 국가는 하나님이 우리를 위해 주신 것이다. 하지만 앞서 살펴본 바와 같이, 국가에 맹목적으로 복종해서는 안 된다. 국가가 보유하는 권위는 궁극적인 것도, 오류가 없는 것도 아니기 때문이다.

국가는 '권위'를 행사하기 위해 존재하지만, 그 권위는 최종적인

---

2. 잠언 8:15, 21:1, 다니엘 2:21을 보라.
3. Calvin, *Institutes* 4, 20, 9, 11.

것이 아니라 파생적인 것이다. 정부는 무정부 상태라는 한 가지 문제를 해결할 수 있지만, 절대주의라는 다른 문제를 만들어낼 수도 있다.[4] 우리 필자들은 월터스토프를 따라, 국가 권위는 궁극적 지위가 아니라 권력, 그것도 한계가 있는 특정한 권력을 가질 수 있다는 위임이고 허가이자, 그 권력의 수행이라고 단언하는 바이다. 로마서 13장 1-7절과 베드로전서 2장 13-17절이 함의하는 바는 통치 권위가 하나님으로부터 온 것이므로 하나님께 책임이 있다는 것이다. 하나님만이 권위**이시다**. 국가와 그 대리자는 권위를 **가질** 뿐이다. 국가는 전능하신 하나님의 신성한 종이다. 국가가 인정하든 말든 그 사실에는 변함이 없다. 국가는 그 임무를 맡기신 하나님께 해명할 책임이 있다. 여기서 대비되는 것은 하나님의 절대적인 신적 권능과 일시적이고 지상에 속한 하나님의 종인 인간 정부, 즉 지상에서 신적 권위를 위임받아 대리하는 정부이다.[5]

하지만 오늘날에는 국가가 하나님의 종이라거나, 하나님 앞에서 책임을 진다거나, 하나님의 권위를 행사하여 통치한다는 식으로 이야기하는 사람은 거의 없다. 그렇게 된 데는 이유가 있다. 하나님의 보증을 받았다고 말하는 사람들, 즉 "하나님이 우리 편"이고 우리가 신적 정통성을 독점하고 있다고 주장하는 사람들을 의심하게 된 배경 이야기가 있다. 우리 모두는 특정한 사람들을 하나님의

---

4. Peter Jensen, "The Need for Good Politics", *The Global Anglican* 137 (2023): 101.

5. Nicholas Wolterstorff, *The Mighty and the Almighty: An essay in political theology* (Cambridge: Cambridge University Press, 2012), 47-52, 116.

뜻을 오류 없이 대변하는 존재로 여기거나, 특정 인물들이 그런 존재로 지처히는 신정통치를 우려한다. 그런 통치체제를 직접 경험했든 그렇지 않든 마찬가지이다.

기독교세계에서 국가는 사람들이 공통의 지리, 민족, 종교, 도덕으로 묶인, 하나님이 정하신 사회 질서로 간주되었다. 사회의 다양한 계층 또는 영역에서는 하나님과 서로에 대한 의무가 있다고 인식했다. 하나님은 백성들을 현명하고 자비롭게 다스리도록 왕들에게 기름을 부어 임명하셨다. 그러나 기독교세계의 화합은 절대군주제의 끔찍한 악행, 제국의 공포, 종교적 다양성의 부상, 종교개혁, 계몽주의, 개인의 권리를 보장하는 방향으로의 법적 진화, 민족국가의 부상, 자본과 노동자의 권리 사이의 갈등, 식민지 시대의 불의의 유산 등으로 인해 깨어졌다. 기독교세계는 절대군주제를 너무나 충격적으로 경험했기에 그에 대한 신앙을 해체하고, 국가와 결합된 종교 기구를 해체해야 했다.

사람들이 왕-사제 동맹의 기독교세계를 거부하자 즉각 여러 정치적 결과가 따라왔다. "하나님, 왕을 구원하소서!" 대신에 "공화국 만세!"가 등장했다. 신을 경외하는 공화국일 수도 있지만, 공화국은 공화국이었다. 사실 입헌군주제라고 해도 크게 다르지 않다. 입헌군주제는 민주적 의회주의와 상징적인 명목상의 국가 원수로 구성되기 때문이다. 이런 후기 기독교세계 체제에서는 권위가 위에 있는 신으로부터 왕에게 위임된 것이 아니라, 아래에 있는 국민으로부터 공무원에게 전달되었다. 따라서 통치행위의 주체들은 지상의 행정에 하늘의 권위를 반영하려 하지 않았고, 정의, 안보, 복지에 대한 시민의 뜻을 집행하는 것이 자신의 임무라고 이해했다. 그리고 '왕의 신성한 권리'(*jus divinum regum*) 대신 '민중의 목소리가 곧 신의 목소리'(*vox populi, vox Dei*)라는 생각이 자리 잡았다. 절대군주제의 '왕의 법'(*Rex Lex*)은 가고, 왕과 빈민에게 똑같이 법의 지배가 적용되는 '법이 왕이다'(*Lex Rex*)가 도래했다. 국가가 자국민에게 책임을 지게 만들 경우, 투명성과 책임성이 높아지는 것은 사실이다.

후기 기독교세계의 상황에서는 공산주의 국가든 민주 공화국이든, 국가 권위를 개념화하는 데 보통 신이 등장하지 않는다. 다시 말하자면, 그렇게 된 데는 역사적 사정이 있다. 전제군주가 현명하고 자비롭고 경건한 경우에도, 신이 승인한 전제정치의 한계는 명백하고 자명했다. 기독교 군주제가 최악의 통치 체제였다고 확신할 수는 없다. 당시의 대안적 통치 체제는 이교도 부족 연합, 이슬람 칼리프 국가, 또는 유라시아 대초원 군대의 속국이 되는 것이었으니 말이다. 그렇다 해도 여전히 기독교세계에는 개선의 여지가 많았다. 절대군주제는 왕에게 불복종하는 것이 신에게 불복종하는 것과 같다고 선언하는 주교의 지지를 받았지만, 많은 이들에겐 그 체제의 단점이 명확했다.

그렇다 하더라도 나라를 대표하는 군주나 공유된 메타 서사가 제공하는 안정성이 없는 서구 자유민주주의 국가들은 항상 분열과 공화국 내의 파벌싸움의 위험에 노출되어 있었다. 왕, 차르, 술탄에 대한 반대만으로는 민족, 종교, 계급적 경쟁으로 가득 찬 국민을 오랫동안 통합할 수 없다. 오늘날 자유민주주의 국가의 핵심 취약점으로 드러나고 있는 아래로부터 부여되는 국가 권위의 문제는 그것이 모종의 합의에 근거해야 한다는 것이다. 정의의 본질에 대한 합의나 공동선에 대한 공유된 이해 없이는 사회적 결속과 정치적 합의를 창출하기가 거의 불가능하다. 모종의 공유된 사회적 비전이 없으면, '선'으로 간주되는 것이 오래가지 못하고 유행과 보여주기식 연출에 휘둘리고, 각기 다른 의제를 가진 이질적 집단들에 의해 갈기갈기 찢기는 탓이다. 공유된 이야기가 없으면 사람들이 공동선에 관심을 갖지 않게 되고, 끝없는 오락에 정신이 무뎌지거나 진실과 거짓을 분별하는 능력을 상실하게 된다. 설령 우리 자신의 자유가 무너지는 한이 있어도 모든 반대파를 파괴해야 한다고 요구하게 된다. 함께하는 인간의 삶에 대한 상징, 이야기, 이상, 목표, 비전을 공유하지 않는 자유민주주의 국가는 자유를 부수고 산산조각 낼 수 있다. 사소한 당파적 다툼을 초월해 있는 존재에 대한 믿음이 없다면, 우리는 사기꾼의 지배를 받고 불만으로 인해 분열될 운명에 처하게 된다.

주의하자. 민주주의는 자기를 넘어서는 무언가에 뿌리를 둔 서사적 하부구조 없이는 내부 균열을 악용하는 외부 행위자들의 착취를 견뎌낼 수 없다. 또한 민주주의는 시민적 자유가 무엇을 위한 것인지 알지 못하고는 금권적 계략의 유혹을 떨칠 수 없고, 시민적 자유가 선동으로 침식되는 것에 맞설 수도 없다. 민주주의가 살아남기 위해서는 자유를 위한 민주주의의 투쟁과 그 권리와 의무의 기원에 대한 이야기가 있어야 하고, 인간 번영의 진정한 목적을 알아야 한다.

바로 여기에서 기독교 이야기가 중대한 정치적 효용을 갖는다. 기독교가 들려주는 이야기에서는 악이 실재한다. 악이 파라오에서 카이사르에 이르기까지 제국의 형태를 취하는 모습과, 일상적인 것이든 위협적인 것이든 악이 우리 자신에게도 뿌리를 내릴 수 있다는 사실을 알려주기 때문이다. 악에 대한 답은 복수가 아니라 구속(救贖)이다. 제국이 지독히 못된 일들을 저지를 때, 하나님은 출애굽과 부활이라는 신성한 혁명으로 그 일들을 무효로 만드신다. 실제로 성만찬의 자리에서 우리는 하나님의 통치가 제국의 희생자들 편에 서서 그분의 백성을 신원하고 죄와 죽음과 악에 대한 승리를 가져오는 것을 기념한다. 하나님은 우리 마음속에 도사린 독재자를 정복하신다. 이 이야기에서 국가는 악의 근원인 동시에 악의 잠재적 보호 장치이다. 기독교인들은 하나님이 정의, 안보, 복지에 대한 구체적인 비전과 같은 공동선을 실현할 권한을 국가에 부여하셨다고 주장할 수 있다. 그렇다면 우리는 정치와 권력, 권위와 책임, 권리와 의무, 제약과 자유 등의 주제를 생각할 때 종교적 자원을 적법하게 적용할 수 있는 것이 분명하다.[6] 기독교인에게 공동선은 변덕스러운 군중심리에 근거한 것이 아니고, 유행에 노예처럼 얽매인 것도 아니고, 대중영합주의나 국민투표의 사안으로만 치부

---

6. Wolterstorff, *The Mighty and the Almighty*, 8-9.

할 것도 아니며, '각자 자기 삶을 살자'와 같은 진부한 공동의 목표를 세워 달성되는 것도 아니다. 권위는 하나님이 국가에 주신 것이고, 국민이 합의로 그것을 받아들인다. 정부의 궁극적인 죄는 법이나 부족, 가문을 거스르는 것이 아니라, 정의롭고 현명하며 자비롭게 통치하기 원하시는 분을 거역하는 것이다.

필자인 우리는 이상적인 국가는 그 자유와 의무를 초월적이면서도 설명 가능한 어떤 것에 매어 놓아야 한다고 주장하는 바이다. 그런 국가는 보편적 타당성을 지닌 특정한 이야기에 기반을 두고 있어야 한다. 그런 국가의 권력자는 자신이 전능하지 않고 전능해지려고 해서도 안 된다는 것을 알아야 하고, 그 시민들은 시민적 미덕을 열망해야 한다. 그런 체제에서는 세속적 헌법이 있다 하더라도, 종교가 제공하는 것과 같은 흔들림 없는 전통과 서사에 호소하여 폭정과 무정부 상태에 맞설 포괄적인 자유와 안전장치를 마련할 수 있다. 정의로운 국가가 되려면 국민의 권리와 책임을 일관성 있고 설득력 있게 정당화할 수 있어야 하며, 그 정당화의 근거는 시민들보다 더 큰 것, 심지어 그들을 넘어서는 것이어야 한다. 또한 그런 국가에는 인간이 누구인가에 대한 공통 신념이 필요하다. 이를테면, 인간은 "하나님의 형상"을 지닌 피조물로서 "한 혈통"을 공유하는 존재라는 신념 말이다. 다시 말해, 보편적 인간의 가치를 설명하는 정치인류학이 필요하다.[7] 그러한 국가는 시민들에게 서로

---

7. 창세기 1:27, 사도행전 17:26.

에 대해 합의된 의무와 책무를 요약하여 제공해야 한다. 예를 들자면, 십계명, 산상수훈, 선한 사마리아인 비유 같은 것에 그런 요약이 담겨 있다고 할 수 있다. 물론 그다음에 그것은 다양한 권리장전이나 인권 선언에서 세속적으로 표현되겠지만, 본질은 달라지지 않는다. 그런 국가는 사랑, 공정성, 평등과 같은 공통의 미덕을 함양하는 데 전념하는 시민을 창출한다. 이런 국가가 유지되려면 또한 자유, 행복, 번영의 **텔로스**, 즉 목적이나 목표에 대한 모종의 종말론이 필요하다. 자유 국가에서는 어떤 종교도 패권적 우위를 추구해서는 안 되지만, 종교는 국가가 무엇을 해야 하고 하지 말아야 하는지, 시민의 의무는 무엇이고 국가 자체의 목적은 무엇인지에 대한 기본적인 질문에 답하는 데 도움이 될 수 있다.

요약해 보자.

① 하나님은 공동선을 위해 국가에 권위를 부여하신다.
② 국가는 하나님이 위임하신 임무를 권위 있게 수행할 뿐, 그만한 권위의 원천이 아니다.
③ 기독교세계에서 말한 하나님께 위임받은 국가의 권위라는 개념은 다양한 남용의 여지가 있었기에 피통치자들의 합의를 바탕으로 작동하는 권위의 필요성이 대두된다.
④ 아래로부터의 국가 권력의 문제점은 공동선을 지탱해 주는 서사나 공동선을 지지하는 비전이 없기 때문에 파편화되고 파벌싸움에 빠지게 된다는 것이다. 그러므로

⑤ 기독교인들은 국가의 무오류성과 불가침성을 부인하고, 국가
는 하나님 앞에서 해명해야 한다고 주장할 수 있다. 그들은
예수의 이야기와 상징이 공화국이나 연방에 시민적 유대감
과 공동의 목적을 만들어낼 자원이 될 수 있다고 주장할 수
있다.

3. 자유민주주의를 지지하는 기독교적 논증

자유민주주의는 전근대 세계의 실패와 균열을 극복하기 위해
새롭게 고치고 재구성한 기독교세계 2.0이라고 주장할 수 있겠다.
좀 더 구체적으로 말하면, 개신교 기독교인들은 과학적 진리든 정
치적 진리든, 모든 진리는 하나님의 진리이며, 진리는 보편적이라
는 확신을 갖고 있었고, 어디를 가든 복음과 과학, 입헌주의를 수
출하려고 노력했다. 사람들이 "모든 사람이(남자와 여자 모두) 평등하게
창조된 것이 자명하다"라고 믿는 것은 오로지 그들이 남자와 여자
가 "하나님의 형상"대로 창조되었다는 창세기 1장 27절과 "하나님
이 세상을 사랑하셨다"라는 요한복음 3장 16절 말씀을 읽고 영향을
받았기 때문이다. 인권과 종교적 다원주의는 선교적 개신교에 의
해 형성된 여러 국가에 가장 깊이 뿌리내리고 있다.[8] 알고 보면 정

---

8. 여기에는 고려할 문헌이 많다. 이를테면, John Witte, *The Reformation of Rights: Law, religion and human rights in early modern Calvinism* (Cambridge: Cambridge University Press, 2007) - 한

치적 자유주의는 기독교의 가공할 적이 아니라 잃어버린 자식이다. 하지만 그것은 기독교가 자기 아버지라는 사실을 믿지 않는다.

자유민주주의는 시민의 자유를 부득이한 경우가 아니면 제한해서는 안 되는 고유한 선으로 간주한다는 의미에서 '자유주의적'이고, 투표권이 모든 시민에게 동등하게 적용되고 각 시민의 표가 동일한 중요성을 갖는다고 본다는 의미에서 '민주적'이다. 우리 필자들은 지금 자유민주주의를 찬양하거나 혹평하기 위해 이 글을 쓰는 것이 아니다. 우리는 악과 탐욕, 불의로 쏠리는 인간의 성향이 존재하는 세상에서 자유민주주의는 인간 통치를 위한 그나마 가장 덜 나쁜 선택지라는 논지를 옹호하고자 한다. 자유민주주의는 정의로운 사회를 위한 필요조건도 충분조건도 아니지만, 그런 사회를 가능하게 하는 조건이 될 수 있다.

이렇게 말하면 받아들이거나 인정하기 어려울 수도 있겠지만, 사실 기독교인들이 항상 민주주의에 헌신한 것은 아니었다. 유세비우스는 "주권자가 하나이고, 주권적 말과 법도 하나"인 군주제를

국어판:『권리와 자유의 역사』, 정두메 옮김 (IVP, 2015); Joan Lockwood O'Donovan, "The Liberal Legacy of English Church Establishment: A theological contribution to the legal accommodation of religious plurality in Europe", *Journal of Law, Philosophy and Culture* 4 (2011): 14-75; Robert D. Woodberry, "The Missionary Roots of Liberal Democracy", *American Political Science Review* 106 (2012): 244-74; Larry Siedentop, *Inventing the Individual: The origins of Western liberalism* (London: Penguin, 2015) - 한국어판:『개인의 탄생』, 정명진 옮김 (부글북스, 2016); James K. A. Smith, *Awaiting the King: Reforming public theology* (Grand Rapids, MI: Baker, 2017), 91-150 - 한국어판:『왕을 기다리며: 하나님 나라 공공신학의 재형성』, 박세혁 옮김 (IVP, 2019); esp. James Simpson, *Permanent Revolution: The Reformation and the illiberal roots of liberalism* (Cambridge, MA: Belknap, 2019).

지지한다고 선언했다. 하나님은 한 분이시지 복수의 신적 세력들이 아니기 때문이다. 그는 군주제가 "무정부 상태와 무질서"만 가져오는 민주주의보다 낫다고 주장했다.[9] 이런 말을 접하면 1930년대에 유세비우스가 누구 편을 들었을지 궁금해진다. 장 칼뱅으로 넘어가 보면, 그는 하나님의 섭리가 왕, 원로원, 자유 국가 등 다양한 정부를 허용한다고 믿었음을 알 수 있다. 칼뱅에 따르면, 군주제에는 폭정이라는 위험이 있고, 귀족정은 파벌주의의 위험이 있다. 칼뱅이 선호했던 세속 정부의 형태는 "귀족정과 민주정의 복합체"였다.[10] 『반지의 제왕』 3부작의 저자 J. R. R. 톨킨은 그 알레고리 작품에서 아이센가드와 모르도르를 묘사하며 권위주의 정권을 비판했지만, 『반지의 제왕』 끝에서 두 번째 장인 '샤이어 전투'에서는 민주주의 국가에서 일어나는 지독한 관료화에 대한 암묵적 비판도 보인다.[11] 결국 가톨릭 생태 왕정주의자였던 톨킨은 재무담당자, 끝없는 규칙과 규정, 수많은 위원회가 존재하는 민주사회주의보다는 국민과 목초지의 수호자 역할을 하는 군주를 선호했다. 데이비드 벤틀리 하트는 톨킨을 "무정부주의적 군주론자"라고까지 부른다.[12]

9. Eusebius, *Speech for Thirtieth Anniversary of Constantine's Accession* 1. 다음 책에서 인용. *From Irenaeus to Grotius: A sourcebook in Christian political thought, 100-1625*, ed. Oliver O'Donovan and Joan Lockwood O'Donovan (Grand Rapids, MI: Eerdmans, 1999), 60.

10. Calvin, *Institutes* 4.20.8.

11. Bruno Bacelli, *How to Misunderstand Tolkien: The critics and the fantasy master* (Jefferson, NC: McFarland & Co., 2022), 80, 89를 보라.

12. David Bentley Hart, *A Splendid Wickedness and Other Essays* (Grand Rapids, MI: Eerdmans, 2016), 71-75.

앞서 살펴본 것처럼, 초기 기독교인들은 당대의 유대인들과 마찬가지로 통치자가 **어떻게** 그 자리에 올랐는가(권력을 물려받았든, 궁정 쿠데타나 정복이나 혁명으로 권력을 획득했든)는 딱히 걱정하지 않았지만, 통치자가 된 후에 어떻게 행동하고 무엇을 하는지에는 깊은 관심을 가졌다. 역사를 보면 기독교가 단일한 정치 구조에 묶여 있지 않다는 것을 알 수 있다. 기독교인들은 다양한 유형의 정부 아래 살았고, 그런 정부를 옹호했다. 하지만 우리는 자유민주주의에 대한 기독교적 옹호론을 제시할 수 있다. 기독교인들이 지지할 수 있는 유일한 통치유형으로서가 아니라, 기독교적 비전으로 뒷받침될 수 있고 인간의 노력을 최대한 활용할 수 있는 '지혜'의 한 유형을 대표하는 통치유형으로서 말이다.

1) 기독교와 자유주의

우리는 '이웃 사랑'의 개념을 가지고 '자유주의'를 기독교적인 방식으로 정당화할 수 있다.[13] 우리의 '이웃'을 사랑하려면 이웃이 우리 곁에 있으면서도 우리와 다를 수 있도록 허용해야 한다. 우리의 이웃은 우리와 '다른' 존재가 될 수 있다. 그러자면 우리가 동의하지 않거나 탐탁지 않은 방식으로 타인이 행복, 성취, 번영, 목적, 의미를 찾을 자유를 허용하고, 심지어 축하해야 한다. 이웃의 행복이 우리의 행복에 직접적인 해를 끼치지 않는 한, 그는 언제 어디서든 자

---

13. 레위기 19:18, 마태복음 5:43, 19:19, 22:39, 로마서 13:9-10, 갈라디아서 5:14; 야고보서 2:8을 보라.

신의 방식으로 자신에게 충실할 자유가 있다. 이웃 사랑은 위계적이고 불만에 기빈하며 징체성에 따라 시위를 부여하는 방식을 부수는 길이다.[14] 이 일의 자연스러운 귀결은 원수에 대한 사랑이다.[15] 원수를 없애는 가장 좋은 방법은 원수를 친구, 파트너, 이웃으로 삼는 것이다. 여기에 선한 사마리아인의 비유를 더하면,[16] 우리와는 다른 종교나 민족에 속한 이웃에게도 우리와 동일한 선과 사랑, 자비의 능력이 있음을 인정하게 된다. 우리는 서로 다를 수 있는 자유를 긍정하고, 다른 사람의 선택이 어떤 선도 해치지 않는 한 그것을 수용하기로 선택한다. 자유주의는 서로의 차이점에도 불구하고 사랑할 수 있는 자유를 의미한다.[17] 자유주의는 순응을 요구하기보다 관대함을 선호한다. 자유주의는 타인에게서 선함을 찾겠다고 선택한다.

자유민주주의는 윌리엄 갤스턴(William Galston)이 말한 **표현적 자유**(expressive liberty)를 보여준다. 표현적 자유란 개인과 집단이 스스로 합당하다고 여기는 대로, 무엇이 삶을 의미 있고 가치 있게 만드는가에 대한 자신의 생각에 따라 살아가는 것을 지지하는 입장이다. 자유민주주의 국가에서는 표현적 자유를 제한하고자 할 때

---

14. Luke Bretherton, *Christ and the Common Life: Political theology and the case for democracy* (Grand Rapids, MI: Eerdmans, 2019), 41.

15. 마태복음 5:43-48.

16. 누가복음 10:25-37.

17. 물론 이런 질문이 생겨난다. 어떤 차이점이 문제가 될까? 이웃 사람이 딸들에게 할례를 하는 것이 본인의 종교와 문화의 일부라고 말한다면, 그것을 '다양성'이라고 허용해야 할까? 다양성의 관용에는 어떤 한계가 있고, 그 한계 배후에는 어떤 원칙이 있을까?

마다 국가가 입증책임을 지고 그 필요성을 입증해야 한다.[18] 종교의 자유, 양심의 자유, 정치활동의 자유의 경우 특히 더 그래야 한다. 자유는 표준이지 예외가 아니다. 자유의 축소는 예외적인 것이어야 하고 과도해서는 안 되며, 특정 인구집단을 겨냥한 것이 아니라 공정하게 분배되어야 한다. 공공질서의 변화는 합의에 따라 이루어져야 하고, 견해차는 속임수나 강압이 아닌 설득으로 해결해야 한다.

분명히 짚고 넘어가야 할 것이 있다. 그것은 자유주의에서의 자유는 절대적이지도 무한하지도 않다는 것이다. 법의 존재 목적은 자유를 지키는 것만큼이나 자유를 제한하는 데 있다. 온전히 자율적이고 스스로에게 법이 되고 자기 선택과 행동에 대해 다른 사람들에게 아무 책임을 지지 않아도 되는 사람은 없기 때문이다. 모든 권리에는 한계가 있고, 모든 자유에는 책임이 따른다. 모든 사람이 "자기 소견에 옳은 대로" 행동한다면, 그 결과는 공공의 무정부 상태, 도덕적 상대주의, 사회적 혼란이 될 것이다.[19] 칼뱅은 로마 황제 네르바 시대의 격언을 인용한다. "어떤 것도 합법으로 인정하지 않는 군주 밑에서 사는 것은 참으로 고약한 일이지만, 모든 것을 합법으로 여기는 군주 밑에서 사는 것은 훨씬 더 고약하다."[20] 원하는 모든 것을 다 할 수 있는 능력은 우리가 원하는 일이 자신과 타인 모

---

18. William A. Galston, *Practice of Liberal Pluralism* (Cambridge: Cambridge University Press, 2005), 2-3.
19. 사사기 17:6, 21:25.
20. Calvin, *Institutes* 4.20.10에서 인용.

두에게 유익할 때만 좋은 것이다. 요한 바오로 2세의 회칙 「생명의 복음(Evangelium vitae)」은 질내직 사율성의 한세를 이렇게 지적한다.

> 자아의 증진을 절대적 자율성의 관점에서 이해한다면, 사람들은 서로를 거부하는 지경에 이를 수밖에 없습니다. 다른 사람을 모두 적으로 여기고 자신을 방어해야 하는 처지가 됩니다. 그렇게 되면 사회는 공간적으로 나란히 자리를 잡기는 하지만 서로 간의 유대는 전혀 없는 개인들의 무리가 됩니다. 각 개인은 타인과 무관하게 자기주장을 하고 싶어 하고, 실제로 자신의 이익을 관철하려고 시도합니다.

자율적 자아들 사이의 내전 가능성을 해소하려면, "모종의 타협점을 찾아야 합니다. 각 개인에게 최대의 자유가 보장되는 사회를 원한다면 말입니다."[21] 그렇다면 자유주의의 표현적 개인주의는 동료 시민의 복지를 보호해야 하는 우리의 의무와 균형을 이루어야 한다.

2) 기독교와 민주주의

우리는 민주주의를 이해하고 그 장점을 설명할 수 있는 일종의 기독교적 추론을 해볼 수 있다. 성경으로 종교의 자유, 사법의 독립성, 결사의 자유를 증명할 수 없듯, 성경으로 민주주의를 증명할 수

---

21. *Evangelium Vitae* (1995), §20.

도 없다. 성경은 예수께서 주님이시고 살인은 잘못이며 제자들이 불경한 폭력배처럼 행동해서는 안 된다고 가르치지만, 그런 방식으로 민주주의를 가르치지는 않는다. 성경에는 대중의 동의를 받고 지도자가 임명되는 기록이 드문드문 있다. 이를테면, 모세가 히브리 지파들에게 지혜롭고 분별력이 있으며 평판이 좋은 지도자를 선택하라고 지시한 대목, 유다 지파 사람들이 다윗을 유다 족속의 왕으로 기름 부은 대목이다.[22]

그리고 기독교의 성경은 기독교 혁명으로 형성된 문명 안에서 살아가는 우리에게 민주주의가 바람직한 통치유형임을 시사하는 몇 가지 원칙과 일종의 지혜를 제공한다. 민주주의는 어느 정도 실용적이고 유익하기도 하다. 인간의 본성이 뼛속까지 죄성에 찌들었기 때문이고, 인간을 향한 하나님의 목표는 그분에 대한 사랑과 이웃에 대한 사랑으로 가득 찬 언약 공동체의 일원이 되게 하는 것이기 때문이다. 이와 같은 맥락에서 라인홀드 니버는 이런 유명한 말을 남겼다. "인간이 정의를 행할 수 있기에 민주주의가 가능하고, 인간이 불의에 끌리기 때문에 민주주의가 필요하다."[23]

피통치자의 동의는 항상 통치의 중요한 측면이었다. 전제군주들도 때때로 왕좌에서 내려와 거리를 다니며 자신의 통치와 평판에 관해 하는 말들을 살펴야 했다. 사독이 솔로몬에게 기름을 부어

---

22. 신명기 1:13-15, 사무엘하 2:4.

23. Reinhold Niebuhr, *The Children of Light and the Children of Darkness: A vindication of democracy and a critique of its traditional defense* (New York: Scribner's, 1944), ix.

이스라엘의 왕으로 삼았을 때, 대중은 "솔로몬 왕 만세!"라고 환호를 보냈다.[24] 집사 아가페토스*는 비잔티움 제국의 유스티니아누스 황제에게 이런 편지를 썼다. "폐하께서 동의를 얻어 통치하실 때 폐하의 제국은 안전할 것입니다. 억압받는 백성은 기회만 나면 들고 일어나지만, 통치자에게 선의로 묶여 있는 백성은 통치에 순응할 거라고 믿을 수 있습니다."[25] 그래서 미국 독립선언문에는 [국민의] 정치적 권리를 보호하기 위해 "정부가 사람들 사이에서 세워지는데, 그 정당한 권한은 피통치자들의 동의로부터 나온다"라는 주장이 들어있다.[26] 과거 신학자들은 모든 권력이 하나님으로부터 나오지만, 그 권위를 정당화하는 존재는 국민이라고 인식했다.[27]

민주주의 국가에서 오랫동안 살아온 사람들에게 민주주의의 한계는 분명하다. 선거 기부금, 정치적 출세주의, 족벌주의, 파벌주의, 입법 교착 상태, 미디어 편향성 등 불평할 거리가 많다. 민주주의의 명백한 문제 하나는 권력을 간절히 원하는 사람들이 권력을 손에 쥐게 된다는 것이다. 그들은 공동선보다는 자신의 이익과 이념을 추구하기 위해 정치권력을 얻으려 한다. 더 심각한 문제는 야심만만하거나 무능한 정치인을 제거하는 방법이 더 야심만만하

---

24. 열왕기상 1:39.

25. Agapetos, *Heads of Advice* 35. 다음 책에서 인용. *From Irenaeus to Grotius*, ed. O'Donovan and O'Donovan, 185.

26. Wayne Grudem, *Politics According to the Bible* (Grand Rapids, MI: Zondervan, 2010), 106-109 를 보라.

27. Jacques Ellul, *Anarchy and Christianity* (Grand Rapids, MI: Eerdmans, 1988), 29.

* 약 500년경 콘스탄티노플의 성 소피아 대성당에서 집사로 봉사했던 인물.

고 심지어 더 무능할지도 모르는 정치인으로 교체하는 것뿐이라는 데 있다.[28] 민주정이 독재정으로 변질되기가 얼마나 쉬운지는 히틀러가 1933년에 민주적으로 독일 수상이 된 후 1934년에 대통령직과 총리직을 통합하여 총통이 되는 방법을 찾아낸 일에서 분명하게 드러난다. 체코슬로바키아 공산주의 지도자 클레멘트 고트발트는 1946년에 민주적으로 총리로 선출되고 나서, 쿠데타를 일으켜 1948년에 대통령이 되었고, 스탈린주의 통치 모델을 강요했다. 민주주의는 국민과 기관들이 그것을 유지하기 위해 기울이는 노력만큼만 유효하다.

3) 독재를 막는 안전장치로서의 자유민주주의

자유민주주의를 지지하는 논증을 강화하기 위해, 자유민주주의가 시민들에게 부여하는 많은 혜택을 다음과 같이 열거해 보는 일이 유용할 것이다.

① **개인의 권리.** 자유민주주의 국가는 헌법이나 권리장전에 개인의 권리와 자유를 명시한다. 개인의 권리는 사상, 상업, 언론, 출판, 종교, 결사, 투표, 청원 및 시위의 자유와 관련이 있다. 이런 권리는 모든 사회 구성원이 보복에 대한 두려움 없이 자유롭게 자신의 의사를 표현하고, 자신의 희망과 행복을 추구하는 것을 보장한다.

② **보편적 참정권과 정치 참여.** 자유민주주의는 성별, 민족, 종교,

---

28. Hart, *Splendid Wickedness*, 72.

사회경제적 지위에 관계없이 모든 시민의 정치 참여를 허용하고 상려한나. 누구나 두표하고, 공직에 출나하고, 공공행성에서 봉사할 수 있다. 이렇게 되면 모든 이들의 목소리를 듣고, 모든 정당과 정책이 면밀히 검토될 수 있으며, 선출된 공직자는 유권자의 필요와 욕구를 대표하게 된다. 기본 원칙은 피통치자의 동의가 있어야만 통치가 진행될 수 있다는 것이다.

③ **권력 분립**. 자유민주주의 국가는 어떤 정부 부문도 무제한의 권한이나 무소불위의 권력을 가져서는 안 된다는 것을 인정한다. 따라서 자유민주주의 국가의 정부는 일반적으로 행정부, 입법부, 사법부로 구성된다. 이러한 권력 분립은 어떤 정부 기관도 권력을 독점하지 못하게 한다. 그래서 사법부의 정치화, 공무원의 당파성은 민주적 질서에 위협이 된다.

④ **평화적 분쟁 해결**. 자유민주주의는 근본적인 긴장, 어쩌면 취약성이라고 할 만한 것을 안고 있다. 자유민주주의는 개인의 자유를 증진하지만, 그 자유가 공동선에 대한 다양한 인식과 충돌할 수 있기 때문이다. 예를 들어, 자유민주주의 국가에서는 총기 소유, 생식 선택, 결혼, 부모의 권리, 정교분리 등과 관련된 자유의 범위와 한계에 대해 시민들 사이에 서로 다른 생각이 존재할 수밖에 없다. 민주주의 국가에서는 민주주의의 개념 자체에 단호히 반대하는 사람들에게도 관용을 보이고 선거권을 부여해야 한다. 그래서 시민들은 관련 주제들에 대해 숙의하고 심지어 격렬한 논쟁도 벌여야 한다. 이상적인 자유민주주의는 경쟁하는 권리들의 균형을 맞추고

자유의 본질과 범위에 대해 정중한 방식으로 토론할 수 있는 여러 방법들을 제공한다. 또 자유 언론, 설득, 옹호, 선거, 중재 같은 평화적 수단으로 분쟁을 해결할 틀을 제시한다. 따라서 자유민주주의 국가에서는 이견을 해결하기 위해 강압, 검열, 쿠데타에 의존할 필요가 없다.

⑤ **경제적 기회와 평등**. 자유민주주의는 통상의 자유, 이윤 추구의 동기, 자기 노동의 혜택을 누릴 수 있는 조건과 종종 연관된다. 경제적 자유는 일자리 창출로 이어지고, 경제적 이동성을 높이며, 혁신을 촉진하고, 경제 생산성을 향상시킨다. 그리고 경제적 기회가 공정한 조세 제도와 결합되면 세금의 부담이 고르게 분배된다. 자유민주주의 국가는 경제 성장을 도모하는 동시에 조세 제도와 정부 프로그램을 마련하여, 부익부 빈익빈의 상황이 만들어지지 않고 국가의 총 부를 국민 모두가 공유하게 하고자 노력한다.

⑥ **정부의 투명성과 책임성**. 자유민주주의 국가에서는 선출직 공무원과 정부 기관이 국민 앞에서 책임을 진다. 이런 조건은 정부 정책이 투명해지고, 국민의 요구에 부응하는 것이 되고, 부패와 권력 남용을 근절하는 데 도움이 된다.

⑦ **법의 지배와 사법부의 독립**. 법의 지배는 자유민주주의의 기본 원리이다. 실제로 이것은 권력을 가진 사람을 포함하여 그 누구도 법 위에 있지 않다는 뜻이다. 누구나 자신의 행동에 책임을 져야 하고, 공직에 있거나 공무에 종사하는 사람은 더더욱 그렇다. 권력 분립도 권력 남용을 방지하는 장치이다. 시민은 정부 권력의 남용

에서 자신을 보호하기 위해 독립적인 사법부에 항소할 수 있는 권리가 있다. 따라서 법의 지배를 위해서는 사법부가 독립되어 있어야 한다. 그래야 법관이 법률과 공직자의 행위를 검토하고 다른 모든 시민과 동일한 기준을 적용할 수 있다. 사법부는 정치적 간섭과 조작에서 자유로워야 하고, 보복에 대한 두려움 없이 법을 해석할 수 있어야 한다. 이것은 매우 중요하다. 독립적인 사법부만이 법을 공정하고 공평하게 적용하며, 모든 시민이 법에 따라 평등하게 대우받도록 보장할 수 있기 때문이다.

⑧ **자기비판.**[29] 자유를 중시하고 학대와 폭정을 혐오하는 문명은 자기비판을 감당할 수 있다. 그 첫 번째 사례가 아마도 에우리피데스(Euripides)의 희곡『트로이의 여인(Trojan Women)』과『헤카베(Hecuba)』일 것이다. 이 두 작품은 기원전 5세기에 델로스 동맹으로 동맹국들을 착취하고 억압했던 아테네의 제국주의를 암묵적으로 비판한다. 대영제국의 선교사, 성직자, 활동가, 국회의원들은 자국의 최악의 측면들을 자주 맹렬히 비난했다. 이들은 주로 자유 언론의 혜택, 의원의 특권, 심지어 설교단을 활용해 그와 같은 일들을 수행했다. 18세기에 아프가니스탄, 페르시아, 영국이 인도를 휩쓸며 약탈했을 때, 영국인들만이 그 일에 참여한 자국민들을 말 그대로 재판에 회부했다.[30] 자유민주주의는 자기를 비난할 수 있고, 그럼으로써 자기를

---

29. 때때로 이것은 'oikophobia'라고 불리는데, 자신의 집, 사회, 문화에 대한 비판을 말한다. 오해의 소지가 있는 명칭이다.

30. William Dalrymple, *The Anarchy: The relentless rise of the East India Company* (London: Bloomsbury, 2019), ch. 8을 보라.

교정할 수 있다. 이러한 내부 비판은 권위주의 국가에서는 불가능하다.

이상의 논의는 분명 앵글로/유럽 중심적이다. 우리는 다수 세계의 기독교인들이 통치 당국과 어떤 관계를 맺어왔는지 고려해야 하고, 정치 인프라를 결정하는 지리, 역사, 식민주의, 부패, 부족주의, 종파주의 및 종교로 인한 개별 지역들의 복잡한 요인에 주목해야 한다.[31] 아쉽게도 서구의 자유주의는, 공통의 인간성 개념, 개인의 권리에 관한 전통, 세속성의 개념, 권력분립이 없는 비서구 환경에서는 쉽게 토착화되거나 이식되기가 어려울 수 있다. 중동과 중앙아시아의 일부 지역을 자유민주주의로 전환하려는 시도가 어려웠거나 처참한 실패로 끝난 이유가 여기에 있다. 또 튀르키예, 인도네시아, 말레이시아, 인도 같은 일부 국가는 민주주의 국가이지만 고전적 의미의 '자유주의'는 아닌데, 이 나라들은 정치적, 개인적, 종교적 자유를 확고히 제한하는 민족 종교적 문명에 묶여 있기 때문이다.[32]

이처럼 가까운 역사와 지역적 요인은 항상 교회가 국가 당국과 관계를 맺는 방식 및 세계 여러 지역에서 교회들이 어떤 통치모델을 지지하는지에 영향을 미쳤다. 그리스정교회 기독교인들과 프랑스 위그노들은 종종 교회사에서 수 세기에 걸쳐 가톨릭 왕보다는

---

31. Jonathan Cole, *Christian Political Theology in an Age of Discontent: Mediating Scripture, doctrine and political reality* (Eugene, OR: Wipf & Stock, 2019), 1-2.

32. 여기에 대해서는 다음을 보라. Shadi Hamid, *The Problem of Democracy: America, the Middle East, and the rise and fall of an idea* (Oxford: Oxford University Press, 2022).

무슬림 오스만 제국의 통치 아래 사는 것을 선호했다는 사실도 기억하자. 오늘날에도 시리아의 기독교인들은 수니파 극단주의자들이 자행한 끔찍한 일 때문에 아사드 정권의 편을 들고 있다. 물론 이것은 차악을 선택하는 문제일 때도 있다. 개인의 권리와 자유를, 이를테면, 공동선이나 빈곤 퇴치보다 우선시하는 서구의 태도도, 전 세계의 다른 모든 기독교회가 당연하게 여기거나 유용하게 받아들일 수 없는 가치의 위계와 특정한 사회적 입장을 드러내는 것이라고 볼 수 있다. 우리는 모든 사람에게 로마서 13장을 읽으며, 기독교세계를 기억하고, 서구적 사고방식으로 하나님 나라 건설에 기여하라고 요구할 수 없다. 우리는 T. S. 엘리엇의 다음 주장에 귀를 기울여야 한다. "특정한 형태의 정부를 기독교와 동일시하는 것은 위험한 오류이다. 그것은 영구적인 것과 일시적인 것, 절대적인 것과 우발적인 것을 혼동하는 일이기 때문이다."[33]

하지만 자유민주주의를 인류 문명이 성취한 가장 고귀한 것들 중 하나로 옹호하고 축하하는 것을 막을 이유는 없다. 이 성취는 서구의 기독교 유산이 없었다면 이루어지지 않았을 것이다. 아니 상상조차 할 수 없었을 것이다. "하나님의 형상"에 대한 성경적 개념과 기독교 사회가 해석한 "네 이웃을 네 자신과 같이 사랑하라"는 명령이 없었다면, 자명한 진리로서의 인권도 존재하지 않았을 것이다.[34] 같은 맥락에서 루크 브레더튼은 이렇게 지적한다.

---

33. T. S. Eliot, *The Idea of a Christian Society* (London: Faber & Faber, 1939), 57.
34. 창세기 1:27, 레위기 19:18.

민주주의가 있어야 기독교인들이 신앙을 실천할 수 있는 것은 아니다. 그러나 민주주의는 기독교의 일부 핵심 가치를 소중히 간직하고 있다. 따라서 실천 이성의 판단에 따라, 민주주의는 기독교인들이 열망하는 정치 질서의 한 가지 특징이 되어야 한다.[35]

여기에다 여성과 성소수자들은 흔히 다른 어떤 경쟁적 또는 대안적 통치체제보다 자유민주주의 체제에서 더 나은 삶을 누리고 있다는 말을 서둘러 덧붙이고 싶다. 난민들은 자유민주주의 국가로부터 도망치는 것이 아니라 그곳으로 피신한다.[36] 게다가 유혈사태 없는 모든 정권교체, 정부 부패를 폭로하는 모든 조사, 경찰의 폭력에 대한 조치를 요구하는 모든 언론 보도, 정부에 맞선 항소에서 승리하는 모든 시민은, 자유민주주의가 반드시 완벽한 것은 아니지만 전 세계의 다양한 여러 유형의 정부보다 월등히 바람직하다는 것을 보여준다.[37]

그러므로 우리는 외부의 간섭과 사악한 행위 주체와 내부의 분열로부터 민주주의를 지켜내야 한다. 20세기 역사를 공부해 보면,

---

35. Bretherton, *Christ and the Common Life*, 12.

36. Cole, *Christian Political Theology*, 88.

37. 그리스 철학자 소크라테스를 불경죄와 젊은이를 타락시킨다는 죄목으로 처형한 것이 아테네 민주주의였다는 것을 기억해야 한다. 영국과 미국 같은 민주국가들은 노예제부터 정복, 식민지화에 이르는 일들을 정치인, 기업인, 언론과 다양한 계급 사람들의 동의와 지원 아래 수행했다. 내가 이 말을 하는 이유는 민주주의의 역사적 실패와 잠재적 약점들을 놓고 씨름할 준비가 되어 있어야만 민주주의가 인간 문명을 건설할 최고의 방법이라고 여길 수 있기 때문이다.

민주주의 국가는 인종 증오와 과두제, 금권정치, 정실 자본주의 (crony capitalism), 독재 등의 중심지로 아주 쉽게 변질될 수 있음을 알 수 있다. 우리는 가난하고 취약한 사람들을 착취하는 자유시장 근본주의, 전쟁을 부추기는 공격적인 군사주의, 자유를 축소하는 것만이 안전의 길이라고 말하는 권위주의의 확산을 경계해야 한다.[38] 이런 식의 변질은 통상 하룻밤 사이에 일어나는 것이 아니라, 민주적 절차와 제도가 점진적이고 은밀하게 침식되면서 일어난다. 이런 변질은 사람들이 견제와 균형이 알아서 작동할 것이라고 생각할 때 일어나고, 비난받을 만한 집단을 자신들의 목적을 위해 이용할 수 있다고 생각하다가 도리어 자신들이 이용당하고 있음을 깨달을 때 일어난다. 사람들이 민주주의를 당연하게 여기고, 민주주의가 선사하는 자유를 귀하게 생각하지 않고 소중히 간직하지도 않으면 민주주의는 흔들린다. 민주주의는 무관심과 함께 위축될 수 있다. 시민들이 경계를 늦출 때 일이 터진다. 사람들이 말하지 않고 행동하지 않을 때 … 그러다 결국 너무 늦어버릴 때 민주주의는 죽는다. 신학자 곽푸이란은 홍콩의 상황에서 민주주의가 훼손되고 있다는 경고 신호에 대해 이렇게 말한다.

민주주의가 훼손되고 있다는 우려스러운 징후들이 있었다. 헌법을 파괴하고, 국민의 뜻이라는 미명 아래 입법 기관을 무시하고,

---

38. Cornel West, *Democracy Matters: Winning the fight against imperialism* (New York: Penguin, 2005), ch. 6.

법원을 충성파들로 채우고, 반대자와 선거 절차의 정당성을 부정하고, 자유언론을 공격하고, 폭력을 묵인하거나 조장하고, 정치적 경쟁자들을 향해 법적 조치를 취하겠다고 협박했다.[39]

우리에게 이런 일이 절대로 일어나지 않기를 바란다. 그러나 분명히 말하지만, 우리가 경각심을 갖지 않고 제대로 민주주의를 지키지 않는다면, 이런 일은 우리에게도 **일어날 수 있다**. 티머시 스나이더의 말처럼, "우리 중 누구도 자유를 위해 죽을 준비가 되어 있지 않다면, 우리 모두는 폭정 아래서 죽을 것"[40]이기 때문이다. 민주주의를 수호하기 위해서는 민주주의를 실천해야 한다. 투표에 참여하고, 입장을 표명하고, 후보를 돕고, 후보로 출마하고, 선거 결과를 면밀히 검토하고, 투표권을 보장하고, 불공정한 선거구 획정을 도모하는 이들을 근절해야 한다. 무엇보다 민주주의는 때때로 지지하는 후보가 패배할 수도 있다는 사실을 인정하는 제도이다. 정치적 실망이 우리가 지지하는 독재자의 집권보다 낫다는 뜻이다. 우리는 자기 편보다 진실을 선택해야 한다. 번거롭고 갈등이 있더라도 적법한 절차와 제도를 수호하자. 변화에 관해 말하자면, 선동가가 유혹적인 말로 약속하는 빠른 해결책을 추구하지 말고, 긴 안목으로 인내심을 발휘해야 한다. 독재에 반대하는 우리의 가장 큰 논거이

---

39. Kwok Pui-Lan, *Postcolonial Politics and Theology: Unraveling empire for a global world* (Philadelphia, PA: Westminster John Knox, 2021), 92.

40. Timothy Snyder, *On Tyranny: Twenty lessons from the twentieth century* (London: Crown, 2017), ch. 20.

자 자유민주주의 비판자들에게 내놓을 수 있는 답변은, 모든 시민의 삶의 질을 개선하고 법 앞의 평등을 시켜낸 자유민수주의의 기념비적인 성과를 가리키는 것이다. 그 외에도 우리는 자유민주주의를 더욱 자유롭고 민주적으로 만들고, 사랑과 정의, 평등, 책임의 미덕을 더욱 모범적으로 구현하기 위해 끊임없이 노력해야 한다. 다원적이고 다문화적인 환경에서 살아가는 기독교인은 다양성 안에서 일치를 찾고, 정치적 규율로서 환대를 실천하며, 모두의 공동선에 보탬이 됨으로써 하나님 나라 건설에 기여해야 한다.

4. 당당한 다원주의를 지지하는 논증

자유민주주의 국가에서는 사람들이 자유롭기 때문에 진정성 있게, 자기 뜻대로, 심지어 영적으로 사는 방법에 대해서까지 다양한 생각을 접하게 된다. 그렇다면 어떻게 해야 그렇게 다양한 모두에게 공정한 기회를 보장할 수 있을까? 자유 국가에는 다양한 생각을 가진 다양한 사람들이 모여든다. 사람들이 서로 의견을 달리하며 토론할 자유가 있기 때문이다. 하지만 그 안에는 긴장도 존재한다. 다양성은 곧 갈등을 의미한다! 침례교도, 불가지론자, 무슬림, 무신론자, 보수주의자, 진보주의자, 성소수자, 이민자, 부자, 가난한 사람이 모두 함께 다닥다닥 붙어사는 사회에서는, 그곳을 어떻게 통치하고, 어떤 법을 통과시켜야 하며, 어떻게 차이를 관리할지에 대한 다양한 관점이 나오기 마련이다.

다양성이 민주주의와 만나면 항상 마찰과 좌절이 생겨나는 법이다. 진보적인 독신의 백인 남성이자 게이이고 비건이며 백신에 반대하고 대마초 합법화와 국경 개방에 찬성하고 무신론자이며 서비스업에 종사하는 사람과, 보수적이고 흑인이며 침례교 신자이고 SUV를 몰고 베이컨을 좋아하고 젠더 비판적인 전업주부이자 네 아이의 엄마가 어떻게 서로를 환대하고 함께 어울려 살아갈 수 있을까? 민주주의의 강점은 다양성을 감당할 수 있다는 데 있다. 반면 민주주의의 약점은 다양성이 갈등을 일으킨다는 점이다.

자유민주주의는 차이를 안고 살아가는 법, 다양성을 다루는 법, 타인들을 관용하되 마지못해서가 아니라 자기 의견을 갖고 자신의 사회적 비전을 추구할 그들의 권리를 존중하는 방식으로 관용하는 법을 찾을 때만 바르게 작동한다. 우리는 정치적 동질성을 추구하여 모든 사람이 한 가지 방식, 하나의 정당, 한 묶음의 정책에 투표하게 함으로써 다양한 관점에 대응할 수도 있다. 하지만 그러자면 '자유민주주의'에서 '자유주의'나 '민주주의' 중 어느 한쪽을 양보해야만 한다. 사람들을 겁박하거나 모든 반대를 꺾어버릴 작정이 아니라면, 우리는 민주적 다양성 안에서 차이를 관리하는 방법을 찾아야 한다. 여기서 필자들은 '당당한 다원주의'(confident pluralism)라는 개념에 호소함으로써 정치적 통합의 비전을 제시하고자 한다.[41] 법

---

41. 비슷한 입장으로는 다음을 보라. Michael F. Bird, *Religious Freedom in a Secular Age: A Christian case for liberty, equality, and secular government* (Grand Rapids, MI: Zondervan, 2022), 94-99.

철학자 존 이나주의 말을 들어보자.

> 당당한 다원주의는 우리의 차이라는 현실적인 문제에 대해 정치적 해결책을 제시한다. 그것은 '다수 중에서 하나'(*E pluribus unum*)라는 어려운 목표 대신, '다수성' 안에서 함께 살아가기라는 좀 더 소박한 가능성이다. 이 비전에는 서로의 차이를 극복하고 오래오래 행복하게 살 수 있을 것이라는 지나치게 낙관적인 환상이 없다. 우리는 불합리하고 부도덕하고 심지어 위험한 견해를 가진 사람들 때문에 계속 힘이 들 것이다. 우리는 다원주의의 좋은 점, 나쁜 점, 추한 점을 피할 수 없다. 그러나 법과 사회 모두에서 그것은 여전히 가능하다. 당당한 다원주의는 우리의 확고한 신념을 억누르거나 최소화하지 않으면서도 서로 간의 차이가 공존할 수 있게 해준다. 우리가 다원주의를 받아들일 수 있는 것은 자신의 신념과 그 신념을 지탱해주는 집단과 제도에 대한 확신이 있기 때문이다.[42]

당당한 다원주의는 매우 단순한 전제 위에 서 있다. 사람들은 보복에 대한 두려움 없이 다른 방식으로 존재할 권리, 즉 다르게 생각하고, 다르게 살고, 다르게 예배할 권리가 있다는 전제이다. 당당한 다원주의는 정치가 궁극적인 가치가 아니라 수단적 가치를 지닌다는 생각을 동력으로 작동한다. 다시 말해, 정치는 목적이 아니

---

42. John D. Inazu, *Confident Pluralism: Surviving and thriving through deep difference* (Chicago, IL: University of Chicago Press, 2016), 6-7.

라 수단이다. 어떤 국가, 어떤 정당, 어떤 지도자도 신과 같지 않고 맹목적인 헌신을 요구할 수 없다. 종교에서든 정책에서든 정치적 행위 주체들이 순응을 강요하고, 소수자들을 겁박하고, 반대의견을 처벌함으로써 사회적 동질성을 만들어내려고 시도하는 것은 모두 반자유주의적이고 비민주적이다. 이런 맥락에서 호주의 정치 지도자 팀 윌슨(Tim Wilson)은 이렇게 썼다. "자유로운 사회는 신념이나 양심을 획일화하려 하지 않고, 다양성을 긍정하고, 관용과 상호존중을 옹호한다."[43]

우리에게 당당한 다원주의나 그 비슷한 것이 필요한 이유는 자유민주주의가 여러 정치적 관점을 만들어내기 때문이다. 그런 다원성은 혼란과 갈등을 유발하고 대립으로 이어지며 국민통합을 방해한다. 사회의 획일화와는 아주 거리가 멀다. 어떤 사람들은 양심에 따라 무릎을 꿇고 국가(國歌)를 부르는 반면, 어떤 사람들은 당당히 서서 가슴에 손을 얹고 국가를 부른다. 알레스데어 매킨타이어가 말한 대로, 이렇게 다양성이 있는 사회에서 정치는 "[폭력 이외의] 다른 수단으로 진행되는 내전"이다.[44] 광장, 의회, 심지어 푸드코트에서까지 들려오는 이질적이고 다양한 신념들은 당당한 다원주의가 있어야 서로의 차이를 억압하거나 처벌하려 들지 않고 존중할

---

43. Tim Wilson, "Rediscovering Humility: freedom in a 21st century pluralist society", *Acton Lecture* 2, Centre for Independent Studies, 14 November 2016.

44. Alasdair MacIntyre, *After Virtue*, 2nd edn (Notre Dame, IN: University of Notre Dame Press, 1984), 253 - 한국어판: 『덕의 상실』 이진우 옮김 (문예출판사, 2021).

7장 공포와 분열의 시대에서 자유주의와 사랑   **295**

수 있다는 것을 알려준다.[45]

　서구 국가들의 선거구가 교육, 종교, 세층, 도시 인구 대 농촌 인구 등 인구통계학적으로 극심하게 분열된 이 시대에는 당당한 다원주의가 그 어느 때보다 더 필요하다. 우리에겐 "반대 의견에 대한 관용을 보여주고, 정부의 공식 입장에 대한 회의적 태도와 이상하고 불쾌한 삶의 방식도 기꺼이 견뎌내겠다는 마음을 보여주는 정치적 틀"이 필요하다.[46] 서로의 차이에도 불구하고 우리는 함께 살 수 있는 방법을 찾아야 하고, "평화의 길을 찾고 따르면서, 어찌하면 서로를 세워 갈 수 있을지 모색"하고자 함께 힘써야 한다.[47] 자유민주주의에서의 승리는 상대방을 쳐부수는 것이 아니라, 상대방의 존중을 얻고 그들과 평화롭게 살며 자기 의견을 가질 그들의 권리를 인정하는 것이다. 이것은 성소수자는 성소수자로 살 권리가 있고, 무슬림은 무슬림으로, 기독교인은 기독교인으로, 사회주의자는 사회주의자로, 환경운동가는 환경운동가로 살 권리가 있다는 뜻이다. 우리는 다른 사람의 말에 동의하지 않을 수 있지만, 그것은 우리에게 달갑지 않은 말을 할 그들의 권리를 인정할 준비가 되어 있어야만 그럴 수 있다. 결국 누구도 불쾌감을 느끼지 않을 권리는 없다. 누구도 자신의 정치적 관점에 대한 비판을 침묵시킬 권리가 없는 것과 마찬가지이다. 여기에 더해, 존 이나주와 티머시 켈러는

---

45. Galston, *Practice of Liberal Pluralism*, 65-66.

46. Inazu, *Confident Pluralism*, 125.

47. 로마서 14:19.

이렇게 주장한다. "우리 문화가 자신과 심각하게 다른 사람들에게 공감하며 확신 있게 말할 수 있는 사람들을 빚어낼 수 없다면, 교회가 신학적, 영적 자원을 활용하여 그런 이들을 배출하는 일이 훨씬 더 중요해진다."[48]

우리 시대는 정치적 스펙트럼의 모든 극단에서 탈자유주의적 성향이 나타나는 때이다. 일부 평론가와 정치권의 실세들은 그들을 반대하는 사람들이 아예 존재하지 못하게 하고, 그들이 의견을 공유하지 못하게 해야 한다고 생각한다. 통치 당국이 탈자유주의적 관점을 받아들이면 위험해지는데, 정부가 특정 가치를 지나치게 고집하며 내세울 경우, 자유 자체를 훼손할 수 있기 때문이다.[49] 좋은 정부가 나오려면 의례적인 비난이나 협박이 아니라 토론을 육성해야 한다. 제대로 된 의미의 관용은 "강압적인 국가 권력을 사용하여 자신의 견해를 타인에게 강요하는 일을 거부하고, 오로지 모집과 설득만으로 도덕적 경쟁에 임하겠다는 헌신"이다.[50]

자유민주주의는 다양성을 허용하는데, 그러자면 다양성 안의 차이를 건강한 방식으로 관리할 수 있는 우리의 제도에 대한 신뢰가 필요하다. 여기에는 용인 가능한 다양성의 유형을 제한하는 까

---

48. John Inazu and Timothy Keller, "Introduction", in *Uncommon Ground: Living faithfully in a world of differences* (Nashville, TN: Nelson, 2020), 16 - 한국어판: 『차이를 뛰어넘는 그리스도인』 홍종락 옮김 (두란노, 2020).

49. Stephen Macedo, *Diversity and Distrust: Civic education in a multicultural democracy* (Cambridge, MA: Harvard University Press, 2003), 146.

50. Galston, *Practice of Liberal Pluralism*, 4.

다로운 작업도 포함된다(이를테면, 여성 할례, 일부다처제, 인종차별을 어떻게 할 것인가). 정치적으로 다원화된 사회에서는 어떤 신념을 갖고 있느냐와 관계없이 모든 사람이 보복에 대한 두려움 없이 민주주의 체제에 참여할 수 있다. 그 결과 현재 영국에서처럼 기독교인 왕, 힌두교인 총리, 불교인 내무장관, 무슬림 스코틀랜드 초대 장관, 무신론자 야당 지도자가 있는 상황이 만들어질 수 있다. 이러한 다원주의는 온갖 종류의 사람들이 평화롭게 정치에 참여할 수 있는 환경을 조성한다. 이것이 기독교적 노력의 궁극적 목표는 아니지만, 복음을 전파하고 이 땅에서 평화를 실천하는 데는 도움이 된다.

8장

결론

리 C. 캠프는 기독교와 정치에 관한 그의 책을 대단히 도발적인 이런 진술로 시작했다. "기독교인의 신앙은 이 땅의 마지막 위대한 희망이다."[1] '진보', 경제 성장, 원자력, 핵군축, 인구 감소, 사회 정의, 사회주의, 외교, 국경 개방, 종교 부흥, 종교 쇠퇴, 기술이 인류 문제의 구원자가 될 것이라고 생각하는 사람들은 이 주장에 눈살을 찌푸릴 것이다. 그러나 우리는 하나님만이 세상의 구세주이시고, 그분의 구원은 예수 안에서 임하고 성령 안에서 새롭게 됨으로써 우리에게 임한다는 것을 예언자적 열정과 인내심을 가지고 믿는다. 이런 견해는 우리가 세상을 다른 기관에 넘겨야 한다거나 세상의 여러 모험적 시도에서 물러나야 한다는 의미가 아니고, 모든 것을 하나님께 맡겨야 한다는 의미도 아니다. 오히려 이런 견해는 우리를 일으켜 행동에 나서도록 촉구한다. "하나님께서 모든 것 가운데 모든 것이 되실" 날이 온다면, 우리의 에너지는 억눌리지 않고 활력을 얻을 것이다. 그리고 하나님 나라의 일에 분주하게 참여하는 것이 떠오르는 과제가 될 것이다. "늘 주의 일로 넘쳐나게 하십시오. 알다시피, 주 안에서 여러분이 하는 수고가 헛되지 않을 것입니다."[2]

우리의 소망이 하나님께 있고, 또 하나님 나라가 하늘에서처럼 땅에서도 이루어지는 것에 있다면, 우리는 복음에 대한 신학-정치

---

1. Lee C. Camp, *Scandalous Witness: A little political manifesto for Christians* (Grand Rapids, MI: Eerdmans, 2020), 1.
2. 고린도전서 11:28, 58.

적 비전을 가진 제자로 부름 받은 것이 분명하다. 신정 체제의 옹호자가 되거나 세상과 격리된 안전한 곳으로 물러나라고 부름 받은 것이 아니다. 하나님 나라는 이 세상을 위한 것이지만, 우리는 그 나라를 직접 건설하는 것이 아니라 그 나라의 건설에 기여할 뿐이다. 바로 여기서 긴장이 발생한다. 우리 기독교인은 하나님 나라가 충만히 임하게 될 소망의 때, 곧 '아직 오지 않은' 영역에서 수고해야겠지만, 그 소망이 이루어지기 전에도 결코 수동적인 태도로 무기력하게 있지 않는다. 우리는 하나님 나라에 기여하라는 소명에 따라 이 시대의 고난과 비극 속에서 어떻게 그리스도의 이름을 지니고 그분의 길을 걸을 것인지 숙고해야 한다. 하나님 나라의 관점은 예언자적 증언, 제사장적 중보, 정치적 분별력을 요구한다.

이 책에서 우리는 정치신학, 공적 제자도, 폭정에 맞선 기독교적 증언, 교회와 국가의 관계에 대한 논쟁이라는 주제와 관련하여 많은 내용을 제시하고자 시도했다.

첫째, 지금 우리가 살아가는 세계는 새로운 제국주의 세력이 부상하고, 민주 국가들이 분열하는 사회적, 경제적 혼란기에 있음을 인식했다. 이러한 격변의 세계에 있는 우리는 2차 세계대전 이후 그 어느 때보다 더 심각하게 정치신학의 이론과 실천에 대해 성찰해야 한다. 다음 선거나 최신 스캔들, 뜨거운 정치적 사안은 시급한 문제가 아니다. 기독교인이 국가 안에서 어떤 위치에 있고 어떤 유형의 국가를 지지해야 하는가가 관건이다.

둘째, 우리는 하나님의 백성이 고대 근동의 여러 제국부터 그리스와 로마 제국, 몽골과 이슬람의 지배에 이르기까지 항상 제국을 상대해야 했다는 사실을 살펴보았다. 예수께서는 로마 제국이 웬만해선 무너지지 않을 것 같던 시절에 갈릴리와 유대에 나타나셨다. 그분은 로마 제국 총독의 지시로 십자가에 못 박히시고, 노예의 죽음을 당하셨다. 그 후 로마 당국은 예수를 따르는 이들, 즉 훗날 스스로를 '기독교인'이라 칭한 사람들을 몹쓸 종파 또는 국가의 적으로 취급하게 된다. 그러나 결국 이들의 증언은 로마를 설득했고, 카이사르 자신도 예수께 무릎을 꿇게 되었다. 이것은 한편으로 안도감을 주는 복된 사건이었으며, 박해의 종식을 의미했다. 그러나 이것은 기독교세계의 도래와 더불어 교회와 국가 간의 새롭고 복잡한 관계를 낳기도 했다. 이 복잡한 관계가 16세기 이후 지속적으로 발전하여 오늘날의 사회 종교적 구조를 형성하고 있다.

셋째, 기독교는 항상 공적 증언을 해왔으며, 우리가 이해하는 하나님 나라 개념은 당대의 정치적, 사회적 도전과 관계를 맺는 방식에 영향을 미쳤다. 기독교는 로마 제국을 혁명적으로 바꿔놓았고, 패권적인 이교도 세력이던 로마를 서방과 동방이라는 두 기독교 영역의 느슨한 연합체로 변화시켰다. 기독교인들은 종종 제국에 맞서는 저항과 혁명의 주체가 되기도 했지만, 기독교화된 국가에서 성직자 역할을 매우 기쁘게 감당하기도 했다. 중세 시대에 교회는 왕과 주교 간의 동맹으로 후원과 특권을 누렸다. 교회와 유럽 열강의 밀착은 종교 전쟁으로까지 이어졌고, 기독교인들을 식민 지배 폭력의 공모자가 되게 했는데, 이런 과거를 생각하면 기독교와 정치의 혼합을 회의적으로 바라보게 된다. 그럼에도 불구하고 하나님 나라의 긴실에 기여한나는 것은 새 창조를 선취하는 무언가를 이 땅에 건설하는 것을 의미한다. 그것을 위한 우리의 증언과 일은 정치영역으로도 이어진다. 기독교의 증언이 정치권력과 가까워지고 싶은 유혹에 말려들지 않도록 경계해야 하지만, 우리는 그 증언의 신학-정치적 함의를 회피해서는 안 된다.

　넷째, 우리는 통치 권위가 인간을 창조세계의 관리자가 되게 하신 하나님의 계획을 부분적으로 수행하는, 하나님이 허락하신 제도라고 제시했다. 더 나아가 예수께서는 신적 권위가 인간 세상에 흘러들어 세상을 변화시키는 통로이자 그런 변화의 본보기셨다. 문제는 안타깝게도 인간의 권위가 유해한 권력 추구로 말미암아 타락하고, 온갖 우상에 대한 집착으로 오염되었다는 것이다. 이런 유혹을 가능하게 만든 것도, 어쩌면 처음 시작한 주체도 하늘 영역의 어둡고 사악한 세력일 수 있다. 예수의 등장으로 절정에 이르는 성경 이야기는 하나님이 모든 권세를 예수 아래에 두고자 하신다는 것이다. 이것은 하나님의 사랑으로 인간을 구속하고, 영으로 창조세계를 치유하며, 예수를 압제자와 악마 모두를 다스리시는 주님이자 심판자로 인정하는 것을 의미한다. 결국 하나님의 주권, 자연에 대한 인간의 대리통치권, 세상 속에서 제사장이 되는 이스라엘의 소명까지, 모든 것이 예수께로 압축된다. 그러므로 예수와 함께 새 창조세계를 다스리게 될, 예수를 따르는 이들은 더 이상 공포와 눈물이 없는 날을 위해 지금 세상을 준비시킬 임무를 지고 있는 것이다.

다섯째, 우리는 교회, 즉 현실에서 신앙을 실천하는 모든 기독교인에게는 공적 증언의 의무가 있다고 주장했다. 우리의 임무는 이 땅에 하나님 나라를 건설하는 것이 아니다. 그 일은 하나님만이 하실 수 있다. 우리는 한 번의 훌륭한 부흥이나 속이 뻥 뚫리는 혁명의 여파로 기독교적 유토피아가 세워질 거라고 오해하지 않는다. 그러나 우리는 하나님 나라의 건설에 **기여하고**, 그 나라를 준비하고, 그 나라를 선취하며, 우리 공동체를 그 나라를 보여주는 이정표로 만들어야 한다. 그러므로 그 나라가 하늘에서처럼 땅에서도 이루어지기를 기도해야 하고, 하늘의 생명으로 땅에 식민지를 건설해야 하며, 귀를 기울이는 모든 사람에게 복음의 진리를 선포하고, 정치권력이 귀를 기울이지 않더라도 그들에게 진리를 말함으로써 기독교적 증언을 해야 한다. 기독교인들은 공적 봉사를 위해 부름을 받지만, 절대 권력을 행사하라고 부름 받은 것은 아니다. 기독교인들은 지배가 아닌 섬김을 추구해야 한다. 십자가와 하나님 나라는 함께 가기 때문이다. 그리스도는 궁극의 권력자이시지만 종이 되셨다. 그분은 궁극적인 희생을 하셨고, 하나님과 같은 형체로 계셨지만 기꺼이 종으로 죽으셨다. 우리의 삶은 개인적으로든 집단적으로든 희생과 섬김을 반영해야 한다. 그것이 하나님 나라의 충만한 모습을 보여줄 최고의 방법이기 때문이다.

여섯째, 우리는 기독교인이 통치 당국과 어떤 관계를 맺어야 하는지 살펴봤다. 그리고 신약성경에는 국가 권위에 복종해야 한다는 관점과 전복적으로 저항해야 한다는 관점이 공존한다는 것을 발견했다. 이와 동일한 긴장이 교회 역사를 줄곧 가로질러 현재까지 이어졌다. 필사들은 로마서 13장 1-7절과 베드로전서 2장 13-17절 같은 본문이 정부 당국에 전권을 위임하라는 내용이 아니라는 주장을 펼쳤다. 불의한 정부에 대한 불복종은 가능하다. 우리가 복종해야 할 대상은 모든 개별 통치자가 아니라 정부라는 제도이기 때문이다. 실제로 기독교 전통에는 정부가 국민에게 종교적 신념에 반하는 일을 명령했을 때, 시민 불복종이 일어난 사례로 가득하다. 그런가 하면 기독교인들은 폭정에 직면했을 때 어떻게 해야 할지 자주 고민해왔다. 어떻게 기도해야 할지 고민했고, 불복종과 내전이 필요한 상황에서도 과연 폭군을 제거하기 위한 행동 방침을 정말 따라야 하는지 깊이 고민했다.

일곱째, 기독교인이 저항해야 한다고 느낄 만한 폭정이나 불의한 정부에는 다양한 종류가 있다. 우리는 그중에서 파시스트와 공산주의 같은 전체주의 정권, 기독교 민족주의, 탈자유주의적 시민 전체주의를 살펴보았다. 기독교 신앙은 왕이신 예수께 바치는 충성이며, 때때로 교회는 그 충성의 일환으로 압제, 학대, 부패, 폭정에 적극적으로 저항해야 한다.

여덟째이자 마지막으로, 국가 권위 자체의 본질을 살펴봤다. 우리는 정부는 선한 것이지만 국가의 권한은 제한될 필요가 있다고 결론내렸다. 어떤 국가 기구도 권력을 독점하려 해서는 안 된다. 선하고 정의로운 국가를 모색하는 과정에서 우리는 자유민주주의와 당당한 다원주의 정신을 지지하는 논증을 제시했다. 우리는 자유민주주의를 특별히 기독교만의 것으로 여기지 않으며, 자유민주주의가 완벽하거나 오류가 없거나 비판의 여지가 없다고 생각하지도 않는다. 그러나 자유민주주의와 당당한 다원주의는 하나님을 사랑하고 이웃을 사랑할 수 있는 최고의 기회를 제공하는 정부 형태이자 정치 철학이다. 그것은 우리가 서로 다른 가운데서도 일치를 발견하도록 돕고, 자유와 책임을 증진하며, 평화와 상호 격려에 보탬이 되는 것들을 추구할 수 있도록 실질적인 환경을 조성한다. 그렇게 되면 모든 사람이 자기 포도나무와 무화과나무 아래에 앉을 것이고, 아무도 그들을 두렵게 하지 못할 것이다.[3]

---

3. 미가 4:4, 스가랴 3:10.

성경본문과 고대문서 색인

인명 색인